Martin Henglein

Die heilende Kraft der Wohlgerüche und Essenzen

Orbis Verlag

Henglein, Martin:

Die heilende Kraft der Wohlgerüche und Essenzen/
Martin Henglein. – 4. Aufl. – Zürich: Oesch, 1989

© 1989 by Oesch Verlag AG, Zürich
Sonderausgabe 1994
Orbis Verlag für Publizistik GmbH, München
Satz: Kort Satz GmbH, München
Druck und Bindung: Mohndruck
Graphische Betriebe GmbH, Gütersloh
Printed in Germany
ISBN 3-572-00683-X

INHALT

DIE GERÜCHE

DIE ANWENDUNG

VORWORT

Der große Erfahrungsschatz, der im Umgang mit den ätherischen Ölen seit Jahrhunderten angesammelt wurde, ist jetzt, zur Zeit des Wiederaufblühens der Naturheilkunde, von größter Aktualität.

Von besonderem Interesse ist — nicht nur für Heilberufe — die Aromatherapie, das Heilen mit ätherischen Ölen. Diese sehr alte Therapieform ist besonders durch die Wirkung der Essenzen auf Nervensystem und Psyche und die geringen Nebenwirkungen eine Heilmethode der Zukunft. Sie läßt sich problemlos mit anderen Naturheilverfahren kombinieren. Die Aromatherapie hat sich in der Heilkunde der romanischen Länder, in Italien und insbesondere Frankreich, eine Position erobert, die laufend ausgebaut wird. Der deutsche Sprachraum ist hier noch Entwicklungsland.

Martin Henglein, ein Kenner Frankreichs, hat sich im vorliegenden Buch bemüht, den deutschsprachigen Ländern die neuen Erkenntnisse unserer Nachbarn über ätherische Öle zu vermitteln. Gleichzeitig war es ihm ein Anliegen, das umfangreiche und weitverstreute kulturhistorische Material zum Thema der Essenzen zu sammeln und in einer klaren Übersicht darzustellen. Das Buch ist gedacht für Interessenten, die Hilfe zum Einstieg in das Gebiet der ätherischen Öle suchen, wobei das Thema vom medizinisch-naturwissenschaftlichen Standpunkt ebenso wie unter dem Aspekt der Geisteswissenschaften behandelt wird.

Ein solches Buch hat bisher im deutschen Sprachbereich gefehlt. Wir sind sicher, daß es seinen Weg machen wird.

Dr. Max Amann
Heilpraktikerschule München
des Verbandes Deutscher Heilpraktiker

EINLEITUNG

Als vor genau 400 Jahren der französische Philosoph Michel de Montaigne seine nüchternen Betrachtungen niederschrieb, konnte er nicht ahnen, daß im Laufe der darauffolgenden Jahrhunderte die Heilkraft der Gerüche in völlige Vergessenheit geraten würde. Kaum ein Bereich unseres Daseins hat einen so spektakulären Niedergang erlebt wie der Geruchssinn. Von den 62 Wörtern der deutschen Sprache, die im Mittelalter noch die Vielfalt der Geruchswahrnehmung bezeugten, sind heute noch ganze 15 übriggeblieben (A. Kutzelnigg), was ein bezeichnendes Licht auf das Leben wirft, das wir am Ende dieses Jahrtausends führen.

Seit Urzeiten hat sich der Mensch mit wohlriechenden Pflanzenextrakten eingerieben; und er verwendete sie nicht weniger zum Würzen der Nahrung und opferte seinen Göttern, indem er balsamische Hölzer und Harze verbrannte. Wohlriechende Substanzen gehörten von Anfang an zu den teuersten und heiligsten Gütern der Völker. Schamanen, weise Frauen und Priester kannten die Heilkraft der Duftpflanzen und hüteten das Geheimnis ihrer Zubereitung. Im Einklang mit den Rhythmen der Natur gelang es ihnen, Heilmittel herzustellen, deren Duft allein Gesundung an Körper und Seele bewirken konnte. Der Mißbrauch der heiligen Öle und Salben wurde bestraft. Manche dieser außerordentlichen Zubereitungen wurden mit Gold aufgewogen und auf endlosen Karawanenstraßen herbeigebracht. Jahrtausende lebte die Menschheit in enger Verbindung mit den wohltuenden Gerüchen der Pflanzenwelt. Überall wo aromatische Pflanzen den Menschen begleiteten, begann bald eine Entwicklung, die zu den großen Hochkulturen der Vor- und Frühgeschichte führte. Wie eng die Duftstoffe mit der Entwicklung der menschlichen Kultur verknüpft waren, läßt sich heute kaum noch nachvollziehen. Mit dem Zeitalter der Industrialisierung, vorbereitet von der vernunftorientierten Aufklärung, geriet dieses reiche Wissen allmählich in Vergessenheit. Wissenschaftliche Skepsis und der Verlust der Kenntnisse ließen die alte Heilkunst in verstaubten Folianten versinken.

Erst heute wieder, durch die Forschungen und Erfahrungen der französischen ›Aroma-Therapie‹ scheint sich eine Umkehr anzubahnen. Von Jahr zu Jahr lassen neue wissenschaftliche Entdeckungen die bedeutende Rolle des Geruchsinns für die Gesundheit und das seelische Gleichgewicht deutlicher werden. Gleichzeitig erfahren die alten Pflanzenheilmittel und Riechstoffe eine glänzende Rehabilitation. In den Laboratorien der ganzen Welt wird daran gearbeitet, den Duftstoffen ihre Geheimnisse zu entreißen. Vieles was früher von ›Eingeweihten‹ sorgfältig gehütet wurde, ist von den Forschern wiederentdeckt worden – ob sie das Gefundene richtig anzuwenden wissen, steht auf einem anderen Blatt... Viele ätherische Öle (ein Sammelname für die wichtigsten Duftstoffe der Heilpflanzen) aus dem Erfahrungsschatz der Vergangenheit und der Volksheilkunde anderer Völker stehen uns bereits wieder zur Verfügung. Andere exotische und einheimische Duftpflanzen warten noch auf ihre Entdeckung. Wer diese geheimnisvolle Welt einmal betreten hat, wird sich ihrem Bann nicht mehr entziehen können.

In den ätherischen Ölen verdichtet sich die Seele der Pflanzen, ihre geistige Essenz. Wenn der Moment gekommen ist, verströmen sie freigiebig ihre wohlriechende Seele. Ohne Verstellung und ohne Rückhalt geben sie sich hin; ihre Sexualität ist ›Mit-teilung‹, Geben und Offenbaren zugleich. Hier verbindet sich Sinnlichkeit und Geistiges, Liebe und Wahrheit. Auch bei Tier und Mensch gibt es diese Verknüpfung – und letztlich sind es nur verschiedene Aspekte der einen, göttlichen Energie. Nicht zufällig heißt es in der Bibel: »Und sie erkannten sich.« Neueste wissenschaftliche Erkenntnisse zeigen, daß ein gemeinsames Band besteht zwischen Pflanze, Tier und Mensch und daß alle an der geheimen Sprache, die das ›Essentielle‹ verrät, teilhaben. Pheromone, hormonähnliche Sexualstoffe, beeinflussen unser Zusammenleben weit mehr, als man noch vor kurzem ahnte. Jemanden nicht ›riechen‹ können, ist demnach mehr als nur eine Redensart.

Geruchssinn, Nase und Sexualität sind aufs engste miteinander verbunden. Der Geruchssinn steht als einziger der fünf Sinne direkt mit dem

Gehirn in Verbindung; er erreicht unmittelbar die seelischen Bereiche (limbisches System) und wirkt auf die Steuerzentren für alle grundlegenden Lebensvorgänge (Hypothalamus, Hypophyse). Trotz der geringen Beachtung, die wir ihm widmen, ist er der leistungsfähigste der fünf Sinne; einige wenige Moleküle genügen, ihn wachzurufen.

Tagtäglich wird der Mensch mit Gerüchen bombardiert, die er nicht bewußt wahrnimmt, die aber dennoch seine Stimmungen, sein Verhalten und seinen körperlichen Zustand beeinflussen. Für viele Erkrankungen und Malaisen dürften unbewußte Geruchsreaktionen mitverantwortlich sein. Andererseits liegt gerade in der Nähe zu den wichtigen Gehirnzentren und der großen Empfindlichkeit des Geruchssinns die einmalige Chance, heilend einzuwirken. Ätherische Öle sind verwandt mit Hormonen, Pheromonen und Vitaminvorstufen. Aus diesem Zusammenhang heraus wird verständlich, wieso die Behandlung mit Duftstoffen eine der Therapien der Zukunft sein könnte. Unser Seelenleben wird von unwägbaren Emotionen berührt, deren Kraft mit abnehmender Stofflichkeit ihres Auslösers zuzunehmen scheint.

Das Lebenswerk des genialen französischen Schriftstellers Marcel Proust entsprang dem Duft der berühmten ›Madeleine‹, ein kleines Gebäck, das er in eine Tasse Tee tauchte. In einem zeitlosen Moment hat ihm der Duft eine verloren geglaubte Welt wieder hervorgezaubert. Gerüche wecken Erinnerungen aus der frühesten Kindheit und lösen Gefühle und Empfindungen aus, die höchstes Glück und tiefstes Elend begleiten können.

Gerüche wirken in unvorstellbar geringer Konzentration, die Grenzen des Stofflichen sind fast erreicht. Man könnte sagen, Gerüche sind reine Informationen, geistige Signale. Die Verwandtschaft mit der Homöopathie, die sich kleinster Mengen bedient, um die geistige Kraft des Heilmittels freizusetzen, liegt auf der Hand. So ist es auch nicht weiter erstaunlich, daß Samuel Hahnemann, der Begründer der Homöopathie, zuletzt, während seiner Pariser Zeit, seine Patienten an den sogenannten Hochpotenzen (extreme Verdünnungen) nur noch riechen ließ.

Alles Lebendige steht auf geheimnisvolle Weise in Verbindung. »En To Pan«, eins ist das Ganze, sagten die griechischen Philosophen. Erdboden, Pflanze, Tier, Mensch und Sternenhimmel kommunizieren und tauschen ihre Botschaften aus. Auch die moderne Biologie beginnt die

Dialoge zu belauschen und zu verstehen. Viel komplexer, als man es je geahnt hätte, sind die Kommunikationssysteme der Natur. In einem Wald zum Beispiel spielen die Ausdünstungen von Wurzeln, Früchten und anderem eine wichtige Rolle für das Wachstum oder für dessen Hemmung. Aber wie kann man heute von Wäldern sprechen, ohne die verheerenden Folgen der Umweltzerstörung zu erwähnen? Raubbau und Ausbeutung der Natur sind Kennzeichen unserer Industriegesellschaften, egoistische ›Bereicherung‹ nach dem Motto: »Nach uns die Sintflut« – ein Spruch, der möglicherweise mehr Wahrheit enthält, als uns allen lieb sein mag. Die Gefahr, das ökologische Gleichgewicht endgültig zu zerstören, die Symbiose, in der alles Leben steht, sollte uns aufrütteln und uns erkennen lassen, wie groß unsere Verantwortung für das Gleichgewicht der Natur ist.

Als untrügliches Warnorgan hat die Natur uns den Geruchssinn mitgegeben. Schlechte, unangenehme Gerüche warnen vor schädlichen Einflüssen; angenehme, natürliche Gerüche weisen auf heilsame, gesunde hin. An ihrem Geruch sollt ihr sie erkennen! Luftverschmutzung, Abgase sprechen eine deutliche Sprache. Großstadtbewohner reagieren immer häufiger mit Abwehrreaktionen des Körpers und speziell der Nase auf die Verpestung der Luft. Allergische Reaktionen (Heuschnupfen), andauernd verstopfte oder laufende Nase (Stockschnupfen und Rhinitis), Pseudo-Krupp-Husten bei Kindern und vieles andere mehr sind die Folgen. Merkwürdig auch, daß der Teufel immer in einer fürchterlich stinkenden Schwefelwolke erscheint!

Nicht genug, daß unsere Nase und damit der sichere Instinkt allmählich ›dichtmachen‹, es kommt auch noch von einer anderen Seite Gefahr auf uns zu. Seit es Chemikern gelang, einzelne Bestandteile aus den komplexen organischen Verbindungen herauszulösen und synthetisch herzustellen, stürzen sich Medizin, Nahrungsmittelindustrie und Parfümerie auf die Syntheseprodukte, ohne die möglichen Folgen absehen zu können. Tote Chemikalien, herausisoliert aus ihrem lebendigen Zusammenhang – genau wie die Menschheit heute – führen in eine Sackgasse: Dead End Street. Von ›naturidentischen Aromastoffen‹, Syntheseprodukte, die isoliert und in den verwandten Mengen nirgends in der Natur vorkommen, bis zu künstlichen Riechstoffen findet Täuschung und Verfälschung statt.

Wie lange da noch die Nase ihre warnende Funktion erfüllen kann, bleibt abzuwarten. John McHale, der Autor des Buches ›Der ökologische Kontext‹, sagt, die nächsten fünfzig Jahre werden für die Entwicklung der Menschheit entscheidend sein. Wenn wir weiterhin den mit uns auf Leben und Tod verbundenen Lebewesen die Seele nehmen, wenn die Wälder, Wiesen und Gärten sterben, wenn Täuschung und Illusion fortschreiten, wird die Menschheit bald das Schicksal der bereits vernichteten Kreaturen teilen.

Die heilende Kraft der Duftstoffe und Essenzen ist ein Geschenk der Natur, verbunden mit der Mahnung, diese letzte Brücke nicht einreißen zu lassen.

Wir alle sind aufgerufen, das Leben zu verteidigen. Mag die liebevolle Beschäftigung mit den Pflanzen und ihren Emanationen wie ein Tropfen auf den heißen Stein erscheinen, so fängt doch jedes wahre Engagement hier an. In diesem Sinne möchte auch der praktische Teil Ansätze zeigen, bewußter, mit der eigenen Umgebung beginnend, an der Symbiose von Mensch und Pflanze teilzuhaben.

DIE GESCHICHTE

»Die Ärzte könnten mehr Nutzen aus den Gerüchen ziehen,
als sie es bisher tun.«

Michel de Montaigne, franz. Philosoph

DIE
HOCHKULTUREN

Vorgeschichte

Lange bevor der Mensch die Bühne der Geschichte betrat, waren duftende Heilpflanzen seine ständigen Begleiter. Wie die Tiere, die instinktiv wohltuende Kräuter finden, folgte er seinem Geruchssinn. Pflanzen, die gut rochen, zogen ihn an, unangenehm riechende mied er. Die ganze Natur war für die früheren Menschen beseelt. Sie sprachen mit den Bäumen und Pflanzen, und bevor sie einen Baum fällten, baten sie um sein Verständnis. Wenn sie Heilpflanzen ernteten, legten sie als Gegengabe ein Getreidekorn in die Erde. Schon bald entdeckten sie die Schönheit der Blumen und die Botschaft ihrer Düfte. Aus Dankbarkeit für erfolgreiche Jagden oder um die Geister des Waldes günstig zu stimmen, opferten sie die schönsten Blumen und Früchte. 1955 entdeckte der Franzose Henri Lhote in der nördlichen Sahara Felszeichnungen, die vor etwa 10 000 Jahren angefertigt wurden. Unter ihnen befand sich die atemberaubend schöne Darstellung einer Frau, die kleine Blüten im Haar trug. Duft, Form und Farbe vereinigten sich zu einem vollendeten künstlerischen Bild, das den späten Werken des Malers H. Matisse erstaunlich nahesteht. Wer auch immer die Menschen waren, die damals die noch fruchtbare Sahara durchstreiften, es waren sicherlich keine ›primitiven Wilden‹. Archäologische Funde lassen vermuten, daß schon damals, und vielleicht sogar noch früher, Stadtkulturen entstanden. Zwischen 10 000 und 5000 v. Chr. siedelten sich in den fruchtbaren Flußtälern von Ägypten bis China die ersten Völkerstämme der späteren Hochkulturen an. Sie bauten Nutzpflanzen an und trieben Handel. In

Sumer und im Gebiet des heutigen Pakistan wurden gegen 5000 v. Chr. aromatische Heilpflanzen kultiviert, und mehr als 3000 Jahre hat ein Destillationsgerät überdauert, das zur Herstellung aromatischer Kräuterauszüge diente. Paolo Rovesti hat es auf einer Forschungsreise im Museum von Taxila (Pakistan) entdeckt. Was in frühesten Dokumenten über die damalige Heilkunde überliefert ist, ist oft schwer verständlich, denn Religion, Magie und Heilkunde durchdringen sich. Wir haben uns angewöhnt, andere Kulturen mit unseren eigenen Maßstäben zu messen und sie danach zu beurteilen, wie weit sie sich von irrationalen und abergläubischen Vorstellungen gelöst haben. Aber die Zeiten, als noch naiver Fortschrittsglaube und die Überzeugung unser Weltbild beherrschte, man habe in wenigen Jahren ›alles im Griff‹, sind endgültig vorüber. Die Bereitschaft, von anderen Kulturen zu lernen und die bildhafte Sprache ihrer Mythen, Künste und religiösen Vorstellung als gleichwertigen Ausdruck geistiger Wahrheiten anzusehen, ist deutlich gewachsen. Schon vieles, was noch vor Generationen als ›Hokuspokus‹ abgetan wurde, hat sich als sinnvolle und wertvolle Bereicherung unseres Lebens erwiesen.

Noch zur Zeit von Caesar und Tacitus erstreckten sich über Germanien riesige Wälder; auch Italien und Griechenland waren noch in großen Teilen bewaldet. Der Wald und besonders Eichenhaine galten den Menschen der Vorzeit als heilige Orte. Bäume gaben Schutz, Nahrung und Brennholz. Ihr geronnenes Blut, die Harztränen, wurde gesammelt und für Räucherungen und heilende Pflaster verwendet. Der Rauch der balsamischen Hölzer und Harze war ein Heilmittel bei vielen Erkrankungen. Er vertrieb Dämonen und führte den Göttern die Opfergabe zu. Baumkulturen waren auf der ganzen Erde verbreitet. Bis zum Ende des 18. Jahrhunderts wurden im Alpenraum noch heilige Bäume verehrt. Die Kirche kämpfte viele Jahrhunderte erfolglos gegen die heidnische Baumverehrung, und fanatische Priester ließen die ›Teufelsbäume‹ fällen. Instinktiv spürten unsere Vorfahren, daß das Leben der Bäume mit dem ihrigen eine Einheit bildete. Im Altgermanischen steht dasselbe Wort ›firaha‹ für Föhre und Mensch, und im germanischen Edda-Mythos wird berichtet, daß der Mensch von den Bäumen Ask (Esche) und Embla (wahrscheinlich Ulme) abstammt. Die Bäume verbanden den Himmel mit der Erde — die Wurzeln tief in die Erde gesetzt, in das Reich der nährenden und dunklen Kräfte. Die Krone mit den Ästen und Blättern öffnete sich der Luft und dem Licht. In seiner aufrechten Haltung gleicht der Baum dem Menschen, der das Untere mit dem Oberen verbindet und an den vier Elementen Feuer (Licht), Wasser, Luft und Erde teilhat. Der kabbalistische Baum des Lebens, der Baum der Erkenntnis, die Welt-Esche Yggdrasil sprechen für den tiefen symbolischen Sinn, der sich im Baum verkörperte. In den Volksbräuchen hat sich noch einiges davon erhalten. Für jedes neugeborene Kind wurde ein Baum gepflanzt, seine Gesundheit und die des Baumes blieben bis zum Tode miteinander verbunden. Es fällt schwer zu glauben, daß ein Volk, das sich einst mit der ›Eiche‹ identifizierte, nicht die tragischen Dimensionen des Waldsterbens und den damit verbundenen allmählichen Identitätsverlust wahrnimmt. Die Folgen für das seelische Gleichgewicht Deutschlands, das ohnedies die Last einer verdrängten Vergangenheit mit sich trägt, sind vielleicht schlimmer als die materiellen Umweltschäden. Am Anfang war die reine Luft des Waldes, die den Atem der Bäume in sich trägt. Wenn dieses Meer heilender Gerüche zerstört wird, dann wird auch die Menschheit zerstört werden.

Als die Bevölkerung der Ackerbau treibenden Siedlungen vom Nil-Delta bis zum Gelben Fluß Chinas zunahm, entstanden Gesellschaften, die sich komplizierte soziale Ordnungen schufen. Das seßhafte Leben erleichterte die Beobachtung der Sterne, der Sonne und des Mondes. Auf diese Weise legten die Menschen den Verlauf des Jahres fest, mit Zeitpunkten für Aussaat und Ernte, mit Feiertagen und Fasttagen. Die Kalender der Maya, Babylonier und Chinesen sind wahre Wunder an Präzision. Obwohl ihre Gesellschaften erstaunliche Kenntnisse besaßen und ständigen Krisen ausgesetzt waren, hielten sie an den Ordnungen über Jahrhunderte hinweg fest. Für sie wurde der Begriff der traditionellen Gesellschaften geprägt. Ein dem unsrigen entgegengesetztes Zeitgefühl hat die Mentalität dieser Menschen gekennzeichnet. Zeit war für sie keine gerade Linie, die in der Vergangenheit beginnt und in die Zukunft mündet. Die Ereignisse folgen für sie einer kreisförmigen Bewegung, der ›ewigen Wiederkehr‹. Tag, Monat, Jahr, alles kehrt an seinen Ursprung zurück, und die Aufgabe des Menschen ist es, das in der Tradition Vorgegebene nachzuvollziehen. Zu bestimmten Zeiten erscheint das Göttliche; und in der Befolgung der Riten werden die göttlichen Impulse dem Gemeinwohl zugeleitet. Der Mensch empfindet die Götter hier noch als

Teil des Ganzen und versucht, in Übereinstimmung mit den Kräften der Natur und des Kosmos sein Leben zu gestalten. Nur auf dem Hintergrund einer solchen Auffassung werden die ägyptische und die anderen Hochkulturen verständlich.

Ägypten

Ägypten, die Wiege der mittelmeerischen Kultur, faszinierte die Griechen. Sie reisten in Scharen nach Ägypten, um sich dort von den Priestern unterrichten zu lassen. Philosophen wie Pythagoras und Demokrit brachten wertvolle Erkenntnisse von ihren Reisen mit und lehrten sie ihren Schülern. Die Heilkunst der Ägypter stand in hohem Ansehen und die Zubereitungen aus aromatischen Heilpflanzen waren berühmt. Schon Homer sagte in der Odyssee: »Siehe so heilsam war die künstlich bereitete Würze, welche Helenen einst der Gemahlin Theus, die Polydamna in Ägyptos geschickt.« Die Öle waren noch zur Zeit der Römer sehr geschätzt.

Gerüche spielten im Leben der Ägypter eine wichtige Rolle. Die Götter strömten Wolken von Wohlgerüchen aus, und ihr Duft verkörperte die geistige Kraft, die heilte und belebte. Mit ihrem wohlriechenden Atem übertrugen die Götter die Kraft auf den König, der damit ebenfalls göttlich wurde. Wie die Götter des Himmels, so umhüllte Wohlgeruch auch den lebendigen Gott auf Erden, den König. Von der Königin Hatschepsut heißt es: »Köstliche Myrrhe ist auf ihren Gliedern, ihr Wohlgeruch ist himmlischer Tau, ihr Duft ist gemischt mit den Düften von Punt.« Die Nähe der Götter zeigt sich am Auftreten des Wohlgeruchs, und man suchte ihre Nähe durch Verbrennen der kostbaren Räucherharze. Das Heilige und das Heilende waren für die Ägypter nicht getrennt, im Harz der heiligen Bäume und in den Ölen der Duftpflanzen befand sich die Heilung und heilbringende Gegenwart der Götter.

Der König stützte sich auf eine mächtige Priesterschaft, die mit den Hofbeamten die Spitze der sozialen Hierarchie bildete. An die Tempel angegliedert waren Schulen und Akademien, in denen die Wissenschaften gelehrt wurden. Ebenfalls im Umkreis der Tempel stellten die Priester in eigens dafür vorhandenen Gebäuden Räucherkerzen, Salben, Pflaster, Zäpfchen, Pulver und andere Zubereitungen her. Im guterhaltenen Tempel von Edfu, südlich von Luxor, gibt es einen dunklen Raum, an dessen Wänden die Herstellung der Salböle und des Räucherwerks beschrieben ist. Viele Rezepte wurden geheimgehalten; ihre Herstellung mußte wegen der Reifungsprozesse teilweise im Dunkeln stattfinden und dauerte bis zu sechs Monate. Kyphi ist der Name des berühmtesten, zusammengesetzten Räucherwerks. Jeden Abend wurde es an den heiligen Stätten Ägyptens verbrannt. Zahlreiche Rezepte für Kyphi existieren; unter anderem waren Cassiazimt, Pistazien, Rosinen, Wacholder, Myrrhe und Zypressenholz darin enthalten. Plutarch zufolge wirkte die Mischung beruhigend, angstlösend, schlaffördernd und gab angenehme Träume.

Dem Sonnengott Ra wurde morgens mit Harzen von Nadelbäumen oder Weihrauch geräuchert, mittags mit Myrrhe und abends mit Kyphi.

Die Destillation von Terpentin, Zedern und Zimt war bekannt; und Blütenöle, in fetten Ölen gelöst, werden seit dem 14. Jh. v. Chr. gewonnen. Gemäß ihrer geistigen Verwandtschaft wurden die Pflanzen mit anderen kombiniert. Alle Pflanzen waren Göttern zugeordnet. Majoran wurde Osiris geweiht, Beifuß der Isis und Andorn dem Horus. Das Kamillenöl war der Sonne zugeordnet und wurde als Heilmittel bei Augenkrankheiten und fieberhaften Entzündungen verwendet. Das homöopathische Heilprinzip, Ähnliches mit Ähnlichem zu heilen, ist im Grunde mit dem analogen Denken traditioneller Gesellschaften verwandt. Dahinter stand die Überzeugung, daß es ein System von geheimen Entsprechungen gibt, über das die Dinge, die einem gemeinsamen Urprinzip entstammen, miteinander kommunizieren. Sympathie und Antipathie der Lebewesen wird von den geistigen Entsprechungen bestimmt, und bei der Kombination der Ingredienzen des Räucherwerks richteten sich die Ägypter nach diesen Prinzipien. Goethe hat die Verwandtschaft des Auges mit der Sonne angedeutet: »Und war das Aug' nicht sonnenhaft...« Kamille − Sonne − Augenkrankheit war die gleiche Gedankenfolge bei den Ägyptern.

Die ersten Jahrtausende blieben die Öle und Harze religiösen und halbreligiösen Staatszeremonien vorbehalten. Unter der Herrschaft Ramses' III. begannen die Priester, ihre Präparate und Rezepte an die Oberschicht zu verkaufen. So verbreitete sich allmählich der Gebrauch von duftenden Substanzen, bis schließlich zur Zeit Cleopatras in ihren Duftfeuerwerken die altägyptische Kultur ihr Ende fand. Das Alltagsleben der Ägypter war seit den Tagen des Ramses III. mehr und mehr von den Wohlgerüchen bestimmt. Um einen frischen Atem zu bekommen, nahmen die Menschen aromatische Pastillen. Damals waren Zahnerkrankungen weitverbreitet: Die Ärzte setzten Zahnfüllungen aus Steinmehl, Malachit, Therebintenharz und Honig ein. Gegen Zahnschmerzen gaben sie Räucherungen, Pasten und Kaumittel. Mastix war ein beliebtes ›Kaugummi‹, das das Zahnfleisch gesund hielt und frischen Atem gab. Vor allem in der späteren Zeit waren duftende Pflanzen und Essenzen bei den festlichen Gelagen der reichen Ägypter unentbehrlich. Sobald das Fest begonnen hatte, gingen Dienerinnen zwischen den Gästen umher und verteilten Blumen und parfümierte Öle. Jedem Gast wurde eine Lotusblume in die Hand gegeben, und als Empfangsgeschenk bekam er einen Duftkegel aus einer Haarsalbe, die von der Gastgeberin bzw. deren Sklavinnen angefertigt worden war. Diese Kegel schmolzen während des Banketts und flossen in die Perücken. Als Höflichkeitsfloskel sagte man damals: »Dein Parfumeur verbreitet Wohlgerüche.« Ein anderes Wort der Ägypter war, daß ohne Wohlgerüche kein Tag glücklich sei. Bei dem kräftigen Konsum verschiedener Lauch-, Zwiebel- und Knoblaucharten hatten die Duftstoffe wohl auch eine nützliche Funktion – nur den Priestern war der Genuß von Knoblauch nicht erlaubt. Die Ägypter waren ein extrem verfeinertes Volk, das Fragen der Körperpflege, des Aussehens und der Hygiene große Beachtung schenkte. Nach dem Essen spülte man sich den Mund mit Wasser und einer Paste aus, die Asche oder Tonerde enthielt. Gegen Körpergeruch, der leicht während der Hitzezeit auftrat, rieb man sich mit einer Salbe ein, die auf Therebinten und Weihrauch basierte. Eine reichhaltige Auswahl an Kosmetika half gegen Flecken, Fältchen und zur Regeneration der Haut. Im Tempel der Königin Hatschepsut in Theben befindet sich ein farbiges Bild, das eine Frau bei ihrer täglichen Toilette zeigt. Parfumöle waren für die vornehmen Ägypterinnen unentbehrlich geworden, wie viele Flakons und Tiegel zeigen, die als Grabbeigaben gefunden wurden. Fläschchen aus Alabaster, Onyx oder Porphyr fand man im Grab des Königs Tutenchamun, das von Howard Carter 1922 entdeckt worden war. Auch im Grab von Hetepheres, der Mutter des Pharao Cheops (4. Dynastie), fand man kleine Alabastergefäße, die duftende Öle enthielten.

Die medizinischen Papyrustexte, allen voran der Papyrus Ebers, geben interessante Aufschlüsse über die Heilkunst der Ägypter. Sie entstanden ursprünglich im Alten Reich, 2500 Jahre vor Hippokrates. Einhundert verschiedene aromatische Heilpflanzen sind im Papyrus Ebers aufgeführt. Eine reichhaltige Palette von Anwendungsformen stand zur Verfügung: Salben, Pflaster, Umschläge, Zäpfchen, Klistiere und Räucherungen. Im Berliner Papyrus wird ein Kopfdampfbad beschrieben: Sieben Ziegelsteine werden erhitzt und der Reihe nach mit Kräuterauszügen begossen, während der Kranke sich über die Dämpfe neigen muß. Geplagten Müttern empfiehlt ein Rezept des Papyrus Ebers ein ›Heilmittel zur Beseitigung von übermäßigem Schreien‹.

Von der Wiege bis zum Tode begleiteten die Ägypter wohlriechende Essenzen. Einbalsamierungen wurden im Mittleren Reich (2040 – 1786 v.Chr.) üblich. Die ätherischen Öle von Zedernholz, Myrrhe, Cassiazimt und anderen Pflanzen verhinderten den Zerfall der Toten, die zum Teil heute noch sehr gut erhalten sind. Anfangs wurden nur der Pharao und seine Familie einbalsamiert; später auch Hofbeamte und Tiere. Wichtig war, daß der Sarg aus wohlriechendem Zedernholz war, das aus dem Libanon eingeführt wurde. Im Museum von Palermo befindet sich eine Tafel, auf der geschrieben steht, daß 2700 v.Chr. vom Pharao vierzig Schiffe nach Tyr geschickt wurden, um Zedernstämme zu erwerben. Cheops I. sandte im Jahr 2350 v.Chr. eine Streitmacht nach Kanaan, um zu verhindern, daß Beduinen dieses für den Handel nach Arabien und Syrien wichtige Land unter ihre Kontrolle brachten. Später brachte Sesostris I. Kanaan direkt unter ägyptische Herrschaft und eröffnete ein ›Konsulat‹ im Hafen Tyr, einem der bedeutendsten des Mittelmeeres. Die Einfuhr der Hölzer, Heilpflanzen und Räucherharze war für die Ägypter von größter Bedeutung. Aus dem sagenhaften Land der Königin von Saba bezogen sie Weihrauch und Myrrhe; Punt im südöstlichen Afrika lieferte weitere Spezereien. Herodot berichtet, daß dreihundert Familien mit der Ernte des Weihrauchs betraut waren und daß besondere Vorschriften existierten, um die Reinheit der Harze zu garantieren.

Bei Initiationsriten und bei der Amtseinsetzung von Pharaonen, Priestern und hohen Beamten übertrug das heilige Salböl die geistige Autorität, so wie der Duft der Götter auf den auserwählten Menschen ihre Unsterblichkeit übertrug. Der Duft der aromatischen Essenzen bedeutete deshalb auch das zukünftige Leben im Jenseits. Sie verhinderten Zerfall und Gestank, beides das Werk der Dämonen. Von der strengen Tradition der Pyramidenbauer bis zu den Verführungskünsten der Cleopatra, die selbst ein Werk über Kosmetik und Parfums schrieb, spannt sich ein weiter Bogen. In einem Gedicht, dem ›Lied des Hafners‹ (2000 v. Chr.), sind die beiden Pole Spiritualität und Sinnlichkeit, die das Wesen Ägyptens ausmachen, vereinigt.

> Folge Deinem Wunsch, dieweil Du lebst,
> lege Myrrhen auf Dein Haupt,
> kleide Dich in feines Linnen,
> getränkt mit köstlichen Wohlgerüchen,
> den echten Dingen der Götter.
> Vermehre Deine Wonne noch mehr,
> laß Dein Herz nicht müde sein,
> folge Deinem Wunsch und Deinem Vergnügen.

Die Hebräer und die Bibel

Das alte Ägypten und die Kulturen des Zweistromlandes sind untergegangen; Perser, Griechen und Römer folgten ihnen und übernahmen, was nicht zu fremd erschien. Auch ein anderes Volk, die Hebräer, das lange Jahre im östlichen Teil Ägyptens und in babylonischer Gefangenschaft lebte, bewahrte viele Vorstellungen und Gebräuche, die sonst verlorengegangen wären. So konnte über die christliche Lehre einiges an Orientalischem in die europäische Kultur einfließen.

Der Auszug der Hebräer aus Ägypten begann gegen 1240 v. Chr. Moses, ein Hebräer, der am ägyptischen Leben teilgenommen hatte und sogar von den Priestern in die Mysterien eingeweiht worden war, leitete das schwierige Unternehmen. Die Hebräer legten Tausende von Kilometern durch Wüsten und Feindesgebiet zurück, um endlich nach Jahren im Land, wo ›Milch und Honig‹ fließt, anzukommen. Die ›40 Jahre‹, die Zeit, die der Exodus gedauert haben soll, sind symbolisch zu verstehen, wobei die Zahl 40 (40 Tage Jesu in der Wüste, 40 Tage Quarantäne usw.) immer eine Leidens- und Reinigungszeit bedeutet. Aus dem Land, in dem sie als friedliche Hirten gelebt hatten, bis Ramses II. sie zu Frondienst verpflichtet hatte, konnten sie nur ihr nacktes Leben retten. Moses jedoch gab ihnen eine neue Religion und soziale Ordnung, die stark von den ägyptischen Vorbildern geprägt war. Gott befahl Moses, ein Heiligtum zu errichten und es mit dem heiligen Salböl zu weihen. Als Moses wieder vom Berg Sinai herabgestiegen war, hatte er sich einige Notizen gemacht. Das Rezept für Salböl sollte so aussehen: »Und der Herr redete mit Moses und sprach: Nimm dir die beste Spezerei: die edelste Myrrhe, 500 Lot, und Zimt, die Hälfte davon, 250, und Kalmus, auch 250 Lot, und Kassia, 500 nach dem Lot des Heiligtums und eine Kanne Olivenöl. Und mache daraus ein heiliges Salböl nach der Kunst des Salbenbereiters« (2. Moses 30, 22−25). Damit sollten die Kultgegenstände und die Stiftshütte gesalbt werden. Die Salbung oder Ölung war für die Hebräer die wichtigste Weihehandlung. Aber auch die Weihrauchbereitung wurde genau vorgeschrieben: »Nimm dir Spezerei: Balsam, Stakte, Galbanum und reinen Weihrauch, vom einen soviel wie vom andern, und mache Räucherwerk daraus, gemengt nach der Kunst des Salbenbereiters, gesalzen, rein, zum heiligen Gebrauch« (2. Moses 30, 34−36). Der persönliche Gebrauch des heiligen Öls und Räucherwerks galt als Verstoß gegen das Allerheiligste. Die ›Rotte Korah‹, Dathan und Abiram, samt seinen 250 Männern und ihren Familien, bekamen den Zorn Gottes zu spüren, nachdem sie die Öle für sich verwendet hatten. Die Erde tat sich auf und verschluckte sie!

200 Jahre nach dem Auszug aus Ägypten hatte sich das Reich Israel unter seinem kriegerischen König David in den fruchtbaren Ebenen Palästinas fest etabliert. Sein Sohn, König Salomo, der von 961 bis 922 v. Chr. regierte, war nicht nur weise, sondern auch ein überaus tüchtiger und realistischer Staatslenker. Kupfer, Eisen, Zedernholz und Gewürzhandel machten Israel bald zu einem mächtigen Handelsimperium mit großer Flotte. Allmählich bemächtigte sich Salomo der alten Handelsstraßen und begann die Monopole der südarabischen Reiche zu unterminieren. Alarmiert entschloß sich die Königin von Saba, dem König einen Besuch abzustatten. Schwer bepackt mit Geschenken, darunter Weihrauchbäume und Gewürze, kam sie nach Palästina. Es gelang ihr tatsächlich, den allem Weiblichen sehr aufgeschlossenen König zu becircen und günstige Handelsabkommen zu erreichen.

Das Hohe Lied Salomos beschwört alle Wohlgerüche Arabiens, um die Schönheit der geheimnisvollen ›Freundin‹ zu beschreiben:

»Wer ist die, die heraufgeht aus der Wüste wie ein gerader Rauch, wie ein Geräuch von Myrrhe, Weihrauch und allerlei Gewürzstaub des Krämers?« Jüdische Frauen mußten sich einer einjährigen Reinigungsperiode unterziehen. Die Hälfte des Jahres rieben sie sich mit Myrrhenöl ein, die andere Hälfte mit Balsam- und Weihrauchöl. Knoblauch und Zwiebeln durften sie während dieser Zeit nicht zu sich nehmen. Esther, die später die Gemahlin des persischen König Xerxes (Ahasveros) wurde, hatte sich wie ihre Konkurrentin um den Thron ›sechs Monate mit Balsam und Myrrhe und sechs Monate mit guter Spezerei‹ gepflegt. Die Öle waren offenbar auch als Kosmetika von durchschlagendem Erfolg. Parfums gehören zu den erfolgreichen Waffen der machthungrigen Frauen des Alten Testaments. Judith, in Duftwolken gehüllt, verführte den Holofernes − mit unangenehmen Folgen, wie man weiß.

Aromatische Öle waren den Hebräern wohlbekannt. Sie vertrieben damit Ungeziefer und desinfizierten ihre Bettwäsche und Kleidung mit Räucherungen. In ihren Zelten und Schlafkammern hängten sie frische, duftende Kräuter auf, die die Raumtemperatur kühl hielten. Weihrauch gehörte zu den kostbarsten Schätzen der Hebräer und wurde in eigenen Kammern im Tempelbereich aufbewahrt. Zwei Pflanzen standen in besonders hohem Ansehen:Ysop und Narde. Der Ysop ist die heilige Pflanze der Hebräer. Er wird heute noch wegen seiner ätherischen Öle als Heilmittel, aber auch als Salatgewürz verwendet. Die Narde wächst im Gegensatz zum Ysop nicht im Heiligen Land und mußte deshalb auf endlos langen Karawanenstraßen erst herbeigebracht werden. Aus der echten indischen Narde, die nur im Himalayagebirge wächst, wurde das Nardenöl gewonnen. Es gab auch weniger wertvolle Narden wie die keltische Narde, die als Ersatz in Frage kam. Sie gehört zur Familie der Baldriangewächse und riecht eigentümlich ungewohnt, aber angenehm. Schon im Grab des Tutenchamun fand man ein Gefäß mit Salben, das, wie sich später herausstellte, Narde enthielt. Maria, so steht es im Neuen Testament geschrieben, salbte die Füße des Herrn mit solchen Mengen Nardenöl, daß das ganze Haus von dem Geruch erfüllt wurde. Die Jünger, die den Sinn des Opfers nicht verstanden, murmelten kleinliche Bemerkungen und empfahlen, das teure Öl lieber zu verkaufen.

Die Kulturen des Zweistromlandes

Mesopotamien, das Land zwischen den Flüssen Euphrat und Tigris, hat die Reiche kommen und gehen sehen. Nirgendwo haben sich die Völker so furios zerfleischt oder aber miteinander vermischt wie auf diesem Stück Erde. Es ist ein Treibhaus der Menschheitsgeschichte, wo das Leben schneller und intensiver gelebt wurde. Die Natur in den Flußtälern des ›fruchtbaren Halbmonds‹ ist großzügig, es wächst und gedeiht alles. Die Legende erzählt, daß hier einst der Garten Eden lag, das Traumbild des Menschen vom Paradies auf Erden. Tatsächlich hatten die Sumerer, das älteste der ansässigen Völker, in der Nähe der Stadt Ur riesige Paradiesgärten angelegt. Von hier aus sollen sich die Urformen aller heilenden und duftenden Pflanzen über die ganze Welt verbreitet haben. 9000 Jahre sind die frühesten Spuren seßhafter Besiedlung alt, und ab 4500 v.Chr. entstanden die ersten Städte. Die Sumerer, ein mysteriöses Volk, das wahrscheinlich in grauer Vorzeit aus Zentralasien einwanderte, entwickelten die ersten Schriftzeichen, betrieben astronomische Observatorien und verfügten über eine straff organisierte Verwaltung aus Priestern und Beamten. Den Sumerern verdanken wir die erste medizinische Rezeptsammlung der menschlichen Geschichte. Ein unbekannter Arzt hatte auf Tafeln, die um 2100 v.Chr. entstanden, neben Mineralien auch 25 Heilpflanzen aufgeführt. Im Museum von Bagdad befinden sich Gefäße, die eindeutig zur Aufbewahrung von duftenden Pflanzenölen dienten. Ihr Alter liegt zwischen 6000 und 4000 Jahren! Unter König Sargon besiegten 2350 v. Chr. die Akkader das sumerische Reich; in ständigem Hin und Her folgten die Babylonier, Assyrer und Chaldäer, bis schließlich 539 v.Chr. die Perser ein neues Großreich gründeten und damit eine neue Epoche einleiteten. Religion, Wissenschaft, Kultur und Heilkunde der Sieger und Besiegten durchdrangen sich, ein wahres ›Babel‹, das auf Fremde erschreckend wirken mußte. Dazu kam, daß die zentrale Lage, ohne natürliche Hindernisse, das Zweistromland für Tausende von Jahren zum größten Warenumschlagplatz der Welt machte. Sämtliche Karawanenstraßen von China im Osten bis Ägypten im Westen führten nach Babylon und Ninive, der Hauptstadt der Assyrer. Der Handel brachte den Austausch technischer und kultureller Errungenschaften mit sich. Neben Edelsteinen und Metallen waren

Gewürze und aromatische Heilpflanzen die begehrtesten Güter. Ihr Besitz war es, der die Kaufleute und Forscher der frühen Zivilisationen reizte, den langen und beschwerlichen Weg zu den entferntesten Ländern anzutreten.

1845 entdeckte der junge Engländer Henry Layard die verschüttete Hauptstadt der Assyrer, Ninive. Seinem Gehilfen Hormuzd Rassam gelang es, im Palast des Königs Assurbanipal (668 – 626 v. Chr.) eine riesige Bibliothek aus Keilschrifttafeln ans Tageslicht zu befördern. Darunter befanden sich fast 700 Tontafeln, die sich mit medizinischen Fragen befaßten. Die Verwendung von über 250 Heilpflanzen konnte der Assyrologe R. C. Thompson nachweisen; darunter sehr viele duftende Harze und Pflanzen: Zypresse, Zeder, Pinie, Wacholder, Bux, Myrrhe, Weihrauch, Storax, Fenchel, Safran, Thymian und Koriander. Ein Rezept gegen Gallenbeschwerden zum Beispiel bestand aus jeweils zehn Sekeln Kiefernharz, Rosen, Galbanum, dazu Senf und Salikornia-Alkali. Galbanum ist das Gummiharz einer Pflanze der persisch-syrischen Steppe, die mit dem Asant (Asa foetida oder Teufelsdreck), einem Allheilmittel der Assyrer und Perser, verwandt ist. Die babylonischen Ärzte waren größtenteils Priester wie in allen traditionellen Gesellschaften. Es gab ›wasserkundige‹ und ›salbenkundige‹ Ärzte, außerdem solche, die auf Vorhersagen, und andere, die auf Beschwörungen und Litaneien spezialisiert waren. Man erkannte sie an einem Sack, der mit Heilkräutern gefüllt war, einem Krug für Trinkopfer und einem Weihrauchfaß. Zweifellos stand die mesopotamische Heilkunst auf einer hohen Entwicklungsstufe. Befremdlich für die fleißigen, aber phantasielosen Orientalisten und Medizinhistoriker war allerdings lange Zeit, daß bei der Entzifferung der medizinischen Tontafeln auf Schritt und Tritt Astrologie und Dämonenglaube auftauchten. Die Astrologie beherrschte die Religion der Heilkunst und das Alltagsleben der Bewohner des Zweistromlandes, und kein wichtiger Schritt wurde unternommen, ohne die Sterne zu befragen. Von den Sumerern bis zu den Chaldäern hatte sich eine auf sorgfältige astronomische Beobachtungen stützende Astrologie herausgebildet. Unsere heutige Zeiteinteilung in Stunden, Tage, Wochen und Monate beruht auf ihren Berechnungen; und selbst die 12 oder 6 Eier in einem Karton gehen auf babylonische Mengenmaße zurück! Im täglichen Leben der Babylonier und Assyrer, das nach dem Lauf der

Sterne geordnet war, gehörten die Duftstoffe und Räuchermittel zu den unentbehrlichen Begleitern. Frauen und Männer verwendeten sehr viel Zeit auf die tägliche Körperpflege und rieben sich mit aromatischen Ölen ein. Auf die Pflege von Haar und Bärten legten sie besonderen Wert. Es gab Reinigungsöle, Lippensalben (schon 3500 v. Chr.), und in jedem Haus wurde zum Schutze der Gesundheit und für religiöse Zwecke mit Zedern- und Zypressenholz, Kalmuswurzel und vielem anderen geräuchert. Dämonen, die als Krankheitsverursacher galten, vertrieb man mit wohlriechenden Räucherungen oder mit Gestänken zur Abschreckung. Deshalb mußten die Kranken häufig Medikamente aus der ›Drecksapotheke‹ einnehmen − das vertrieb den Dämon! Wir würden es uns aber zu einfach machen, dieses Weltbild in Bausch und Bogen als Aberglaube abzutun.

Daß die Ägypter schimmliges Brot bei Darminfektionen einnahmen, hielt man bis zur Entdeckung des Penizillin (ein Schimmelpilz, der auch in schimmeligem Brot vorkommt) für finstere Magie. Die blutungsstillenden und desinfizierenden Eigenschaften von Spinnweben, die ›Hexen‹ zur Wundheilung benutzten, sind ein anderes Beispiel. Vielleicht werden in zweihundert Jahren unsere Nachfahren nur milde lächeln, wenn sie unsere wissenschaftlichen Theorien entziffern.

Der unermüdliche Herodot berichtet, daß die assyrischen Frauen mit einem Stein Weihrauch, Zypressen- und Zedernholz zerstießen und mit Wasser vermischten. Damit salbten sie Körper und Gesicht. Bei Banketten wurden aromatische Wasser versprengt, und ständig brannten Cassoletten, kleine kupferne Räucherpfannen. Die Sabäer, das arabische Handelsvolk aus dem Hadramaut, waren den Assyrern tributpflichtig und mußten ihnen jährlich 1000 Talente Weihrauch liefern. Dem Sonnengott Baal, Ishtar, der Mondgöttin, und den Planetengöttern wurden ungeheure Mengen Räucherwerk geopfert. Der ›Turm zu Babel‹ war ein aus sieben ineinandergeschachtelten Türmen (jeder Turm für einen Planeten, Sonne und Mond) bestehendes Bauwerk. Herodot zufolge befand sich im obersten Teil des Turmes eine luxuriöse Couch mit einer geschmückten und parfümierten Frau, die der Gott für sich auserwählt hatte. Außerdem befand sich im Turm eine goldene Statue des Gottes und ein riesiger, goldener Altar, auf dem jedes Jahr 1000 Talente Weihrauch verbrannt wurden.

Gegen Ende des assyrischen Reiches hatte sich der Verbrauch von Ölen und Räucherharzen extrem gesteigert. Seit langem gab es eine richtiggehende chemische Industrie, die Pflanzenauszüge destillierte, Salbenpräparate herstellte und in Glasflakons abfüllte. Die Parfums des Zweistromlandes waren in der ganzen zivilisierten Welt bekannt und wetteiferten mit den ägyptischen Ölen. Mehr und mehr Männer parfümierten sich und trugen Schminke auf. Mit dem Tode des Königs Assurbanipal (ca. 630 v.Chr.), den die Griechen Sardanapal nannten, hatte die Entwicklung ihren Höhepunkt und vorläufigen Endpunkt erreicht. Er wählte den Freitod, höchst theatralisch, zusammen mit seinen Lieblingsfrauen und seinem Vorrat an Duftreserven auf einem Scheiterhaufen balsamischer Hölzer.

Später übernahmen die Meder und Perser viel von den Sitten des Zweistromlandes. Die persische Feuerreligion des Zoroaster hatte für eine Weile einen strengeren, beinahe puritanischen Zug aufkommen lassen. Das ›Zend-avesta‹ teilte die Welt in Gut und Böse, Hell und Dunkel, in die Reiche des Ormuzd und Ahriman. Nach dem Tode ergeht es der Seele nach der Lehre des ›Zarathustra‹ (Zoroaster) so: »Am Ende der dritten Nacht, bei Morgengrauen, fühlt sich die Seele der Gerechten unter Blumen und Düfte getragen und ihr deucht, vom Lande des Südens wehe ein duftender Wind, süßer duftend als alle Winde.« Dem Bösen dagegen ergeht es weniger gemütlich: »Am Ende der dritten Nacht, im Morgengrauen, fühlt sich die Seele des Gottlosen unter Schnee und Gestank versetzt und ihr deucht, daß von den Ländern des Nordens übelriechende Winde wehen, die übelsten aller Winde.« Die jüdische Religion und damit der christliche Glaube hat viel von dem Dualismus Gut — Böse, Geist — Körper übernommen. Zweitausend Jahre lang, im Zeitalter der Fische, stand das Abendland unter der Spannung des unüberbrückbaren Gegensatzes von Geist und Materie. Als in Griechenland mit dem Ruf ›Der große Gott Pan ist tot‹ die antike Welt zerbrach, war auch die ursprüngliche Einheit von Körper und Seele zerbrochen. Von nun an mußten die Menschen ihr Fleisch abtöten, um zu Gott zu gelangen.

Wir haben im folgenden die indische und tibetanische Kultur bewußt übergangen, weil eine adäquate Darstellung mehr Raum erfordert hätte, als der thematische Rahmen dieses Buches ihm bieten kann.

China

Als der Venezianer Marco Polo zum ersten Mal Hangchow, die Hauptstadt der südlichen Sung-Dynastie erblickte, war er überwältigt von dem Anblick, der sich ihm bot. Wie er waren unzählige Kaufleute und Forscher von dem Land, das sich den Fremden beharrlich verschlossen hatte, angezogen worden; ein Land, das aus eigenen Quellen schöpfend die unglaublichsten Leistungen hervorgebracht hat. Trotzdem gab es seit frühesten Zeiten Handelsbeziehungen mit den Völkern Zentralasiens, Indiens, des Zweistromlandes und sogar mit Ägypten. In Gräbern der 12. bis 18. Dynastie fand man Augenkosmetika, die eindeutig aus China stammten.

Am Anfang der chinesischen Geschichte stehen die legendären Kaiser Fu-hsi, der Erfinder der Schrift und der Orakel, Shen-nung, der ›göttliche Landwirt‹, und Huang-ti, der gelbe Kaiser. Shen-nung lehrte das Volk den Anbau von Getreide und untersuchte die ›100 Pflanzen‹. Nach heroischen Selbstversuchen sonderte er die giftigen Pflanzen aus und ordnete 365 Heilpflanzen in ein Herbarium. Er wird noch heute als Gott der Heilkraft verehrt. ›Huang ti-Nei-ching‹, das Buch des gelben Kaisers von der inneren Medizin, ist der Klassiker der traditionellen chinesischen Heilkunde. Krankheit ist nach dem Nei-ching das Ergebnis einer Störung zwischen Mensch und Kosmos. Herrscht Harmonie zwischen Himmel, Erde und Mensch, dann kann keine Krankheit entstehen. Die kosmischen Energien durchfließen in einem gleichmäßigen Rhythmus den Körper des Menschen, der Tiere und der Pflanzen. Nach den Regeln der Akupunktur werden die Energieströme, die den Körper durchströmen, ins Gleichgewicht gebracht und bestimmte, meist aromatische Pflanzen gegeben, die die Energie günstig beeinflussen. Zimtrinde wird zum Beispiel bei ›Leere‹ oder Yang-Mangel verschrieben. Nach dem Vorbild des Kaisers Shen-nung entstanden die Pents'aos, große Sammlungen von Heilkräutern, tierischen Heilmitteln und Mineralien. Es wurden Hunderte von Pents'aos verfaßt, und jede Generation fügte neue oder mit neuen Anmerkungen versehene Klassiker hinzu. Die chinesische Heilkunde ist sehr reich an aromatischen Heilmitteln. Nirgendwo schenkte man dem Duft soviel Aufmerksamkeit wie in China. Es entstanden gelehrte Traktate über Duftstoffe und Anleitungen zur Herstellung von Räuchermischungen, Pastillen und Ölen. Schon aus dem ersten oder zweiten Jahrhundert nach Christus sind Traktate über die Kunst der Zusammenstellung von aromatischem Räucherwerk bekannt (Han King Siang Fang).

Während der Ming-Zeit erschienen viele Abhandlungen über Duftstoffe, darunter die ›Siang ching‹ (Weihrauchberichte). Im Gegensatz zu anderen Ländern empfanden Chinas Gelehrte es nicht als unter ihrer Würde, sich mit Gerüchen zu befassen. Im Gegenteil, die Chinesen entwickelten eine einmalige Kunst der harmonischen Abstimmung verschiedener Sinneseindrücke, ähnlich den ›Entsprechungen‹ Baudelaires. Dabei verschwamm oft die Grenze zwischen heilender Wirkung, Anregung der Sinne und religiöser Verwendung. Über die Medizin der südlichen Sung-Zeit schreibt Ming-wong: »Sie ist charakterisiert durch die Verwendung von Parfums (Hsiang) und aromatischen Pflanzen. Diese aromatischen Pflanzen gehen ein in die Medizin, die Ernährung und die Körperpflege. Sie wurden über ein Kontor verkauft, über das ausgebildete Beamte die Aufsicht führten.« Der Philosoph Konfuzius (551−478 v. Chr.) empfahl Ausräucherungen zur Vorbeugung gegen Epidemien. Im Shih Ching, dem Buch der Lieder, heißt es: »Im zehnten Monat zirpen die Heuschrecken, zirpen unter unseren Betten. Ritzen in den Wänden werden gefüllt und Ratten ausgeräuchert.« Gegen Insekten gab es spezielle Räuchermischungen, und Gelehrte räucherten ihre Bibliotheken gegen Buchwürmer aus. Manchmal wurden in die Bücher schon insektentötende Pflanzenstoffe eingearbeitet. Unter dem Adel war es Sitte, kleine Beutelchen mit Duftmischungen am Gürtel zu tragen, und auch die Sänften waren stark parfümiert.

Basilikum gehörte zu den beliebtesten Gerüchen der Tang-Zeit, und zeitgenössische Quellen berichten, daß höfische Prozessionen über Kilometer hinweg zu riechen waren. Auch Männer parfümierten sich. Von einem jungen Soldaten, der sich mit einer Kurtisane in der Stadt vergnügen wollte, hieß es, »die berühmten Aromen fremder Länder füllten den Kragen seines Hemdes mit Gerüchen«. Selbst der Kaiser trug parfümierte Sachets, besonders zur Zeit der Wintersonnenwende, wenn es das Ritual erforderte. Am Hofe gab es zum großen Empfangszeremoniell einen Tisch mit Räucherwerk, über den sich die Staatsmänner beugten, bevor sie sich ihren Amtsgeschäften widmeten. Kandidaten für den

Staatsdienst grüßten ihre Prüfer feierlich am Räuchertisch in der Halle der Examinierungen. Verdienten Personen gab der Kaiser der Tang-Dynastie wertvolle Duftstoffe zum Geschenk. Beliebte pflanzliche Duftstoffe waren Aloe, Anis, Basilikum, Benzoe, Elemi, Narde, Patschuli, Putchuk, Sandel, Storax und Weihrauch. Aloe, das die Chinesen ›sinkendes Holz‹ nannten, weil es nach der Reifung schwerer als Wasser ist, stammt von einer Reihe von Aquilaria-Bäumen, die in Südostasien heimisch sind. Es war eines der großen Heilmittel gegen innere Schmerzen, äußerlich in Salben gemischt gegen Wunden, zur Abwehr negativer Kräfte und zur Reinigung der Seelen. Elemi und Storax sind Baumharze, die im Westen wie im Osten bei religiösen Zeremonien und als Heilmittel Verwendung fanden. Putchuk, auch Costus genannt, ist eine Wurzel mit intensivem Veilchengeruch. Sie wurde, in Wein aufgelöst, bei Herzschmerzen eingenommen. Costuswurzel ist für die moderne Parfümerie ein wichtiger Rohstoff. Auch die tierischen Duftstoffe Moschus, Zibet und Onycha waren in China schon frühzeitig bekannt. Onycha stammt von einer Muschel, die sich in China an den Küsten des Yangtze-Flusses fand. Im Vorderen Orient war eine andere Art von Onycha bekannt, die ebenfalls als Räuchersubstanz verwendet wurde. Moschus und Zibet sind die Drüsenprodukte des Moschus-Hirsches bzw. der Zibet-Katze. Moschus und Zibet sind heute sehr selten und teuer geworden.

In den Tempeln der Konfuzianer, Taoisten und Buddhisten gehörten Räucherungen zu den unentbehrlichen Bestandteilen des Kultes. Im Zentrum des taoistischen Tempels stand das große Räucherbecken, und Administranten schwenkten Räuchergefäße. Die Taoisten, die dem hektischen Leben am Hofe und in den Städten den Rücken zuwandten, befaßten sich mit Meditation und Übungen, bei denen auch Gerüche von Bedeutung waren. Sie hatten eine ›reine Kammer‹, in der besonderes Räucherwerk brannte. Um mit ›Unsterblichen‹ oder Geistern Kontakt aufzunehmen, verbrannten sie auch Substanzen, die eine rauscherzeugende Wirkung haben, wie Hanfsamen (Cannabis) und Bilsenkraut. Ein Buch aus der Han-Zeit sagt: »Wer viel nimmt, sieht Dämonen und springt herum wie ein Wahnsinniger. Aber wer es über eine längere Zeit nimmt, kann mit den Geistern kommunizieren, und der Körper wird leicht.« In jüngster Zeit haben Wissenschaftler aus der DDR im Weihrauch sogenannte ›psychotrope Stoffe‹ entdeckt, die zu rauschartigen, euphorischen Zuständen führen. Das letzte Ziel der Taoisten und chinesischen Alchimisten war immer, Unsterblichkeit zu erlangen oder zumindest das Leben solange wie möglich zu verlängern. Sie ernährten sich von Pinienkernen und duftenden Pilzen und lebten in abgelegenen Gebirgsgegenden, wo ›Chi‹, die Atem- und Lebenskraft, besonders reichhaltig vorkam. Manche erreichten durch diese Nahrung und geheime Übungen eine Mumifizierung ihres Leibes schon zu Lebzeiten. Ihre Körper haben sich so gut erhalten wie ägyptische Mumien. Sie glaubten, daß der Mensch, je höher er sich entwickle, um so weniger schwere Nahrung benötigen würde. Die Elementargeister der Taoisten und die Unsterblichen, so hieß es, ernährten sich nur von wohlriechendem Aroma. Die Chinesen sind ihrer Liebe zu den aromatischen Stoffen treu geblieben. Selbst in der Volksrepublik China, wo noch während der Kulturrevolution das Grab des Konfuzius zerstört wurde, sind die aromatischen Pflanzen und Tierprodukte wieder wie eh und je die wichtigsten Heilmittel. ›Pillen zur Aktivierung der Blutzirkulation‹ – Ta Ho Lo Tan – enthalten unter anderem Weihrauch, Moschus, Nelke, Engelwurz und Zimtrinde. Hongkong (übersetzt: der Dufthafen), Singapur und Taiwan erzeugen eine reichhaltige Palette von ›Tigerbalsamen‹ und ›Drachenölen‹, die eine Reihe ätherischer Öle enthalten. Die chinesische Heilpflanzenkunde der Pents'ao war von Anfang an auf die Beeinflussung feinstofflicher Energien, wie sie in den Akupunktur-Meridianen fließen, abgestimmt. Aus diesem Grunde haben Duftstoffe, die die Seele der Pflanzen und Tiere in sich tragen, eine so außergewöhnliche Beachtung gefunden. Wir können noch viel von der traditionellen chinesischen Heilkunde lernen.

Japan

Die Japaner haben der chinesischen Kultur viel zu verdanken. Manche Anregung, auch aus dem Bereich der Duftstoffe, haben sie von China übernommen. Unbestreitbar ist jedoch, daß die Japaner ein ganz eigenes ästhetisches Naturgefühl entwickelt haben. In ihrer Religion, dem Shinto-Kult, ist die Nähe zur Natur bis heute lebendig geblieben. Tee-Zeremonien, Garten-Anlagen und Ikebana, die Blumenkunst, sprechen für die Gabe der Japaner, künstlerische Gestaltung mit Einfühlung in die

Ordnung der Natur zu verbinden. ›Inro‹ werden die wunderschönen lakkierten Behälter genannt, worin aromatische Heilmittel oder Kosmetika aufbewahrt wurden. Man befestigte sie am Gürtel oder am Kimonoknopf. Beliebte Duftstoffe waren Ylang-Ylang, Ambrette (Hibiskus), Sandel, Moschus, Champaca-Blüte und Verbene. Die Japaner glaubten, daß eine besonderte Art von Geistern sich von Weihrauchduft ernährte, nämlich die Seelen von Händlern, die schlechten Weihrauch verkauft hatten!

Der Adel benutzte seit dem 8. Jahrhundert verschiedene Räuchersubstanzen, um Kleider und Zimmer zu parfümieren. Seit dem Ende der Heian-Zeit (11. Jh.) kam ein neues Gesellschaftsspiel auf, das Weihrauchspiel. Es war ein Ratespiel, wobei aus vielen Geruchsnoten der Name einer bestimmten Pflanze oder eines besonderen Harzes erraten werden mußte. Auf Stimmzetteln gaben die Teilnehmer ihre Wahl an; die Zettel wurden dann in Papierumschläge gesteckt und bis zum Ende des Spiels aufgehoben. Bei einer anderen Variante mußten Teilnehmer erraten, welcher Duft zu welcher Stelle eines Romans paßte. Die Erzählungen dieser raffinierten Epoche, darunter ›Genji Monogatari und Ise Monogatari‹, die das Weihrauchspiel und seine Spieler schildern, spiegeln eine Sensibilität und Bildung, die im heutigen Einerlei der Konsumgesellschaften nicht mehr zu finden sind. Japan und China könnten als Brükkenpfeiler zwischen Vergangenheit und Zukunft, Tradition und Wissenschaften zu einer neuen Stufe menschlichen Wissens führen.

DIE
ANTIKE

Lange bevor die klassische Zeit der Griechen anbrach, war das Mittelmeer der Schauplatz eines buntbewegten wirtschaftlichen und kulturellen Lebens. Die Phönizier, ein hochbegabtes Volk von Seefahrern und Kaufleuten, hatten seit dem zweiten Jahrtausend vor Christus die Verbindung zwischen den Kontinenten hergestellt. Durch ihre Vermittlung gelangten viele Errungenschaften der orientalischen Hochkulturen nach Europa. Die ›Purpurhändler‹ — wie die Übersetzung für ›Phönizier‹ lautet — brachten Salböle, Farbstoffe und Gewürze herbei; auf ihrer Suche nach wertvollen Handelsgütern kamen sie bis zu den Kanarischen Inseln und sogar bis zum Baltischen Meer. Dort fanden sie Bernstein, das versteinerte Harz von Nadelbäumen, der auch als Heilmittel geschätzt wurde.

Ein anderes Volk, die Kreter, begründete die erste europäische Zivilisation, ein Bindeglied zwischen Afrika und Europa. Über zweitausend Jahre bis zum Einbruch der Dorer in die griechische Inselwelt blieb die minoisch-mykenische Kultur im Mittelmeerraum führend. Das künstlerisch begabte, lebenslustige Volk hatte schon frühzeitig Kontakte zu den Ägyptern und den Phöniziern aufgenommen. In einem viertausend Jahre alten Palast in Knossos auf Kreta entdeckte man die Abbildung der ›heiligen Rose‹, einer Hybride der roten Rose, die sich auch in Gräbern aus der Zeit Ramses des Großen befand. Die reichhaltigen Funde der Archäologen beweisen, daß die Kreter und ihre Erben einen schwunghaften Parfumhandel betrieben. Sie stellten die Öle teilweise aus heimischen Pflanzen, teilweise aus orientalischen Duftstoffen her. Unter den Tafeln der sogenannten Linear B-Schrift befinden sich Aufzählungen von Gewürzen und Parfumsubstanzen. Im weitverzweigten Palast von Knossos, der das Vorbild für das ›Labyrinth des Minotaurus‹ abgab, befanden sich Kontorräume, in denen die Verteilung der Rohstoffe für die Parfumherstellung vor sich ging. Koriander, Salbei, Rosenöl, Zypergras, Fenchel und ›Ponikijo‹, das phönizische Gewürz, das die Öle rot färbte, wurden in den Aufzeichnungen erwähnt. Die Techniken der Parfumherstellung änderten sich offenbar seit der minoischen Zeit bis zum ersten Jahrhundert nach Christus kaum. Auch die Assyrer haben Tafeln aus dem 13. Jahrhundert vor Christus hinterlassen, aus denen hervorgeht, daß sie ähnliche Verfahren verwendeten.

Griechenland

Die Griechen übernahmen vieles von den älteren Kulturen, deren Lebensnerv durch mehrere Naturkatastrophen getroffen worden war. Genauso zersplittert wie die Landschaft Griechenlands waren die verschiedenen Stämme der Griechen. Sie huldigten ihren lokalen Schutzgottheiten und vermischten sich allmählich mit der vorgriechischen Bevölkerung, deren Götter auf diese Weise Zutritt zum Pantheon bekamen. Die menschliche Natur der Götter, ihre ständigen Verwandlungen begünstigten sicherlich eine freiere Denkweise, als sie in den orientalischen Hochkulturen möglich war. Dort wurden allumfassende Gedankengebäude errichtet, in denen der einzelne nur ein Rädchen im Getriebe war. Die griechischen Naturphilosophen waren deshalb in ihrer Ablehnung der Gebundenheit des Menschen an Mythos und Religion die Vorläufer unserer vorwiegend rationalen analytischen Denkweise.

Eine andere Seite des griechischen Wesens zeigt sich in den vielen Mythen, die von der Verwandlung von Göttern und Menschen in Pflanzen oder Bäume sprechen. Gerade den duftenden Pflanzen wurde oft ein göttlicher Ursprung zugeschrieben. Narzissus und Hyazinthos wurden in die gleichnamigen duftenden Blumen verwandelt; Philemon und Baucis — das Ehepaar, das den Gott Hermes bewirtet hatte — wurden in eine Eiche und eine Linde verwandelt. Ovid erzählt in den Metamorphosen, wie Weihrauch und Myrrhe entstanden: Apollo liebte einst Leucothoe, die ihr Vater lebendig begraben ließ. Unfähig, sie zum Leben zu erwecken, goß der Gott Nektar über ihren Körper und verwandelte sie dadurch in einen Weihrauchstrauch. Die Geschichte der Myrrhe ist ebenfalls recht dramatisch. Myrrha, die Tochter des Königs Theias von Zypern, beging mit Hilfe ihrer Amme Inzest mit ihrem ahnungslosen Vater. Als er die Schmach erfuhr, wollte er sie töten; sie floh jedoch nach Arabien und wurde dort in einen Myrrhenstrauch verwandelt. Der Myrrhenstrauch gebar unter Schmerzen den Adonis, der in Adonis-gärten, schnell welkenden Blumen, und Sommerfesten weiterlebte.

Die Götter wurden von den Sterblichen an ihrem Wohlgeruch er-kannt. Sie ernährten sich von Ambrosia und Nektar, die in erster Linie aus Duft bestanden. Ambrosia und Nektar waren heilkräftig, sie mach-ten sogar unsterblich, wenn Götter damit salbten. Demeter, die Göttin der fruchtbaren Erde, salbte Demophoon, und die Nymphe Thetis ihren Sohn Achilles – nur die berühmte Achilles-Ferse, seine verwundbare Stelle, hatte sie vergessen. Die Griechen glaubten, daß die Götter wohl-riechende Speisen und Getränke über alles liebten und daß alles, was sie berührten, Wohlgeruch annehme. Die Gegenwart eines Gottes wurde deshalb oft zuerst durch den Geruch verkündet. In einem Drama des Sophokles erkennt der sterbende Hippolites Artemis an ihrem Wohl-geruch. Pherecrates läßt in der Komödie ›Tyrannis‹ einen der Götter sagen, daß Zeus den Himmel schuf, um die Götter davon abzuhalten, ständig um die wohlriechenden Altäre herumzustreichen.

Parfums waren anfangs das geheime Eigentum der Aphrodite, bis ihre Magd, die Nymphe Aeone, das Geheimnis an die Menschen verriet. Bei Homer erscheint Aphrodite in Weihrauchwolken, und schon ihre Geburt am Strand von Paphos auf Zypern war von Wohlgerüchen begleitet. Die griechische Literatur gibt viele Beispiele dafür, daß den Duftstoffen von den Griechen für das Liebesleben eine große Bedeutung zugemessen wurde. Sappho erwähnt in der Schilderung der Heirat von Hector und Andromache, daß mit Zimt geräuchert wurde. Es war üblich, vor dem Einzug der Braut in das eigene Haus die Türpfosten zu salben, und in den Räumen wurden Blumen ausgelegt. Kurtisanen, hieß es, erkannte man an ihrem starken Geruch – Parfums und Körpergeruch. Alljährlich fanden große Feste statt, wie das in Eleutherae im Tempel des Zeus, wo Weihrauch in riesigen Duftwolken zum Himmel stieg. Die Statuen der Götter wurden regelmäßig gesalbt. In einer Fabel aus dem ersten Jahr-hundert nach Christus fragt ein Hund den Hermes, ob er seine Statue gesalbt haben möchte; worauf Hermes, der die Gewohnheiten der Hunde kannte, dankend ablehnte!

Im Geruch der pflanzlichen Zubereitung lag ihre magische Kraft. Medea, die Zauberin, gab Jason eine magische Salbe, die ihm half, das Goldene Vlies zu gewinnen. Medea, die viel von der Zubereitung aromatischer Pflanzen verstand, dreht sich in einem Drama von Euripides von ihrem Gebräu weg, um nicht selbst seinem Zauber zu verfallen.

Die frühesten Zeugnisse griechischer Medizin finden sich bei Homer, der im 8. Jahrhundert vor Christus in Kleinasien lebte. Ilias und Odyssee lassen erkennen, daß es zwei Arten von Ärzten gab: den Wundarzt, der auf Kriegszügen die Wunden der Krieger versorgte, und den Priesterarzt bzw. die Priesterin. »Aber nachdem er die Wunde besehen, wo der bittere Pfeil ihm eindrang, sog er das Blut und salbte mit linderndem Balsam, den sein Vater empfing vom befreundeten Chiron.« An dieser Stelle im 4. Gesang der Ilias versorgte der Arzt Machaon, ein Sohn des Asklepios, die Wunde des Menelaos. Das Werk Homers zeigt, daß Salböle häufig zur Heilung von Verletzungen verwendet wurden. Was für uns Baden-Baden oder Abano sind, waren damals die Asklepios-Heiligtümer, zu denen gleichzeitig großzügig angelegte Kuranstalten mit Heilquellen, Kurhaus, Theater, Wandelgängen und Parkanlagen gehörten. Am berühmtesten war das Heiligtum in Epidauros, wo über dem Tempel stand: »Rein sei jeder, der tritt in den weihrauchduftenden Tempel. Rein aber heißt, wer im Sinn heilige Gedanken nur hegt.« Nach einer Vorbereitungszeit mit Fasten und reinigenden Bädern legte sich der Kranke zum Tempelschlaf, der ›Inkubation‹, nieder. Im Traum erschien ihm dann der Heilgott und salbte ihn. Manchmal leckte die begleitende Schlange oder der Hund die kranke Stelle. Später dann gab der Gott nur noch Anweisungen durch, die doch eher dem praktischen Verstand der Priesterärzte entstammten als echter Inspiration. Der Kurbetrieb war mit den Jahren stetig angewachsen. Man ging jedes Jahr zum Heiligtum und traf dort ›Gott und die Welt‹. Für Bäder und Massagen wurden aromatische Pflanzenessenzen verwendet, das geht aus den gefundenen Aufzeichnungen hervor. Pythagoras und Empedokles haben die spirituelle Heilweise der frühen Griechen zusammen mit den Priesterärzten entscheidend geprägt. Pythagoras, der einige Jahre in Ägypten zugebracht und die chaldäische Zahlensymbolik kennengelernt hatte, nannte seinen Schülern genaue Regeln für Ernährung und Heilkunde. Er lobte die Heilkraft des Dill und des Beifuß. Empedokles aus Selinunt in Sizilien befreite Agrigent und Selinunt von üblen ›Miasmen‹, den schädlichen Ausdünstungen, und rettete die Städte vor drohenden Epidemien.

Hippokrates, der legendäre Vater der abendländischen Medizin, über dessen Leben nur wenig bekannt ist, hat in seinen Schriften, die nur zu einem kleinen Teil von ihm selbst geschrieben sind, ausdrücklich auf den medizinischen Wert von Räucherungen und Kräuterdämpfen hingewiesen. In der Hippokratischen Schriftensammlung sind eine ganze Reihe aromatischer Heilpflanzen und Baumharze angegeben, darunter Storax, Mastix, Myrrhe, Weihrauch, Thymian und Bernsteinharz. Selbst in der Tiermedizin wurden Räuchersubstanzen wie Kiefernharz, Oppoponax, Galbanum und Kolophonium, der Destillationsrückstand von Fichtenharz, verwendet. Hippokrates soll in Athen die Pest durch Räucherungen mit Wacholderharz vertrieben haben. Das ist sicherlich eine Legende der alexandrinischen Zeit, aber Räucherungen gegen die Pest und andere Epidemien waren damals durchaus üblich. Den Krankheiten vorzubeugen und frühzeitig ihren Ablauf zu erkennen, waren das wichtigste Anliegen der griechischen Medizin. Die Ärzte empfahlen in allem, das rechte Maß zu finden, viel Bewegung und frische Luft. Da die Schönheit des Körpers als Ausdruck geistiger Harmonie galt, verwandten die Griechen viel Zeit auf die Körperpflege. Auf Vasenbildern ist das Einölen der Männer in der Palästra, der Übungshalle, für den Ringkampf dargestellt. Das Tragen der Salbenfläschchen, ›Aryballus‹ genannt, war geradezu ein Merkmal der Palästriten.

Ein Problem hat die Griechen wie kein anderes beschäftigt: Der Kater nach dem Gelage! Die Reihe der erprobten Hausrezepte ist endlos lang. Am beliebtesten waren Kränze aus Rosenblättern, Myrten und anderen duftenden Blütenblättern. Gegen übermäßige Trunkenheit sollten Veilchen helfen, und Myrrhen und allerlei Harze wurden dem Wein zugesetzt, wie es heute noch beim griechischen Retsina gemacht wird.

Athen wurde, trotz gelegentlicher Einfuhrverbote und Beschränkungen, zum Zentrum der Parfumherstellung, wie Paris und Mailand es heute sind. Berühmte Parfumeure boten ›Kreationen‹ an, die unter ihrem Namen verkauft wurden. Megallus, er lebte zur Zeit Alexanders des Großen, war der Erfinder des Megaleion, eines sehr teuren Öls, das unter anderem Cassiazimt, Harze und Myrrhe enthielt. Als Grundlage diente ein ägyptisches Fruchtöl, ›Balanos‹ genannt, dem verjüngende Wirkung zugeschrieben wurde. Doch auch die Heilwirkung der Öle war noch nicht vergessen. Megaleion zum Beispiel diente ebenso zur Behandlung entzündeter Wunden. Die Herstellung der Öle war ein langwieriger Prozeß, der viel Feingefühl erforderte und nur von ausgebildeten Kräften ausgeübt wurde. Zuerst kochte man die schwachduftenden Pflanzenteile. Der Kochvorgang nannte sich Stypsis und die schwachduftenden Aromaten hießen Stymmata. Darauf wurden die Duftstoffe hinzugegeben, die dem Öl seinen eigentlichen Geruch verliehen. Sie wurden Hedysmata genannt. Es gab zwei Arten von Hedysma, die zarten, frischen Blüten und Früchte wurden in kaltem Öl ausgezogen, die zweite Gruppe, die oft aus schweren, orientalischen Duftstoffen bestand, wurde offenbar in Öl gekocht.

Rom

Die Römer lebten bis zur Zeit von Cato dem Älteren sehr einfach und waren allen fremden Einflüssen gegenüber mißtrauisch. Griechische Ärzte hatten es zuerst sehr schwer, in Rom Fuß zu fassen. Cato, der die Heilwirkungen des Kohls pries und in seinem Garten über 100 Heilpflanzen anbaute, wetterte gegen die verschlagenen griechischen Eindringlinge und meinte, daß die Römer auch sehr gut ohne fremde Ärzte auskommen könnten. Bis dahin kannten die Römer keine Ärzte. Man half sich selbst mit Heilkräutern und Zauberei, und nur im Notfall ging man zu weisen Frauen, ›Sagae‹ genannt, oder Knochenrenkern und Priesterärzten. Der Verbrauch an Duftstoffen war dementsprechend gering; allenfalls wurden Opfer mit dem Holz des sabinischen Wacholders verbrannt und Zweige von Verbenen, Salbei, Lorbeer und Thymian beigelegt. Je weiter sich jedoch das Römische Reich ausdehnte, um so häufiger kamen die Römer in Kontakt mit den Sitten der Orientalen und der Griechen. So konnte es nicht ausbleiben, daß der Lebensstil der Römer allmählich sinnlicher, genußorientierter wurde. Von den Etruskern und von den griechischen Kolonien Süditaliens hatten sie schon vieles übernommen. Obwohl die Zensoren noch 89 vor Christus exotische Salben verboten, war der Einfluß von südlichen Städten wie Capua nicht mehr aufzuhalten. Capua, die Hauptstadt der Parfümeure, besaß ganze Straßenzüge, in denen die Händler griechische und orientalische Salben, Kosmetika und Gewürze anboten. Hier finden wir die Öle aus Athen und Ägypten wieder, außerdem gab es Rhodion, Narcissum, Nardinum, Crocinus usw. Gelegentlich dienten auch tierische Fette von Hunden, Schweinen, Eseln, Kamelen und sogar Löwen als Salbengrundlage. Im Heer hatte sich der Brauch des Salbens von Feldzeichen eingebürgert. Nach dem Sieg über Hannibal (200 v. Chr.) waren bereits zum ersten Mal größere Mengen parfümierter Öle und Gewürze eingeführt worden. Welche Bedeutung die aromatischen Pflanzen für die Heilkunde Roms bis zur Zeitenwende bekommen hatten, wird an dem epochalen Werk des Pedanios Dioskurides deutlich, der zusammen mit Galen der größte Arzt in der Geschichte Roms war. Gegen Ende des ersten Jahrhunderts schrieb er seine ›Materia Medica‹, die den gesamten Arzneischatz, besonders die Heilpflanzen der damaligen Zeit, enthielten. Dioskurides begann sein Werk mit den Duftpflanzen, wobei er unter anderem Iriswurzel, Kardamom, Narde, Zimt, Costus, Opobalsamum und die ägyptische Räuchermischung Kyphi aufzählt. Unter den Heilmitteln sind auch äußerst merkwürdige Substanzen, wie zum Beispiel die fettigen Beläge, die sich in den Schwitzbädern an den Wänden bilden. Sie sollten gegen Hauterkrankungen helfen. Das Werk des Dioskurides war bis ins 16. Jahrhundert ein Standardwerk, das immer wieder ergänzt und mit Anmerkungen versehen wurde.

Die großen medizinischen Leistungen der Römer lagen in ihren hygienischen Bemühungen, die die Gesundheit des Volkes im Auge hatten. Die ›Cloaca maxima‹ und andere Abwässeranlagen verhinderten Epidemien, und das weit ausgebaute System der öffentlichen Bäder und Dampfbäder war ebenfalls ein Vorteil bei der Verhütung von Krankheiten. In Theatern gab es kleine Öffnungen, durch die Flüssigkeiten geschüttet wurden, die Safran enthielten. Abgesehen von dem wohltuenden Geruch, der bei den großen Menschenmengen in der Hitze Erfrischung brachte, wirkt der Safran außerdem kräftig desinfizierend. Römische Komödiendichter wie Plautus hatten das Leben des Volkes und seine Gerüche sehr genau beobachtet.

Nachdem die Römer den griechischen Süden erobert hatten, übernahmen sie auch die Bäderkultur, die die Griechen wiederum aus dem Orient übernommen hatten. Während der Kaiserzeit wurden die Thermen immer größer, bis schließlich mit den Thermen des Caracalla und Diokletian der Höhepunkt der Entwicklung erreicht war. Die Thermen waren seit der Zeit des Augustus zum Treffpunkt der Gesellschaft geworden. Wie überall lockerten sich auch in den Thermen die Sitten. Während der Regierungszeit des Kaisers Domitian, so berichtet ein verwunderter Beobachter, war es durchaus üblich, ›frictiones genitalium‹ zu bekommen! Nachts waren die Thermen geöffnet, und Lampen leuchteten die Räume aus. Der Kunsthistoriker H. Sedlmayr bezeichnete die Kaiserthermen als ›Kathedralen des Fleisches‹. Zwischendurch wurden die gemeinschaftlichen Bäder von sittenstrengeren Kaisern, darunter Hadrian und Marc Aurel, verboten. Von Hadrian ist eine Anekdote überliefert, die zeigt, wie wichtig für die Römer das Einölen nach dem Schwitzbad war. Als Hadrian eines Tages in die Thermen kam, sah er, wie ein schwerbehinderter Kriegsveteran versuchte, sich den Rücken mit Öl einzureiben, indem er sich an der Wand der Therme rieb. Hadrian war von der Szene so gerührt, daß er dem Mann bis zum Ende seiner Tage zwei Sklaven und genügend Salböl schenkte. Zwei andere Veteranen hatten die Szene beobachtet, und als Hadrian am nächsten Tag wieder in die Thermen kam, rieben sie eifrig ihre Rücken an den Wänden. Hadrian durchschaute natürlich ihre Absicht und riet ihnen, sich mit den Rücken gegeneinander zu stellen und sich so abzurubbeln!

Die reichen Römerinnen vollbrachten wahre Meisterwerke in der Kunst, schön und frisch zu erscheinen. Dafür hatten sie besondere Sklaven, die ›Cosmetae‹, die von der ›Ornatrix‹, die für die gesamte Schönheitspflege zuständig war, angeleitet wurden. Mancher Ehemann wird die hunderterlei Gesichtspackungen, Salben – die Römerinnen bevorzugten feste Salben statt flüssiger Öle –, Bäder usw. verflucht haben, denn sie nahmen einen guten Teil des Tages und der Nacht in Anspruch. Plinius berichtet, daß bei den häufigen Spielen und Wahlkämpfen die Reinigung der Atmosphäre so wichtig war, daß Fontänen aufgestellt wurden, die duftende Wässer enthielten.

Die römischen Kaiser, Herrscher eines riesigen Imperiums, verloren bald die Strenge und Nüchternheit, die noch Julius Caesar gekennzeichnet hatte. Von Caesar wird erzählt, er habe seinen Heerführern, die in Duftwolken einherwandelten, gesagt: »Ich wollte, ihr würdet nach

Knoblauch stinken!« Von Zeit zu Zeit gab es Soldatenkaiser, die den Wohlgerüchen abhold waren und wie Sokrates den Geruch des reinen Olivenöls auf den Muskeln der Soldaten vorzogen. Das andere Extrem verkörperten die Kaiser Otho, Nero und Heliogabal.

Otho, der von 32 bis 69 n. Chr. lebte, war bekannt dafür, daß er keinen Feldzug unternahm, ohne geschminkt und parfümiert zu sein. In seinem Streitwagen hatte er sogar sein Schminkköfferchen bei sich. Nero und seine Gemahlin Poppea waren echte ›Aficionados‹ der Parfums; sie schrieb sogar ein kleines Werk über Kosmetik und Duftstoffe. Bei ihrer Beerdigung ließ Nero soviel Weihrauch verbrennen, wie ganz Arabien in einem Jahr produzieren konnte.

Heliogabal, der jugendliche Kaiser, der Hohepriester eines syrischen Sonnenkultes war, führte den Verbrauch von Duftstoffen einer letzten, surrealistisch anmutenden Steigerung zu. In seiner kurzen Regierungszeit von 218 bis 222 n. Chr. − er wurde von den Praetorianern ermordet − taumelte er von Ekstase zu Ekstase. In Lampen ließ er die teuersten Balsame verbrennen und füllte Becken mit parfümierten Weinen, die das Volk nach dem Bade austrinken durfte. Seine Feinde beseitigte er äußerst stilvoll, indem er Unmengen von Rosenblättern herabregnen ließ, in denen sie erstickten. Der Glanz der frühen Hochkulturen und damit die Kultur der Düfte war mit den letzten römischen Kaisern untergegangen. Europa sank für Jahrhunderte fast gänzlich in das Dunkel der Barbarei.

DER
ISLAM

Nach dem Untergang des Weströmischen Reiches war Europa für Jahrhunderte dem Ansturm der barbarischen Völker ausgesetzt. Nur im Oströmischen Reich wurde die Tradition des Kaiserreiches weitergeführt. Dabei ist die Bedeutung von Byzanz, das eine tausendjährige Geschichte, von 330 bis 1453, gekannt hat, verkannt und herabgesetzt worden. Byzantinisch steht selbst für gebildete Menschen unserer Zeit gleichbedeutend mit Haarspalterei, Unbeweglichkeit und mangelnder Kreativität. Zweifellos hatte diese Gesellschaft andere Ziele als rücksichtslosen ›Fortschritt‹ in eine Zivilisationswüste ohne Sinn für Tradition und spirituelle Werte. Die islamische Welt hatte dankbar die Vermittlerrolle von Byzanz angenommen. Große Gelehrte wie Hunain vermittelten den Arabern das Wissen der Griechen und der byzantinischen Ärzte. Oribasius (325 – 403), ein Freund des Kaisers Julian Apostata, legte eine große Sammlung pflanzlicher und vor allem aromatischer Heilmittel an, die für die Ärzte und Alchimisten des Islam und des Mittelalters eine wahre Fundgrube darstellten. Paulus von Ägina (625 – 690), Aetius von Amida und Alexander von Tralles (525 – 605) sind weitere byzantinische Ärzte, die viel Wissenswertes hinterlassen haben. So hat Aetius von Amida die Bereitung ätherischer Öle durch absteigende Destillation beschrieben, die offiziellen Darstellungen zufolge erst 500 Jahre später von Avicenna entdeckt wurde. Der Islam, auf deutsch Hingebung, die Religion unter dem Halbmond, hat, obwohl sie in enger Verwandtschaft mit der christlichen Religion entstand, eine völlig andere Auffassung von der Rolle des menschlichen Leibes entwickelt. Nicht die Unterdrückung des sinnlichen Genusses, die Askese um der Askese willen, ist ihr Ziel, sondern der Weg zu Gott über die Ekstase, über die Exaltation der Sinne. Eine solche Auffassung mußte auch den Wohlgerüchen eine unterstützende Rolle innerhalb des religiösen Lebens zubilligen. Der Prophet Mohammed (570—632) erklärte, daß drei Dinge sein Herz vor allen anderen erfreuten: Frauen, Kinder und Parfums. Das Paradies der Gläubigen ist nach der Schilderung Mohammeds ein Ort, wo die exotischsten Düfte wehen. Der Boden im siebten Himmel unter dem Thron Allahs würde aus Weizenmehl gemischt mit Safran und Moschus bestehen. Die Dienerinnen des Paradieses würden Schals tragen, deren Bewegung Moschusdüfte von sich geben. Moschus, das Lieblingsparfum der islamischen Welt, war zugleich Ausdruck sinnlicher Leidenschaft und Ausdruck der Freuden, die das Leben im Jenseits bescheren würde. Deshalb wurde bei einigen Moscheen Moschus in den Mörtel gemischt, so daß noch Jahrhunderte nach ihrem Bau ein Moschusgeruch in ihnen schwebt. Die Poesie der großen islamischen Dichter wie Sa'di, Rumi und Omar Khajam fand im Bild der Rose den Ausdruck ihrer Sehnsucht. Oft beschrieben die Mystiker in der Sprache der sinnlichen Liebe das Erlebnis transzendentaler Zustände, und umgekehrt schilderten verliebte Dichter ihre Leidenschaften in den Bildern der Mystiker. Die Rose, hieß es, sei aus einem Schweißtropfen des Propheten entstanden, als er zum Himmel auffuhr. Rosenöl und Rosenwasser waren beliebte Heilmittel, die hauptsächlich in Persien gewonnen wurden. Ibn Chaldun, der arabische Gelehrte, berichtet, daß destilliertes Rosenwasser von den Persern im 8. und 9. Jahrhundert in großen Mengen exportiert wurde; und Avenzoar, der Arzt des Kalifen Ibn Attafin von Marokko, benutzte Rosenwasser als Augenheilmittel. Auch bei empfindlichen Verdauungsstörungen wurde oft Rosenzucker gegeben. Als Saladin im Jahre 1187 Jerusalem zurückerobert hatte, ließ er die Moschee von Omar mit Rosenwasser reinigen, um die Ausdünstungen der ›Ungläubigen‹ gründlich zu entfernen. Geschätzte Gäste wurden zur Begrüßung mit ein wenig Rosenwasser überschüttet, das sich in einem ›Gulabdan‹ genannten Gefäß befand. Zum Abschluß des Abends wurden Weihrauchgefäße herbeigetragen. Das war für die Gäste der dezente, aber unmißverständliche Hinweis, sich zu verabschieden.

Vielleicht noch höherer Wertschätzung erfreute sich der Mekka-Balsam, der seit ältesten Zeiten von Bäumen in der Nähe der heiligen Stadt gewonnen wird. Mekka-Balsam ist im Vorderen Orient als Heilmittel und Parfum so begehrt, daß er praktisch nie in den Westen kam. Moschus und Ambra wurden sogar zum Kochen verwendet. Von Abd-el-Lateef ist das Rezept einer Pastete mit Moschus und Rosenwasser überliefert. Die Araber erhoffen sich davon eine erotisch stimulierende Wirkung. ›Die Herrlichkeit des parfümierten Gartens‹ von Scheich Nafzawi ist eine Sammlung von erotischen Geschichten, die auch immer wieder Hinweise auf Aphrodisiaka enthalten. Neben Sesam, Honig und Eiern wird ebenso den Duftstoffen eine stimulierende Wirkung zugeschrieben.

Avicenna, auf arabisch Ibn Sina, war einer der größten arabischen Ärzte. Sein ›Kanon der Medizin‹ und das ›Kleinere Lehrgedicht der Medizin‹ waren bis weit in das 15. Jahrhundert hinein die führenden medizinischen Werke. Auffällig ist die große Anzahl aromatischer Stoffe, pflanzlicher und tierischer Natur, die er verwendete. Die meisten der noch heute angewandten aromatischen Pflanzen und Harze waren ihm bekannt: Moschus, Koriander, Kümmel, Weihrauch, Minze, Zimt, wilder Majoran, Storax, Ambra, Aloe-Holz, Mutterharz (Galbanum), Myrrhe, Kamille und Asa foetida, um nur einige der Heilmittel zu nennen. Ein Rezept Avicennas aus der Frauenheilkunde lautet: »Wenn die Nachgeburt nicht herauskommen will, so wende man gelöste Räuchermittel an wie Myrrhe, Teer, Wacholder, Schwefel und Koloquinthe.«

Alchimie und Pharmazie waren bei den Arabern nicht voneinander zu trennen. Die Kunst der Destillation fand bei ihnen einen blühenden Aufschwung; sie konnten hierbei auf ägyptische, mesopotamische, indische und wahrscheinlich auch chinesische Kenntnisse zurückgreifen. Die Alchimisten wollten allerdings mehr als nur aromatische Wässer oder Essenzen gewinnen. Die Natur selbst sollte im Vorgang der Transformation der Pflanzen und Metalle zur Vollendung geführt werden. Dabei mußte der Alchimist gleichzeitig dieselbe Transformation durchlaufen, damit das Werk gelang. Ohne das Verständnis dieses geistigen Ziels wird die Sprache der Alchimisten jedem als wirres Gefasel erscheinen. Die frühen Alchimisten hatten mit größter Wahrscheinlichkeit bereits die ätherischen Öle entdeckt, wenn sich diese während der Destillation am Gefäß niederschlugen. Ziel war jedoch nicht, einzelne Teile aus der Einheit von Körper, Seele und Geist der Pflanzen zu isolieren. Sie sollten nach einem Reinigungs- und Verwandlungsprozeß zu einer neuen Einheit zusammengesetzt werden. Die dabei entstehenden Gerüche dienten den Alchimisten als Hinweis auf das Stadium, in dem sich die Pflanzenstoffe befanden. Die Pflege und Weiterentwicklung der Destillationskunst war eine der wichtigsten Gaben, die der Islam an das neu erwachende Europa weitergab.

DAS
MITTELALTER

Zaghaft begann sich in Europa nach den dunklen Jahrhunderten eine neue Ordnung zu bilden. Der christliche Glaube hatte die barbarischen Völker des Nordens gezähmt, und die Schlichtheit ihres Glaubens bildete die Grundlage für ein neues Lebensgefühl und Kunstverständnis. Die Mönche des heiligen Benedikt von Nursia hatten großen Anteil an dieser Entwicklung. Gleichzeitig waren sie die Hüter antiken Wissens und pflegten die Heilkunde. In ihren Gärten pflanzten sie aromatische Heilkräuter an, die durch die Mönche ihren Weg über die Alpen fanden. Walahfried Strabo (808–849), ein Benediktinermönch, beschrieb in seinem ›Hortulus‹ (Gärtlein) 23 Heilpflanzen, darunter auch viele Duftpflanzen. Karl der Große hatte zur Unterstützung des Anbaus heilkräftiger Pflanzen einen Erlaß an die Städte, das ›Capitulare de villis‹, herausgehen lassen. Der Kaiser liebte Wohlgerüche, und an seinem gelehrten Hof wurden Parfums wie schon lange nicht mehr verwendet. Zu seiner Kaiserkrönung im Jahre 800 schickte der Kalif Harun-al-Raschid aus Bagdad die teuersten Duftstoffe.

Die Äbtissin Hildegard von Bingen (1100–1179) blieb der Tradition dieser Mönchsmedizin treu. In ihren Schriften mischt sich Visionäres mit überaus handfesten Anschauungen. Sie schrieb mehrere Bücher über Heilkunde, die voller Anwendungsbeispielen für Duftstoffe und Heilpflanzen sind. Dem Lavendel widmete sie eine eigene Schrift: ›De Lavendula‹.

In Spanien und Südfrankreich hatten die Araber Universitäten errichtet, die bald zu den gelehrtesten Zentren des Abendlandes gehörten. Arnoldus von Villanova (1235–1312), der spanische Arzt und Alchimist, war zweifelsohne Schüler der arabischen und jüdischen Alchimisten. In seiner Schrift ›De Conservanda iuventute‹ pries er die Wirkung der Öle als jugenderhaltende Heilmittel. Sein ›Oleum mirabile‹ bestand hauptsächlich aus einer alkoholischen Lösung von Rosmarin und Terpentinöl. Ohne Terpentinölzusatz machte er das Rosmarinöl in Alkohol gelöst als ›Ungarisches Wasser‹ bekannt. Das ist der Ursprung der Legende von der ungarischen Königin, die sich mit Rosmarinwasser verjüngte.

Aber nicht nur für die Heilkunde waren die Duftstoffe von Essenzen von Bedeutung. Hatten die Urchristen die Weihräucherung noch als heidnisch abgelehnt, so begann die Kirche im 4. Jahrhundert ebenfalls, Räucherungen in ihre Liturgie aufzunehmen. Die Salbung war eine weitere Übernahme uralten religiösen Brauchtums. Christus bzw. Messias heißt ›der Gesalbte‹, denn die Salbung erst verwandelte Jesus zum Christus, dem inkarnierten Sohn Gottes. Im Neuen Testament ist die Salbung als charismatisches Heilmittel aufgeführt: »Und sie gingen aus und predigten, man solle Buße tun. Und trieben viele Teufel aus und salbten viele Sieche mit Öl und machten sie gesund« (Markus, 6, 12 – 13).

Auch innerhalb der Gemeinden gehörte die Salbung zu den Heilung herbeiführenden Tätigkeiten: »Ist jemand krank, der rufe zu sich die Ältesten von der Gemeinde, daß sie über ihm beten und ihn salben mit Öl in dem Namen des Herrn« (Jakobus, 5, 14). Bis heute sind die Salböle in der katholischen Kirche von größter Bedeutung geblieben. Es gibt drei heilige Öle, die am Morgen des Gründonnerstags in der ›Missa Chrismatis‹ vom Bischof geweiht werden: das Katechumenenöl, der Chrisam (ein Gemisch aus Öl und Balsamharzen) und das Krankenöl. Das Katechumenenöl wird auch Öl der Beschwörung genannt und dient zur Salbung der Täuflinge. Chrisam, von den Griechen Myron genannt, ist ein Sinnbild des Heiligen Geistes, mit dem Christus gesalbt wurde. Altäre, Kirchenwände, Kelche und Glocken werden mit Chrisam gesalbt, und bei der Bischofsweihe wird es an Kopf und Hände gegeben. Das Krankenöl, auch Letzte Ölung genannt, war ursprünglich nicht nur für Todkranke gedacht. Anfangs erwartete man von seiner Anwendung eher körperliche Heilung als die später betonte Reinigung von den Sünden.

Seit der Mitte des 7. Jahrhunderts bahnte sich eine entscheidende Wende in der Beziehung zwischen der Kirche und den Königen der christianisierten Germanen an. Die germanischen Könige besaßen neben ihrer weltlichen Macht auch geistige Autorität und wurden als Vertreter des christlichen Prinzips auf Erden verehrt. Von nun an geschah die Übertragung der spirituellen Weihe durch die kirchliche Salbung, wodurch Kirche und Königtum eng miteinander verbunden wurden. Zuerst tauchte der Brauch bei den Westgoten Spaniens, dann bei den Franken und Angelsachsen auf. Der König war der »Gesalbte des Herrn, dessen Autorität aus dem Überirdischen wuchs und dessen Dienst in erster Linie in der Versöhnung beider Welten, der sichtbaren und der unsichtbaren, bestand, in der kosmischen Harmonie zwischen Himmel und Erde« (George Duby, ›Die Zeit der Kathedralen‹).

Robert der Fromme war der erste franzöische König, der nach seiner Salbung 987 eine Heilung vollbrachte. Seit dieser Zeit heilten die französischen und später auch die englischen Könige nach der Königsweihe die Kranken. Skrofulöse und Epileptiker kamen aus dem ganzen Lande und sogar aus dem Ausland, um sich vom König durch eine leichte Berührung heilen zu lassen. In England verteilte der König außerdem ›Krampfringe‹, die gegen Epilepsie helfen sollten.

Im Deutschen Reich konnte die Salbung dagegen nie die Bedeutung gewinnen, die sie bei den Franzosen und Engländern besaß. Manche Könige und Kaiser ließen sich salben, andere hingegen nicht. Hier zeigte sich deutlich der Anspruch der deutschen Kaiser, der Kirche gegenüber eine unabhängigere Position einzunehmen. Von dem heiligen Salböl, das zum ersten Mal bei dem Frankenkönig Clovis verwendet wurde, berichtet die Legende, daß eine Taube dem Heiligen Rémi eine kleine Phiole mit Balsam brachte. Das Salbfläschchen wurde von da an in Reims in der Abtei St. Rémi aufbewahrt, und es hieß, daß ein wunderbarer Duft von dem Balsam ausging. Später mußte das Salböl sogar geschützt werden, weil mehrere Male Unbefugte sich etwas Öl angeeignet hatten, um die Heilkraft am eigenen Leibe zu verspüren. Ludwig XI. ließ sich noch auf dem Totenbett das Öl bringen, in der Hoffnung auf ein Wunder. Obwohl noch bis ins 19. Jahrhundert geheilt wurde, war spätestens seit der Zeit Ludwigs XIV. Zweifel an der heilenden Kraft der königlichen Berührung aufgekommen. Der Spötter Voltaire bemerkte, daß eine Geliebte des Königs starb, trotz der ›Berührung durch den König‹. Ludwig XV. änderte seiner vorsichtigen Natur entsprechend die Formel ›Der König berührt und Gott heilt dich‹ um in ›Der König berührt dich, möge Gott dich heilen‹.

Zu Beginn des Mittelalters vertrugen sich die alte Religion, die heilige Bäume verehrte und die Pflanzenwelt als beseelt ansah, die antike Mythologie und der christliche Glaube noch recht gut miteinander. Die traditionellen Jahresfeste, die vielen Narrenspiele und die ›Eselsmesse‹, eine Travestie mit tieferem Sinn, waren Ventile für das Volk und durchdrungen von heidnischer Fröhlichkeit. Allmählich verhärtete sich jedoch die Haltung der Kirche, und Häretiker und Hexen wurden bis zum Ende der Neuzeit erbarmungslos ausgerottet. Die Hexen kannten die Pflanzenwelt sehr genau und stellten viele aromatische Salben und Kräuterauszüge her. Kräuterdämpfe dienten zur Heilung der Kranken und zur Unterstützung des ›zweiten Gesichts‹, der Hellsicht. Die Salben, mit denen die Hexen sich einrieben, bestanden zumeist aus tierischem Fett mit einer Reihe von aromatischen und giftigen Zusätzen, das leicht in die Haut eindrang. Bilsenkraut, Stechapfel und andere Nachtschattengewächse riefen wilde Visionen hervor, wie sie heute noch von Schamanen und den Heilern der Naturreligionen bewußt hervorgerufen werden. Die Hysterie der Hexenverfolgung zerstörte in Europa den größten Teil der einheimischen Naturreligionen und damit das reiche Wissen der Hexen um die Heilwirkung der Kräuter.

In Frankreich und England war bis in das späte Mittelalter eine andere Tradition lebendig geblieben, die ebenfalls aus der Nähe zur Natur ihre Kraft bezog. Die Druiden waren keltische Priesterärzte, die ihre Kultstätten in den Wäldern, besonders in heiligen Eichenhainen errichteten. Mit ihrer heiligen Pflanze, der Mistel, die sie auf geheime Weise zubereiteten, heilten sie eine Unzahl von Krankheiten, darunter Rheuma, Nervenleiden und allgemeine Schwäche.

Die Heilkräuter der Barden und Druiden spielten auch in der keltischen Religion eine wichtige Rolle. Mistel, Eisenkraut und Eichenmoose waren heilige Pflanzen und dienten ebenso zur Wahrsagerei wie zum Heilen. Anis, Fenchel und Kümmel verwendeten die Ärzte von Myddvai bei Lungenerkrankungen, Knoblauch half Müdigkeit und Schwäche zu verscheuchen, und Safran machte fröhlich. Zu viel Safran allerdings war gefährlich, man lief Gefahr an übermäßiger Freude zu sterben. Das Veilchen, das unter anderem bei Kopfverletzungen aufgetragen wurde, diente zu einem merkwürdigen Test. Wollte man feststellen, ob ein Kranker überleben würde, so band man zerstoßene Veilchen an beide Beine. Konnte er nicht einschlafen, dann mußte er sterben.

Das Zeitalter der Kreuzzüge (11. bis 13. Jahrhundert) brachte erneut den Kontakt mit der islamischen Kultur, die auf die ungehobelten Kreuzfahrer wie ein Märchen aus Tausendundeiner Nacht wirkte. Zur Freude ihrer Ehefrauen brachten sie Parfums und Gewürze aus dem Orient mit nach Hause, und bald begannen die Ritter, ihre Feinde zu imitieren. Wohlhabendere Ritter ließen sich das Bad, die Burghallen und die Schlafgemächer mit frischen Rosenblättern bestreuen.

Schon lange war es Sitte gewesen, mit duftenden Kräutern den Boden zu bestreuen, um den muffigen Gerüchen in den immer feuchten und kühlen Burgen entgegenzuwirken. Richard I., König von England, wurde während der Kreuzzüge zum König von Zypern ernannt und brachte nach Europa seltene Duftstoffe, deren Zusammensetzung heute noch unter dem Namen ›Chypre‹ (Zypern) weiterlebt. Zuerst verfertigte man ›Oyselets de Chypre‹, Räucherpastillen in der Form von Vögeln. Sie bestanden aus einer Paste, die von Traganth zusammengehalten wurde, und Labdanum, Storax und Kalmus enthielt. Labdanum, das Harz einer auf Zypern heimischen Pflanze, sammelte man aus den Barthaaren von Ziegen und Schafen, die sich an den Pflanzen gütlich getan hatten. Gegen Ende des 14. Jahrhunderts kam Eichenmoos als weiterer Bestandteil hinzu. Déjean gibt in einem Traktat über Gerüche und Parfums, das er 1777 veröffentlichte, ein Chypre-Rezept an, das Eichenmoos, Orangenblüten, Benzoe, Storax, Zibet, Mandeln, Kardamom, Rosen, Klee, Sandelholz und Kampfer enthielt. Neben Räucherpastillen waren Kräuterkissen gegen Rheuma und Einschlafstörungen beliebt. Für den französischen König Karl VI. wurden Kissen mit Lavendel gefüllt, die ihm die herbeigesehnte Nachtruhe brachten.

Die Dampfbäder waren eine weitere Errungenschaft der Araber, die von der Bevölkerung des Abendlandes mit großem Enthusiasmus übernommen wurde. Im hohen Mittelalter, um das Jahr 1200, besaßen praktisch alle europäischen Städte Schwitzbäder. Sie waren ein volkstümlicher Treffpunkt, wo Bader schröpften und zur Ader ließen und ›Riberinnen‹ Massagen anboten. Das Wasser mußte in Scheffeln herbeigebracht und in Kesseln erhitzt werden. Dann wurde es über heiße Steine gegossen, wodurch die gewünschten Dampfwolken entstanden. »Um Wohlgerüche und besondere Wirkung zu erreichen, begoß man die Steine auch mit Kräutersud« (Gernot von Hahn).

Gegen Ende des Mittelalters und zu Beginn der Neuzeit lockerten sich wie zur späteren römischen Kaiserzeit die Sitten, und aus der fröhlichen Badestube, wo sich alles vom Handwerker bis zum wohlhabenden Bürger regelmäßig traf, wurde ein übelbeleumdeter Ort, an dem sich allerlei Gesindel herumtrieb. ›Riberin‹ wurde gleichbedeutend mit Hure. Die großen Epidemien, die zunehmend das Abendland heimsuchten, machten den Badstuben schließlich den Garaus.

Während die Pest und andere Seuchen wüteten, verbrannte man riesige Holzstöße (Wacholder und anderes) und verdampfte aromatischen Kräuteressig in den Wohnstuben, ohne jedoch die Ausbreitung des Unheils verhindern zu können. Der ›schwarze Tod‹ machte vor niemand, auch nicht vor den Königen und Königinnen halt.

Das Mittelalter war gekennzeichnet von sparsamem Gebrauch der Öl- und Räuchersubstanzen. Die Lebensweise und Nahrung der Völker waren einfach und Gewürze eine Seltenheit. Der mittelalterliche Mensch suchte in seiner oft naiven Frömmigkeit nicht die eigene Persönlichkeit hervorzuheben — das Seelenheil und die Gemeinschaft der Gläubigen standen für ihn im Vordergrund. Individuelle Parfums und gewürzte Nahrung regen aber den Wunsch zur Selbstbestätigung und damit zur Herauslösung aus der Gemeinschaft an. Nicht jeder vertrug die ungewohnten, aufstachelnden Gerüche, wie Odo von Certona erzählte: »Es handelt sich um einen Bauern, der in einer Gasse in Montpellier, wo die Läden der Gewürzkrämer sind, schwach wird. Vergebens bemühen sich die Ärzte um ihn, bis ihm endlich einer Ochsenmist unter die Nase hält.« — Was den Bauern augenblicklich wieder auf die Beine brachte!

VON DER RENAISSANCE BIS ZUM ENDE DES 18. JAHRHUNDERTS

Im Jahre 1348 starb ein Drittel der europäischen Bevölkerung am Schwarzen Tod, der Beulenpest. Insgesamt starben auf der Welt 60 Millionen Menschen. Schlagartig war das allmählich in scholastischen Disputationen erstarrende Mittelalter wachgerüttelt worden. Der Dichter Giovanni Boccaccio hat in seinem ›Decamerone‹ die Stimmung der Menschen zwischen Todesangst und Lebenslust eingefangen. In den nächsten zweihundert Jahren zerbrach die alte Ordnung, und Männer und Frauen stürzten sich in die neugewonnene Freiheit. Kaum eine Zeit hat so viele geniale Künstler, machthungrige und außergewöhnliche Fürsten und wagemutige Forscher und Kaufleute hervorgebracht wie die Epoche, die wir mit dem Begriff ›Renaissance‹, Wiedergeburt, beschreiben. In dieser Zeit erlebte der Handel mit Duftstoffen und Gewürzen eine neue Blüte. An den Höfen Europas fanden die Erzeugnisse der Parfumhändler reißenden Absatz, und so mancher Fürst besaß ein eigenes Laboratorium. Cosimo I. aus dem Hause der Medici parfümierte mit den Produkten seiner Destillierkunst die Geldstücke, die er seinen Künstlern als Bezahlung gab, und Isabella d'Este aus dem ferraresischen Herrschergeschlecht komponierte Parfums, mit denen sie ihre Handschuhe tränkte. Dabei waren, wie in den vergangenen Jahrhunderten, die Essenzen und aromatischen Wässer gleichzeitig Heilmittel und ästhetisches Riechvergnügen. Im Laufe des 12. und 13. Jahrhunderts war die hochentwickelte Destillierkunst in Vergessenheit geraten; als Hieronymus

Brunschwig (1450–1534) seine Destillierbücher verfaßte, war das Wissen geringer als zur Zeit der arabischen Alchimisten. Eine Ausnahme bildete Südfrankreich, wo die Araber wie in Spanien Universitäten hinterlassen hatten. Walter Hermann Ryff, Wundarzt in Straßburg, hatte dort beobachtet, »bei der Destillation der Lavendelblüten schwimmt gemeiniglich oben ein schön wohlriechend Öl. In der Provinz in Frankreich, in Narbona, wo solche Gewächse haufenweise wachsen, wird sie in sonderlicher Weise destilliert, wie man dort auch solch Öl von anderen nutzbaren und wohlriechenden Kräutern, Blumen, Früchten und Wurzeln abziehen mag.« Bis zur Mitte des 16. Jahrhunderts waren die Kenntnisse wieder enorm angewachsen. Anfang des 16. Jahrhunderts destillierte man die ätherischen Öle von Benzoe, Kalmus, Zedernholz, Costus, Mastix, Rosen, Rosmarin, Salbei, Speiklavendel, Terpentin, Wacholderholz, Weihrauchöl und Zimtöl. Die Väter der deutschen Kräuterbücher, von Ortolff Meydenberger, Otto Brunfels, Leonard Fuchs, Hieronymus Bock bis Jakob Tabernaemontanus, sammelten in liebevoller Kleinarbeit alles Wissenswerte über die Heilpflanzen. Zur wissenschaftlichen und kritischen Beobachtung gesellte sich bei vielen Ärzten das Bedürfnis, die gefundenen Fakten in ein systematisches Weltbild einzuordnen. Marsilius Ficinus, ein Philosoph und Arzt aus Florenz, hatte die Werke Platons und der Neuplatoniker übersetzt und verfocht in seinem Werk ›De Vita Triplica‹ eine Heilkunde auf astrologischer Basis. Die Pflanzen, Metalle und Steine waren Planeten zugeordnet, zum Beispiel dem Jupiter das Zinn und der Odermennig, eine Heilpflanze. Auch das Universalgenie G. B. Della Porta (1535–1615) verband in seinen ›20 Büchern der Naturmagie‹ naturwissenschaftliche Kenntnisse mit einem magischen Weltbild. Der überragende Arzt und Alchimist des 16. Jahrhunderts war jedoch Theophrastus Bombastus von Hohenheim, genannt Paracelsus (1493–1541). Er scheute sich nicht, von alten Weiblein, Henkern und Badern zu lernen, und sagte den vertrockneten Akademikern, die ihren Avicenna und Galenus herbeteten, den Kampf an. Das brachte ihn nicht selten in größte Schwierigkeiten und zwang ihn häufig, den Ort zu wechseln. In seinem kurzen, rastlosen Leben schuf er ein gigantisches Werk, das bis heute nicht aufgehört hat, Forscher aller Richtungen zu faszinieren. Die Alchimie hat durch ihn erneut die Ausrichtung auf die Heilkunde erfahren. Die Quintessenz der alchimistischen Tätigkeit war für ihn nicht das ›Goldmachen‹, sondern die Herstellung der ›Elixiere‹, des ›Aurum Potabile‹ und anderer Zubereitungen. Für die praktische Heilkunde verwendete er sehr viele aromatische Kräuter, Harze und Duftstoffe. Stellvertretend seien Ambra, Bernstein, Fenchel, Kamille, Kümmel, Mastix, Melisse, Moschus, Safran, Zimt und Weihrauch genannt. Bei bestimmten Geisteskranken empfahl er zur Beruhigung: »Nun ist zu verstan als wir darzu sezen sedativa, dieselben sind mer dan zu glauben nüzlich darin, als opium thebaicum und dergleichen die anderen; wollen wir ir vermischung anzeigen und bereitung ist also:

Rp. Poii Thebaici drach. 2
Cinnamomi unc. semis
Musci, ambrae ana serup 1
seminis papaveris utriusque unc. semis
mandragorae drach. semis
masticis drach. 3 succi hyosc. drachm. 1.«

Das Ganze wurde in Quittensaft gesotten, in Brot gebacken, das Brot zerstoßen und dann in ›Arcanum Vitriole‹ eingenommen!

Katharina de Medici, die früh mit Heinrich II. von Frankreich verheiratet wurde, nahm aus Florenz zwei Männer mit in die Fremde, die sich auf die Herstellung von Parfums und geheimen Elixieren verstanden. René der Parfümeur eröffnete in Paris einen Parfümerieladen, bei dem sich bald ›tout Paris‹ zum Stelldichein einfand. Alexandre Dumas hat den Laden in einem seiner Romane anschaulich beschrieben. Cosme Ruggieri dagegen war der Berater Katharinas und mußte ihr bei jeder größeren Entscheidung das Horoskop deuten. Das Schloß von Chaumont ließ Katharina zusätzlich um einen Turm ergänzen, von dessen Spitze aus sie und Ruggieri die Sterne beobachten konnten. Im obersten Stockwerk des Schlosses hatte sie ein Laboratorium einrichten lassen, wo sie gemeinsam geheimnisvolle Elixiere und Wundermittelchen herstellten. Ihre Präparate, darunter kosmetische Salben, die Taubenblut und Sahne enthielten, gab sie ihrer gesamten Familie zum Ausprobieren. Diane de Poitiers, ihre Rivalin und Geliebte des Königs bis zu seinem tragischen Tod bei einem Turnier, schrieb Maria Stuart, der Königin von Schottland, daß das Wappen der Medicis, die drei ›Palle‹ (Kugeln), in Wahrheit Apothekerpillen seien! Diane de Poitiers und Katharina de Medici führten mit subtilen Waffen, ihren Elixieren und Schönheitsmitteln, einen Krieg, den schließlich keine von beiden gewann. Obwohl sie sich als ewig junge antike Göttinnen von den Dichtern und Malern feiern ließen, konnten weder die kalten Bäder Dianes noch die Elixiere der Königin verhindern, daß der Zahn der Zeit auch an ihnen nagte.

Schon unter Franz I., der viele berühmte Künstler aus Italien und Paris kommen ließ, war der Hof zu einem der kultiviertesten Europas geworden. Katharina setzte fort, was Franz I. begonnen hatte, und bald gehörten die Feste, die die Königin gab, zu den spektakulärsten Ereignissen dieser Jahre. 1564 besuchte Katharina Nostradamus, der in Salon in der Provence eine Arztpraxis führte. Sein Ruhm als Pestarzt und Prophet war bis nach Paris gedrungen. 1941 untersuchte der Straßburger Arzt André Boutin in seiner Dissertation die Rolle, die Nostradamus als Arzt während der Pest in Narbonne, Toulouse, Carcassonne und Bordeaux gespielt hatte. Daß er nicht nur als dunkler Prophet in Erscheinung trat, ist bisher kaum bekannt geworden, doch Boutin kommt aufgrund seiner Untersuchungen zu dem Schluß, das Nostradamus Heilmittel gegen die Pest gekannt haben muß, die später wieder verlorengingen. Seine Methode der Zerstäubung aromatischer Essenzen, die er in den Räumen der Kranken verwendete, entsprach dem Einsatz von Zerstäubungsgeräten, die erst 400 Jahre später entwickelt wurden. Die Dokumente der Zeit berichten, daß überall, wo Nostradamus auftauchte, die Menschen geheilt wurden. Er trug eine Art Pumpe mit sich, in der sich eine Flüssigkeit aus Kräutern und Blättern von bestimmten Bäumen befand. Damit besprühte er Wände und Kleider. Während der Pest in Aix-en-Provence hatte er ein Pulver erfunden, das aus Holzspänen von Zedernholz, florentinischer Iriswurzel, Nelke, Aloe, Moschus, Ambra und einer großen Menge von Rosensaft bestand. Das Puder pries er als ›souveränes Mittel gegen die schlechten Gerüche‹ an, denn man glaubte, daß in den schlechten Gerüchen, den Miasmen, die Krankheitskeime enthalten seien.

Heinrich III., der Sohn Katharina de Medicis, war ebenfalls für seine Liebe zu den angenehmen Düften berühmt. Wenn er und seine ›Mignons‹ auftauchten, hinterließen sie eine Wolke schweren Parfums. Knoblauch dagegen löste bei ihm Schwächezustände aus. Heinrich IV., sein Nachfolger, hatte dagegen eine Vorliebe für deftige Gerüche. An

Gabrielle d'Estrée schrieb er: »Waschen sie sich nicht, meine Liebe, ich komme in acht Tagen.« Ein Taschentuch, getränkt mit ihrem Schweiß, hatte in ihm die Leidenschaft geweckt. Gabrielle d'Estrée soll im Hause des italienischen Juden Zenetti, eines Vertrauten Katharina de Medicis, an einem vergifteten Handschuh von René, dem Parfümeur, gestorben sein. Das ist aber wie viele andere Geschichten über die Giftmischerei der Königin höchstwahrscheinlich von ihren protestantischen Feinden erfunden worden.

Das 16. und 17. Jahrhundert erlebte eine große Welle destillierender Dilettanten. Heinrich VIII. von England, der sich selbst gerne als Apotheker darstellte, verfertigte mit Hilfe seiner Ärzte nicht weniger als 230 Heilmittel, darunter Salböle, Cremes und Kataplasmen. Elisabeth I. von England, seine Tochter, liebte über alles die ›Pomander‹, kunstvolle Gefäße aus edlen Metallen, die Duftstoffe enthielten. Die Pomander führte man mit sich, und sobald üble Gerüche auftauchten, hielt man sich den Pomander an die Nase.

Sir Walter Raleigh, der bis zu seinem Tode 1618 zwölf Jahre im Londoner Tower verbringen mußte, füllte seine Zeit damit aus, sich ein Labor einzurichten, und stellte da selbst ›Raleigh's-Sovereign Cordial‹ her, das lange in Hofkreisen beliebt blieb. Die Zubereitung überlebte bis in das 19. Jahrhundert, wo es als ›Aromatic Chalk Powder‹ beliebt wurde.

Ein anderer Engländer, dem die Politik gefährlich wurde, war der Philosoph Francis Bacon (1561 – 1626). In seinem Buch ›Sylva Sylvarum‹ empfahl er ein ungewöhnliches Kräftigungsmittel, nämlich den Geruch frischer Erde. »Es hat sich gezeigt, daß es den Geist erfrischt und den Appetit anregt, wenn man hinter dem Pflug hergeht... Der Frühling ist die günstigste Jahreszeit dafür, weil die Erde dann ihren süßen Atem noch nicht an die im Sommer wachsenden Pflanzen abgegeben hat.«

Venedig war bis zur Entdeckung des Seewegs nach Ostindien durch Vasco da Gama die führende Handelsmacht Europas gewesen. Besonders die aromatischen Stoffe wurden in Venedig gehandelt, und von hier aus gingen die Spezereien nach Deutschland zu den Fuggern und Welsern. Auch den italienischen Mönchen war die Entdeckung des Alkohols und die Herstellung der Essenzen nicht entgangen. Zwischen mehreren Klöstern Italiens begann zu Anfang des 16. Jahrhunderts ein intensiver

Wettbewerb bei der Herstellung von Kräuterlikören, Parfums und Hautcremes. 1508 wurde im Kloster von Santa Maria Novella in Florenz das erste größere Laboratorium eingerichtet. Hier entstand der Urtyp des Kölnisch Wassers, dessen Grundrezept Paolo Feminis von der Äbtissin des Klosters mitgeteilt bekam. Sein Neffe Johann Maria Farina erbte das Rezept und gründete dann in Köln das weltberühmte Haus in der Glokkengasse Nr. 4711. War die Mönchsmedizin im Mittelalter unentbehrlich gewesen, so folgte sie seit dem 17. Jahrhundert zunehmend dem Trend der Zeit und begann ihre Produkte kommerziell zu verwerten. Die Vermarktung der Geheimmittel und ›Wunderelixiere‹ war nicht mehr aufzuhalten. Die Zahl der Scharlatane, die behaupteten, Alchimisten zu sein und den Stein der Weisen oder das Elixier des Lebens zu besitzen, nahm Überhand.

Eine der rätselhaftesten Erscheinungen des späten 18. Jahrhunderts war Giuseppe Balsamo, genannt Cagliostro. Aus verarmtem sizilianischen Adel stammend, starb er nach einem abenteuerlichen Leben in den Kerkern des Vatikans. Viele, besonders die Ärzte, haßten und verfolgten ihn; genauso viele aber liebten ihn, weil er sie geheilt hatte. Zweifellos war ein guter Teil der Erfolge auf seine charismatische Persönlichkeit zurückzuführen. Marc Haven hat einige seiner einfachen Heilmittelrezepte entdeckt und im Anhang zu seinem Buch ›Der unbekannte Meister‹ wiedergegeben. Ein Rezept für Magenpillen enthielt Aloe, Terpentin, Mastix, Myrobalanen, Zimt, Sandelholz, Lavendelblüten, Safran, Muskatnuß und Myrrhe. Einfache Terpentinpillen aus venezianischem Lärchenterpentin, Zimt und Tragant, ein Kanada-Balsam aus Zimt, Myrrhe und Tragant und Abführpillen aus Fenchel und Anis zeigen, daß er zumindest unterstützend auf aromatische Heilpflanzen zurückgriff.

Das 16. und 17. Jahrhundert hatte den Wohlgerüchen viel Interesse entgegengebracht, und die Heilwirkung der aromatischen Pflanzen und tierischen Duftstoffe galt als Selbstverständlichkeit. Die neue Mentalität des Zeitalters der Aufklärung jedoch stand den Gerüchen der Natur skeptisch gegenüber. Überall roch man Verfall, Unrat und Gifthauch. Gestänke, die vorher einfach ignoriert oder mit starkem Parfum überdeckt wurden, lösten nun Alarm aus. Die Welt der Gerüche war unheimlich geworden. Der Philosoph Berkeley war einer der letzten, der öffentlich auf die Heilkraft der Gerüche hinwies. Er glaubte im ›Teerwasser‹, einer Mischung aus Fichten- oder Kiefernharz mit Wasser, ein Universalheilmittel gefunden zu haben. Er hatte das Mittel bei den Indianern kennengelernt und glaubte, daß das Harz die Pflanzenseele, den ›leuchtenden Geist, der das Leben der Pflanzen ausmacht‹, enthält. Berkeley hatte noch einmal zu sagen gewagt, was später nur noch Dichter so unverhüllt aussprachen. William Blake, der visionäre englische Dichter, hat in einem zeitlosen Gedicht das Wesen der Pflanzen festgehalten:

> Du spürst,
> > wie die Blumen die köstlichen Düfte versenden
> Und grübelst,
> > wie aus so winzigem Ort dieser Duftstrom
> Mag kommen — begreif,
> > daß in solcher Mitte die Ewigkeit
> Ihre unvergänglichen Tore öffnet.

DAS 19. UND
20. JAHRHUNDERT

Am Vorabend der Französischen Revolution war das Ancien Regime unter Ludwig XVI. und Marie Antoinette mit der Inszenierung des eigenen Untergangs beschäftigt. Marie Antoinette kreierte Parfums ›à la Reine‹ und Kosmetika, die dem Geschmack des Rokkoko folgend Naturnähe und bäuerliche Idylle evozieren sollten. Noch am Tage ihrer mißglückten Flucht kaufte sie bei Houbigant Parfum. Houbigant hatte 1775 im Alter von 23 Jahren in der Rue St. Honoré Nr. 19 eine Boutique mit dem Namen ›La Corbeille de Fleurs‹, der Blumenkorb, eröffnet. Ein Jahr zuvor war es Louis Toussaint-Pivert gewesen, der auf dem Boulevard de Straßbourg einen Parfümerieladen eröffnete. So begann der Siegeszug der großen französischen Parfums, der erst in den Jahren nach dem Zweiten Weltkrieg ein wenig gebremst wurde.

Während der Französischen Revolution waren Parfums für eine Weile verpönt, aber mit Napoleon Bonaparte und Kaiserin Josephine gehörten sie wieder zu den Selbstverständlichkeiten eines angenehmen Lebens. Josephine liebte Moschus über alles, und noch heute strömen die Wände von Malmaison, dem Lustschlößchen Napoleons bei Paris, einen leichten Moschusgeruch aus. Sie hatte die Wände, als der Kaiser sie nicht mehr in seiner Nähe wollte, mit Moschus getränkt, damit er sie nicht vergessen können sollte. Er selbst bevorzugte Kölnisch Wasser und Veilchenparfums. Kölnisch Wasser bestellte er gleich kistenweise. Er überschüttete sich täglich mit dem Toilettenwasser und trank gelegentlich auch ein Fläschchen! Kölnisch Wasser galt nämlich auch als anregendes Heilmittel.

Während der Herrschaft Napoleons waren noch einmal die tierischen Parfums Moschus, Ambra und Zibet in Mode gekommen. Das aufstrebende Bürgertum jedoch, das mit der einsetzenden industriellen Revolution an Macht und Ansehen gewann, verabscheute die ›animalischen‹ Gerüche. In der Zeit, die wir in Deutschland als ›Biedermeier‹ (1815 – 1848) bezeichnen, wurden sanfte, ›treuherzige‹ Parfums wie Lavendel und Geißblatt bevorzugt. Die Deutschen hatten mit den stärkeren Düften nie recht Freundschaft schließen können. Sie bevorzugten die natürlichen, einfachen Gerüche der Kräuter.

Schiller schnüffelte bekanntermaßen an faulenden Äpfeln, um seine Schaffenskraft anzustacheln. Er verwahrte sie zu diesem Zweck in seinem Schreibpult. Als Goethe einmal zu Besuch kam und Schiller nicht vorfand, öffnete er das Fach des Pults. Der arme Goethe wurde sofort ohnmächtig! Goethe war überhaupt sehr sensibel, was Gerüche und Geschmack betraf. Milchkaffee und manche Biersorten bereiteten ihm fürchterliche Verdauungsbeschwerden.

In dem Maße, wie der Mensch in der bürgerlichen Gesellschaft der Großstädte den Kontakt zur Natur verlor, wuchs eine geistige Gegenbewegung, die den Weg ›Zurück zur Natur‹ beschreiten wollte. J. J. Rousseau (1712 – 1778), der romantische Kulturphilosoph, glaubte, daß Gerüche die Einbildungskraft und das Gedächtnis stärken. Während es die bürgerliche Gesellschaft vorzog, das Thema Geruch aus dem Bereich des Gesellschaftsfähigen zu verbannen, versank die Arbeiterklasse in den Gestänken, die dem industriellen Fortschritt anhafteten. Schlecht riechen hieß sozial deklassiert sein, und die erlaubten Düfte mußten Frische und Sauberkeit signalisieren.

Den Romantikern, Symbolisten, bis hin zur Dekadenz der Jahrhundertwende, blieb es überlassen, die Welt der Gerüche neu zu entdecken. Der Dichter Charles Baudelaire hat wie kein anderer Düfte beschrieben und ihr Wesen bloßgelegt. Jedes zweite oder dritte Gedicht der ›Blumen des Bösen‹ und der kleinen Prosagedichte enthält Geruchsassoziationen. Die alte Lehre der Signaturen und Entsprechungen hat Baudelaire in dem Gedicht ›Correspondances‹ für alle Zeiten festgehalten:

»Gehen verschmelzend wie das Echo fernster Klüfte
In großer Einheit und voll dunkeltiefer Macht
Weil wie des Äthers Glanz und die gewaltge Nacht
Antworten Töne rings und Farben sich und Düfte«

(übers. von Wolf v. Kalckreuth)

Joris Karl Huysmans läßt in seinem Roman ›Gegen den Strich‹ den hyperästhetischen und hyperempfindlichen — man nannte das neurasthenisch — Helden Des Esseintes mit den Zusammenklängen der Düfte, Farben und Töne experimentieren. Als Des Esseintes das Fenster öffnete, kam es ihm vor »als wehe die Luft einen Hauch von Bergamot herein, zu dem sich Jasmin, Kassis und Rosenwasser gesellten. Er keuchte und fragte sich, ob er sich nicht in einem jener Zustände von Besessenheit befinde, die man im Mittelalter austrieb. Der Duft wechselte und verwandelte sich, hielt aber an. Ein unbestimmter Hauch von Tolutinktur, Perubalsam und Safran durch einige Tropfen Ambra und Moschus fixiert erhob sich jetzt vom Dorfe, das am Hang des Hügels ruhte, und plötzlich geschah die Metamorphose: Diese verstreuten Bruchstücke fanden sich zusammen, und der Duft von Frangipan, dessen Elemente er gerochen und dessen Analyse sein Geruchssinn vorbereitet hatte, strömte vom Val de Fontenay bis zum Fort herauf, bestürmte seine empfindlichen Nüstern, erschütterte seine bereits mitgenommenen Nerven und versetzte ihn in einen derartigen Zustand der Erschöpfung, daß er ohnmächtig, fast sterbend am Fenster zusammenbrach.« Oscar Wilde war von Huysmans ›Des Esseintes‹ derart beeindruckt, daß er auch seinen Dorian Gray Geruchsorgien veranstalten ließ.

Die deutsche Romantik blieb nicht ohne Einfluß auf das medizinische Denken der Zeit. Novalis verkündete, daß Krankheit das eigentlich Menschliche sei und die geistige Entwicklung befördere, und Justinus Kerner befaßte sich in seinem Buch ›Die Seherin von Prevorst‹ mit medizinischem Okkultismus. Johann-Friedrich Osiander, ›weiland Professor der Medicin in Göttingen‹, sammelte alte Rezepte der Volksheilkunde und der Medizin vergangener Jahrhunderte. In seinem Buch ›Volksarzneimittel und einfache, nicht pharmazeutische Heilmittel gegen Krankheiten des Menschen‹ führte er eine große Anzahl von Duftheilmitteln und Räuchersubstanzen an. Gegen Schlaflosigkeit halfen mit Hopfen gefüllte Kissen, gegen Impotenz der Geruch von Moschus und Ambra und gegen ›Pestilenz‹ halfen Räucherungen von Mastix, Storax und Weihrauch. Wenn auch immer weniger Ärzte Duftstoffe verwendeten, so waren sie doch keineswegs aus den Arzneibüchern und Apothekerverzeichnissen verschwunden. Der 1841 in zweiter Auflage erschienene ›Traité de Therapeutique‹ von Trousseau und Pidoux führte unter

›balsamische Excitanzien‹ auf: Terpentin, Teer, Tannenzapfen, Wacholder, Tolubalsam, Perubalsam, Mekkabalsam, Benzoe und Storax. Gegen Krämpfe und Nervenleiden halfen Asa foetida, Opopanax, Galbanum, Moschus, Ambra, Orangenblüten, Bibergeil und Kampfer. Kampfer war damals in Mode. Man trug Riechsalz und Riechfläschchen — ›Nachbarin, ihr Fläschchen‹ —, und ›Hoffmannstropfen‹ waren sehr beliebt, wenn die ›Vapeurs‹ den Damen zu schaffen machten. Die Biedermeierzeit kannte Flakons, die mit Ring und Kettchen am Finger gehalten und bei Bedarf zur Nase geführt wurden. Der Inhalt bestand aus Kaliumsulfat und Duftessenzen. Als Wiederbelebungsmittel fügte man noch Salmiakgeist hinzu.

Aus der handwerklichen Destillierkunst des 15. und 16. Jahrhunderts entstand mit der Zeit die große Industrie der Aromen und Parfums. Die Erfolge der organischen Chemie im 19. Jahrhundert ebneten den Weg für die Syntheseprodukte der Gegenwart, die in vielen Bereichen die teureren Naturstoffe verdrängt haben. 1818 war es Houton de Labillardière zum ersten Mal gelungen, das Terpentinöl zu analysieren. Er fand heraus, daß die wichtigsten Bestandteile der ätherischen Öle, die Terpene, immer ein Verhältnis von fünf Kohlenstoff- zu acht Wasserstoffatomen aufweisen. Große Chemiker wie Berzelius, Berthelot, Wallach und Ruzicka bemühten sich bis in die zwanziger Jahre unseres Jahrhunderts um die Aufdeckung der chemischen Strukturen. Obwohl heute die grundlegenden Zusammenhänge bekannt sind, geht kein Tag vorüber, an dem nicht irgend etwas auf diesem faszinierenden Gebiet zutage gefördert wird. Je mehr Wissen über die Duftstoffe wir anhäufen, desto deutlicher wird, daß wir noch weit davon entfernt sind, alle Karten von Mutter Natur aufgedeckt zu haben. Es hat sich gezeigt, daß nichts die Qualität der echten (und manchmal auch sehr teuren) Duftstoffe ersetzen kann. Der künstliche Nachvollzug eines natürlichen Duftes ist bisher immer nur Annäherung an die Vollkommenheit des Originals geblieben.

Die kleine Stadt Grasse in Südfrankreich ist Erbin einer langen Tradition, die bis zu den orientalischen Hochkulturen zurückreicht. Die Araber hatten Universitäten in Südfrankreich, unter anderem in Montpellier, hinterlassen, an denen auch die hochentwickelte Destillationskunst der Alchimisten weitergegeben wurde. Nur weniges von den Geheimnissen der kleinen handwerklichen Destillen früherer Jahrhunderte ist in Grasse zurückgeblieben. Die chemischen Extraktionsverfahren mit Petroläther und anderen Lösungsmitteln haben die Destillation und Enfleurage (Auszug der Blütenöle mit Fetten, Ölen, Butterschmalz usw.) größtenteils ersetzt. In Frankreich ist dann auch die ›Aromatherapie‹ entstanden, die eine Renaissance der Heilbehandlung mit Duftstoffen bewirkte. Der Lyoner Chemiker-Ingenieur René-Maurice Gattefossé verwendete zum ersten Mal 1936 als Titel für ein Buch den Begriff ›Aromatherapie‹. Ihm verdanken wir die grundlegenden Arbeiten auf der alle späteren aufbauten. Der bekannteste heutige Vertreter der Aromatherapie ist Dr. Jean Valnet, der sein ganzes Leben den ätherischen Ölen widmete. Sein Buch, das ebenfalls ›Aromatherapie‹ heißt, ist das Standardwerk der Therapie mit ätherischen Ölen. In letzter Zeit sind weitere wichtige Werke erschienen, die das bisher Bekannte ergänzen und erweitern.

Die Franzosen haben sich die Form der ›galenischen‹ Zubereitung bewahrt, die es ermöglicht, von jedem Apotheker individuelle Verordnungen herstellen zu lassen. Meistens wird die Aromatherapie in Frankreich mit Metall-Therapie, Homöopathie und Pflanzenheilkunde kombiniert. Die moderne naturwissenschaftliche Medizin hat auf dem Gebiet der Chirurgie, der Diagnosestellung mit hochentwickelten Geräten und der Hygiene Wertvolles geleistet und wird weiterhin Fortschritte machen. Für die eigentliche Heilkunst dagegen sieht die Situation weniger erfreulich aus. Chronischen Leiden, der ganzen Palette der funktionellen, psychosomatischen Störungen, Rheuma, Arthrosen, Allergien usw. ist in der normalen Arztpraxis kaum noch wirksam zu begegnen. Da kann die Aromatherapie vorbeugend, ganzheitlich und regulierend neben der schulmedizinischen Therapie gute Dienste leisten. Die Heilkunde vergangener Zeiten enthielt viel Wertvolles, das zum Teil wiederentdeckt wurde, und zum anderen Teil noch zu entdecken ist. Professor Schipperges schreibt: »Wir haben endgültig Abschied genommen von dem alten Glauben, als sei die Heilkunst aus primitiven Vorzeiten über eine immer strahlendere Aufklärung zu heutigem Glanz und Gloria erwachsen. Wir haben auch einsehen müssen, daß am Wege der Errungenschaften immer auch die Schutthalden der Verkümmerung liegen, daß alle Aufklärung und Verdrängung begleitet war und alles neue Wissen von einem oft folgenschweren Vergessen.« Versuchen wir den

Duftstoffen den ihnen gebührenden Platz in der Heilkunde von morgen einzuräumen. Der Duft selbst wird weiterhin ein Rätsel bleiben, das sich letztendlich nur den Poeten, den Künstlern und den Mystikern erschließt:

Der Duft

»Wer bist du, Unbegreiflicher: der Geist
wie weißt du mich von wo und wann zu finden,
der du das Innere (wie ein Erblinden)
so innig machst, daß es sich schließt und kreist.
Der Liebende, der eine an sich reißt,
hat sie nicht nah; nur du allein bist Nähe.
Wen hast du nicht durchtränkt, als ob du jähe
die Farbe seiner Augen seist.

Ach, wer Musik in einem Spiegel sähe,
der sähe dich und wüßte, wie du heißt.«

Rainer Maria Rilke

DIE GERÜCHE

»Die Augen sind die Wege des Menschen,
die Nase ist sein Verstand.«

Hildegard v. Bingen

GERÜCHE,
DIE
VERDRÄNGTE DIMENSION

Unser tägliches Leben wird von einer Unzahl von Gerüchen begleitet, die beleben, entspannen oder belästigen. Zahnpasta, Seife, Kaffee und Spiegeleier, Geschirrspülmittel und Waschpulver, Tabak, Rauch und Autoabgase — Gerüche verfolgen uns von früh bis spät, von der morgendlichen Dusche bis in den Traum. Dennoch gibt es ein gesellschaftliches Tabu, das den Geruchssinn gegenüber den ›edlen Sinnen‹ wie Hören und Sehen diskriminiert. Gerüche sind nicht gesellschaftsfähig; zu sehr erinnern sie an die Verwandtschaft mit allem, was da kreucht und fleucht. Gespräche über Gerüche lösen deshalb meist peinliches Schweigen oder Heiterkeit aus, die Zeit, als wir noch kleine Ringelschwänze besaßen, erscheint da näher als Goethes Gespräche mit Eckermann! Selbst die nüchterne Wissenschaft hat sich offenbar dem allgemeinen Widerwillen, sich mit diesem Tabu zu befassen, nicht entziehen können. Keiner der fünf Sinne ist bis heute so wenig erforscht wie der Geruchssinn. Noch wissen wir nicht, wie Gerüche entstehen, wie die Geruchsmoleküle sich in das verwandeln, was wir Geruch nennen. Es gibt keine angemessenen Worte für unsere Geruchseindrücke und kein Meßverfahren, das erlauben würde, sie in objektive physikalische oder chemische Daten umzusetzen. Hinzu kommt, daß die für die Geruchswahrnehmung zuständigen Hirnbereiche nur schwer experimentell auszuforschen sind. Seit einigen Jahren wird — bei Tier und Mensch — intensiv an der Aufklärung dieser Vorgänge gearbeitet. Und schon jetzt zeichnet sich ab, daß der Geruchssinn der Schlüssel zu einer Dimension der Wahrnehmung ist, die für die Erhaltung des Lebens auf der Erde von entscheidender Bedeutung ist. Das ökologische Gleichgewicht zwischen Pflanze, Tier und Mensch beruht zu einem großen Teil auf ungestörten Austauschvorgängen, auf Kommunikation. Die Industriegesellschaft hat in diese feinabgestimmten Regelkreise eingegriffen, ohne die schwerwiegenden Folgen zu ahnen. Nur wenn wir die subtile Sprache der Geruchssignale verstehen lernen und die für Land- und Forstwirtschaft notwendigen Konsequenzen ziehen, wird die Regenerierung der ausgelaugten Böden und zerstörten Wälder möglich sein.

Vielleicht noch bedeutender sind die Konsequenzen für das menschliche Zusammenleben. Obwohl der Mensch als ›Mikrosmatiker‹ gegenüber Hunden und Raubtieren nur ein kleines Riechhirn besitzt, ist sein Geruchssinn doch von allen fünf Sinnen der leistungsfähigste. Moschus zum Beispiel, der Riechstoff, der an unsere Sexualität appelliert, wird noch in einer Konzentration von 0,000000000003 g pro Kubikmeter Luft wahrgenommen und identifiziert! Es gibt zwar Insekten wie den Seidenspinner, der nur wenige Moleküle eines speziellen Duftstoffes riechen muß, um über Kilometer hinweg sein Weibchen zu finden, aber sobald sich auch nur die chemische Struktur dieses Duftstoffes verändert, fällt die Geruchssensibilität um eine Zehnerpotenz ab. Im Gegensatz dazu kann der Mensch im Extremfall bis zu zehntausend verschiedene Gerüche auseinanderhalten und im Gedächtnis bewahren. Wie kommt es dann aber, daß diese erstaunliche Fähigkeit normalerweise unterdrückt und verdrängt wird? Der Grund liegt darin, daß der Geruchssinn seine vitale Bedeutung für die Existenzsicherung des Menschen verloren hat. Solange er noch eine wichtige Hilfe beim Aufspüren von Wild, Beeren, und Wurzeln war und das Überleben davon abhing, ob die Jäger das Raubtier oder den Feind früh genug witterten, war der Geruchssinn bei allen Menschen so leistungsfähig, wie er es heute nur noch bei einigen Naturvölkern ist. In der Massengesellschaft des 20. Jahrhunderts dagegen lassen sozialer Druck und ungesunde Lebensweise ihn nur noch in beschränktem Maße zur Geltung kommen. Dem Leben in der Großstadt wäre die Nase eines Pygmäen eher lästig als förderlich — Menschen mit einem derart feinen Riechorgan würden wahrscheinlich ununterbrochen von Übelkeit geschüttelt werden!

Trotzdem ist die intakte Geruchswahrnehmung für das Überleben der Menschheit von größter Bedeutung. Der Geruchssinn ist der einzige der fünf Sinne, dessen zuleitende Nerven (sensorische Bahnen) direkt mit dem Endhirn in Kontakt stehen. Der Thalamus, eine Schaltstation des Gehirns, kontrolliert die Informationen der anderen Sinne und prägt sie um, ehe sie an die Projektionsfelder der Gehirnrinde weitergegeben werden. Das bedeutet, daß nur Geruchsinformationen die höheren Bewußtseinszentren ohne diese Umprägung erreichen. Das Riechhirn (Rhinencephalon) ist nach dem heutigen Wissen über das limbische System ein Gehirnbereich, der zwischen reinem Denken und Triebverhalten vermittelt. Hier entstehen die Gefühle, Lust und Unlust, Zuneigung und Abneigung. »Die zentrale Bedeutung des Systems für die Regulation von Emotionen, Motivationen und des Verhaltens des Individuums ist erst in jüngster Zeit festgestellt worden« (Voss und Herlinger, 1981). Kein Wunder also, daß Gerüche sich nur schwer in rationale Denkmuster einordnen lassen. Stimmungen und Erinnerungen werden durch einen Dufthauch heraufbeschworen und lassen das Vergangene wieder auferstehen. Künstler, Musiker und Dichter haben in ihren Werken deshalb häufig Geruchsassoziationen verarbeitet. So erschließt sich die Welt im Geruch auf viel intimere Weise, als dies die zensierten Sinne zulassen würden. Heutige Erkenntnisse bestätigen, was zu allen Zeiten und von allen Völkern geglaubt wurde: Die Gerüche offenbaren das Wesen der Dinge, die Seele der Pflanzen, Tiere und Menschen.

Die außergewöhnliche Empfindlichkeit des Geruchssinns im Vergleich mit den anderen Sinnen und seine bedeutende Einflußnahme auf seelische Zustände lassen erahnen, daß der Geruchssinn keineswegs nur ein peinliches Überbleibsel aus vergangenen Zeiten darstellt. Die bewußte Wahrnehmung der Gerüche kann uns in nicht allzuferner Zukunft ungeahnte Dimensionen erschließen. Es liegt an uns, ob wir sie weiterhin unterdrücken oder bewußt in unser Sein integrieren wollen. Dazu gehört jedoch, daß die Konsequenzen aus den vorliegenden Erkenntnissen gezogen werden. Paolo Rovesti weist auf Untersuchungen hin, die beweisen, daß die Leistungsfähigkeit unseres Geruchssinns unter den herrschenden Lebensbedingungen weiter rapide abnehmen wird. Industriearbeiter und Großstadtbewohner gehören zu den am stärksten Geschädigten. Luftverschmutzung, die trockene Luft in den Wohnungen (Zentralheizung), falsche Ernährung und die Überfütterung mit visuellen und akustischen Reizen lassen die Geruchswahrnehmung in erschreckendem Maße verarmen. Mitschuldig an der fatalen Entwicklung ist nicht zuletzt der Mangel an Gelegenheit, die Vielfalt der natürlichen Gerüche kennenzulernen. Ein Organ, das nicht richtig gebraucht wird, verkümmert. Die neurotische Angst vor Körpergerüchen, die in dem massenhaften Konsum von ›Deo-Sprays‹ (sogar Vaginal-Sprays!) zum Ausdruck kommt, und der Versuch der Werbung, uns durch Appelle an infantile Ängste zu einer Nation von verklemmten Saubermännern zu machen, sind deutliche Beweise dafür, daß Gerüche aus dem Bereich der unterschwelligen Wahrnehmung herausgeholt werden müssen. Die Aromagärten in Erlangen und Berlin sind lobenswerte Versuche, den richtigen Umgang mit den Gerüchen wiederzuentdecken.

Daß es nicht weitergehen kann wie bisher, zeigt die alarmierende Zunahme der Allergien und Infektionskrankheiten. Chronische Nasennebenhöhlen-Infekte, Allergien der Atemwege, Grippe und Asthma bewirken ständige Schwellung und Entzündung im Nasenbereich. Die Nase, unser bestes Warnorgan, ist dabei, den Kampf aufzugeben. Wir stehen heute an einem Scheideweg. In den letzten Jahren dieses Jahrtausends wird sich zeigen, ob wir in eine geruchlose, das heißt seelenlose neue Welt marschieren oder ob wir endlich bereit sind, die Spielregeln zu akzeptieren, die die Natur uns vorgegeben hat. Der Geruchssinn ist das Band, das uns mit allen Lebewesen verbindet; kein anderer Weg führt so direkt in das Herz der Natur.

Die Nase, das unbekannte Wesen

Eines schönen Tages entschlossen sich unsere Ururahnen, auf den Bäumen zu leben und dem Erdboden den verlängerten Rücken zuzukehren. Wahrscheinlich war es ihnen auf ebener Erde zu gefährlich geworden, und außerdem lockten die unzähligen süßen Früchte in der Höhe. Allmählich veränderte sich durch die neue Lebensweise auch ihr Körperbau: aus Pfoten entwickelten sich Greifhände, und die schnauzenförmigen Gesichtsschädel wurden flacher. Seit sie den mit Duftstoffen durchdrängten Erdboden verlassen hatten und nicht mehr schnüffelnd jeder

Spur folgten, verringerte sich die Bedeutung des Riechhirns. Unsere Verwandten, die Primaten, zogen es vor, das paradiesische Leben in den Wäldern beizubehalten — wir dagegen konnten der Verlockung nicht widerstehen, herabzusteigen, um zu sehen, was sich sonst noch alles anstellen ließ. Für die Sammler und Jäger war der Geruchssinn für das Überleben wieder unentbehrlich. Erst als in der späteren Steinzeit der Ackerbau und die damit verbundene seßhafte Lebensform aufkam, trat erneut eine Veränderung ein. Es wird vermutet, daß durch die Vorratshaltung und die unzureichenden sanitären Anlagen in jener Zeit der Gestank in den Wohnsiedlungen dermaßen durchdringend wurde, daß die Nase, nach längerer ›Betäubung‹ durch denselben Geruch, ihn nach einer Weile einfach nicht mehr registrierte. Diese Anpassung (Adaptation) an länger anhaltende Gerüche kann man leicht an sich selber feststellen, wenn zum Beispiel die Gerüche der eigenen Wohnung nicht mehr wahrgenommen werden. Parfumeure nutzen diesen Effekt, wenn sie gelegentlich die Luft in den Riechkammern mit den nicht benötigten Duftbestandteilen einer Komposition übersättigen, um so die anderen Nuancen besser herausriechen zu können.

Für das Verständnis der Zusammenhänge zwischen Geruch, Sexualität und seelischen Vorgängen müssen wir uns, ohne allzusehr ins Detail zu gehen, Aufbau und Funktion der Nase deutlich machen. Die Nase erhält ihre Form durch den Nasenknochen und durch den beweglichen Knorpel, der individuell verschieden geformt ist. Wie alle anderen Gesichtszüge läßt die Form der Nase Rückschlüsse auf Charakter und Gesundheitszustand ihres ›Eigners‹ zu. Sie gibt dem Gesicht seine unverwechselbare Erscheinung. Johann Kaspar Lavater, der große Schweizer ›Physiognom‹ (Physiognomie meint Deutung des Charakters aus den Gesichtszügen bzw. der Körpergestalt) und Freund Goethes, sprach von der Nase als dem ›Widerlager des Gehirns‹. Die Ärzte der Antike, Celsus und Galenus, sahen in der Nase einen Abzugskanal des Gehirns. Wie bereits gesagt, steht die Nase in enger Beziehung zum Gehirn und kann sogar als Erweiterung des Gehirns zur Außenwelt angesehen werden.

Durch die Nasenlöcher tritt die Atemluft in zwei langgestreckte Hohlräume ein, die mit einer feuchten Schleimhaut ausgekleidet sind. Sie sind durch die Nasenscheidewand (Septum) getrennt, deren knorpliger Teil beim Erwachsenen häufig nach rechts verbogen ist und Auswüchse oder

Narben aufweist. In den Veränderungen der Scheidewand spiegeln sich Krankheiten und psychische Eigenheiten. In unserer Gesellschaft ist die rechte Körperseite im allgemeinen stärker entwickelt, weil das praktische Verstandesdenken der linken Großhirnhälfte einseitig gefördert wird. Das bildhafte, gefühlsbetonte Denken kommt dabei zu kurz, was sich in der schwächeren Ausprägung der linken Gesichts- und Körperhälfte und der Verschiebung der Nase bzw. der Nasenscheidewand zeigt. In der Rechts-Links-Polarität werden noch andere verwandte Gegensätze wie männlich/weiblich, Vater/Mutter, aktiv/passiv zum Ausdruck gebracht, die aus dem individuellen Lebenslauf herausgelesen werden können. Ins Körperinnere führen zwei Öffnungen, die ›Choanen‹ genannt werden. Die Nasenhöhle steht mit mehreren Nebenhöhlen in Verbindung, die ebenfalls mit Schleimhaut ausgekleidet und mit Luft gefüllt sind. Von den seitlichen Wänden der Nasenhöhlen springen drei übereinander angeordnete Nasenmuscheln (Conchae) vor, die den Hohlraum stark einengen und die Zugangskanäle der Nebenhöhlen schützen. Seitlich der Nasenhöhlenwände liegen die Kieferhöhlen (Sinus maxillaris); die über den Augenhöhlen liegende Stirnhöhle (Sinus frontalis) und die Keilbein-höhlen (Sinus sphenoidalis) sind ebenfalls durch Scheidewände in zwei Kammern getrennt. Außerdem gibt es noch die circa zehn Siebbeinzellen (Sinus ethmoidalis) des Siebbeinknochens. Bei Erkältungen werden die verschiedenen Nebenhöhlen regelmäßig in Mitleidenschaft gezogen und nicht selten bleiben chronische Infekte zurück, mit schwerwiegenden Folgen für die Gesundheit. Stirnhöhle, Keilbeinhöhle und Siebbeinzellen befinden sich in unmittelbarer Nähe des Gehirns und der Hypophyse. Erkrankungen der Nebenhöhlen dürfen deshalb nicht auf die leichte Schulter genommen werden.

Im oberen Teil der Nasenhöhle befindet sich das Riechfeld (Regio olfactoria), ein fünf bis zehn Quadratzentimeter großer Teil der Nasen-schleimhaut. Hier sitzen ungefähr zehn Millionen mit sechs bis acht Riechhärchen besetzte Riechzellen, die mit dem sogenannten ›Bulbus olfactorius‹ (Riechkolben) im Vorderhirn in Verbindung stehen. Der Riechkolben gehört zum Riechhirn, welches wiederum dem limbischen System zugeordnet ist. Nachdem die Geruchsinformation über die Riechrinde Teile der Großhirnrinde erreicht hat, gehen zahlreiche Fasern zu den großen Steuerzentren des Organismus, dem Hypothalamus, dem Thalamus und in die Mandelkerngebiete. Rückführende Bahnen (eferente Fasern) leiten Impulse zum Bulbus olfactorius zurück. Wie wichtig diese Zusammenhänge sind, soll durch ein weiteres Zitat verdeutlicht werden: »Emotionen (Gefühle), Motive (Handlungsziele) werden hier (im limbischen System) koordiniert und effektiv beantwortet. Das emotionale Verhalten (Wut, Angst, Hemmung, Freude und Lust) ist eine Leistung des limbischen Systems. Es hat Einfluß auf das Sexualverhalten, die Fortpflanzung und die vegetativen Funktionen des Organismus. Neuere Untersuchungen lassen darauf schließen, daß hier wesentliche Funktionszentren für das Gedächtnis und das Lernverhalten zu suchen sind« (Voss und Herlinger). Riechinformationen, das ist jetzt deutlich geworden, erreichen die zentralen Bereiche der Persönlichkeit und üben über die Steuerzentren Hypothalamus und Hypophyse eine Art Hormonwirkung aus. Damit werden auch jene körperlichen Funktionen beeinflußt, die dem Willen entzogen sind.

Atmung und Geruchssinn sind eng miteinander verknüpft. Während bei normaler Atmung der größte Teil der Luft durch den unteren Teil der Nasenhöhlen strömt und nur ein Prozent der Geruchsmoleküle auf die Riechzellen treffen, werden durch Schnüffeln beträchtlich mehr Moleküle nach oben geleitet. Man sollte deshalb ruhig ungeniert schnüffeln, um das ›Bukett‹ oder die ›Blume‹ eines guten Weines richtig aufnehmen zu können. Das ›Kauen‹ des Weines bewirkt, daß das Aroma über das Riechfeld aufsteigt − ohne die Hilfe seines großen Bruders wäre der Geschmacksinn arm dran und würde noch Süppchen aus Zellulose für eine Delikatesse halten! Die Nase kontrolliert die vorbeiströmende Luft wie ein Zöllner, der Hunderte von Autos durchläßt, bis er plötzlich einen Wagen, der ihm nicht geheuer ist, herauswinkt. Im oberen Teil der Nase ist das Riechorgan geschützt vor unnötigen Störungen. Sind keine besonderen Vorkommnisse zu vermelden, kann es (ähnlich wie der Zöllner) vor sich hindösen. Die unterschwelligen, immer vorhandenen Gerüche lösen keine Alarmsignale aus und werden deshalb dem Bewußtsein nicht gemeldet. Ist die Nase nicht gerade unangenehmem ›Streß‹ ausgesetzt, erfüllt sie ihre Aufgaben, ohne kundzugeben, daß es ihr ›stinkt‹ oder daß sie am liebsten ›verduften‹ möchte, weil sie jemanden ›nicht riechen kann‹. Mit Hilfe der vielen Flimmerhärchen reinigt sie die Atemluft und erwärmt sie gleichzeitig auf ungefähr 33 Grad. Die Luftfeuchtigkeit liegt im Idealfall bei circa 80 Prozent. Raucher dagegen haben meistens eine zu niedrige Luftfeuchtigkeit um sich herum (zwischen 40 und 50 Prozent), die die Nase austrocknen läßt.

Bestimmte Gerüche versetzen die Nase in Panik. Merkaptan, ein faulig riechendes Gas, das von Skunks als Waffe eingesetzt wird, entdeckt sie in der unglaublich niedrigen Konzentration von $4,5 \times 10^{-14}$ g pro Liter Luft! Nicht nur Skunks verwenden Merkaptan als Waffe: Im Ersten Weltkrieg setzten es die Engländer zur Tarnung von Kampfgasen ein. Als die Deutschen, klug geworden, sofort Gasmasken aufsetzten, wann immer der Skunkgeruch auftauchte, verwendeten die Engländer nur noch das Merkaptan ohne Giftgas. Jetzt waren die deutschen Soldaten im Kampf durch ihre Masken behindert, die eigenen Soldaten dagegen nicht! Neben dem eigentlichen Riechnerv nimmt auch der Trigeminusnerv in beschränktem Maße Gerüche wahr. Er löst bei manchen Gerüchen Reflexe im vegetativen Nervensystem aus (Verdauung, Atmung und anderes).

Die Nebenhöhlen und Nasenmuscheln

Wozu eigentlich die Nebenhöhlen dienen, kann die Wissenschaft noch nicht mit letzter Sicherheit sagen. Es gibt jedoch viele Gründe anzunehmen, daß sie als Erweiterung der Nasenschleimhaut zusätzlich Raum für die Aufnahme von Gasen (Duftstoffen!) bereitstellen. Die Gewichtsreduzierung des Schädels ist zu gering, als daß sie die Höhlen erklären könnte. Da die Gesichts- und Schädelform von den Höhlen stark mitgeprägt wird, kann man sie als Ausdrucksorgane bezeichnen, die die persönliche Entwicklung dokumentieren (inklusive Krankheiten). Die Nasenmuscheln liegen schützend vor den Eingängen der Nebenhöhlen. 1884 entdeckte J. N. Mackenzie, daß bei Frauen die Schleimhaut während der Menstruation regelmäßig geschwollen ist. Der Berliner Arzt Wilhelm Fließ, der zu Anfang des Jahrhunderts ebenfalls auf dieses Phänomen aufmerksam wurde, nannte die Zonen die ›Genitalstellen der Nase‹. Schmerzen, die bei Regelstörungen entstanden, behandelte er, indem er diese Stellen mit Kokain betupfte oder mit Essigsäure verätzte. Fließ, der mit Sigmund Freud befreundet war, nahm an, daß die von ihm entdeckten Reflexpunkte direkt mit den Geschlechtsorganen in Verbindung stünden. Das Gebiet der unteren Nasenmuscheln weist tatsächlich Eigenschaften auf, die sonst nur bei den Geschlechtsteilen anzutreffen sind. Es handelt sich um sogenannte Schwellkörper, venöse Geflechte, die mit Blut gefüllt stark anschwellen können. Ringförmige oder spiralige Muskeln drosseln die Blutzufuhr und erzeugen ›Erektionen‹ des Gewebes, wie sie sonst nur noch an Penis und Vagina vorkommen. Die Nasenschwellkörper wärmen die Atemluft an und dienen vielleicht als Abkühlsystem des Organismus, indem sie überflüssige Körperwärme abgeben. Der ganze Bereich wird vom autonomen Nervensystem kontrolliert. Sympathicus und Parasympathicus-Nerv, die zwei sich ergänzenden Kontrahenten des vegetativen Nervensystems, regulieren den Füllungszustand der Schwellkörper. Wenn das Gleichgewicht zwischen den beiden Nerven gestört ist, sind krankhafte Schwellungen und Schleimabsonderungen die Folge. Streß, seelische Probleme und äußere Einflüsse wie Luftverschmutzung und Rauchen stören das Gleichgewicht des vegetativen Nervensystems und damit auch die Nasenschleimhäute. Oft genug kommt es im Laufe der chronisch verlaufenden Erkrankungen zu gewohnheitsmäßiger Mundatmung. Sie ist für die geistige Entwicklung besonders der Kinder ausgesprochen schädlich. Durch die fehlende Belüftung wird der Kopf-Gehirnraum nicht genügend stimuliert, die ständigen Entzündungen, die durch Mundatmung auch noch begünstigt werden, behindern außerdem das klare Denken. Die Schwellungen und Vernarbungen der Nasenhöhlen (Scheidewand, Muscheln und Nebenhöhlen) stören die vegetativen Regulationen, und umgekehrt beeinflussen Schädigungen von außen und vegetative Dystonien den Nasenraum. So entsteht ein richtiger Teufelskreis, der unter den heutigen Lebensbedingungen nur schwer zu durchbrechen ist. Nicht genug damit, es steigt auch die Zahl der Allergiker von Jahr zu Jahr. In der Bundesrepublik sind 10 bis 15 Prozent, in den Vereinigten Staaten bereits 20 Prozent der Bevölkerung davon betroffen; nicht wenige mit Heuschnupfen oder anderen allergischen Erkrankungen der Nasenschleimhaut. Daß der Geruchssinn unter diesen Umständen reduziert ist, braucht eigentlich gar nicht mehr erwähnt zu werden.

Aber noch einmal zurück zu den Schwellkörpern! Wilhelm Fließ und seine Schüler erkannten später, daß die ›Genitalstellen‹ zu einer größeren

Reflexzone gehören, deren Berührung Reaktionen im Sonnengeflecht und in den Nervenzentren, die für Atmung und Verdauung zuständig sind, auslösen. In der Schulmedizin geriet die Lehre von Fliess in Vergessenheit, nachdem Ärzte in aller Welt ein gutes Jahrzehnt lang das Für und Wider diskutiert hatten. Heute gibt es wieder einige Naturheilärzte, die ›nasale‹ Reflextherapie betreiben. Der bekannteste unter ihnen dürfte Nils Krack sein, der die Reflexpunkte mit ätherischen Ölen betupft. Sein Buch ›Nasale Reflextherapie mit ätherischen Ölen‹ ist eine gute Einführung in das Thema.

Die Geruchstheorien

Über die Jahrhunderte hinweg sind viele Versuche unternommen worden, die flüchtigen Geruchsempfindungen einzufangen und in ein Klassifizierungssystem einzuordnen. Keiner der fünf Sinne entzieht sich jedoch so hartnäckig allen wissenschaftlichen Bemühungen wie der Geruchssinn. Allein den Dichtern ist es bisher gelungen, den Düften Worte zu geben — alle anderen Beschreibungen sind noch im Stadium von Steinzeitwerkzeugen. Das rationale, lineare Denken ist es nicht gewohnt, mit einer Sinneserfahrung umzugehen, die so vielschichtig ist. Kreativität entwickeln heißt jedoch, die verhärteten, kausalen Denkprozesse zugunsten freier Assoziation aufzugeben und den Bilderfluß der rechten Hirnhemisphäre schöpferisch umzusetzen. Das Phänomen Geruch regt freiere Assoziationen an und sollte deshalb bewußt als Hilfe zur Freisetzung gestalterischer Energien eingesetzt werden.

Theophrastus von Eresos (370 – 285 v. Chr.), ein Schüler des Aristoteles und Freund Platons, schrieb neben seinem großen botanischen Werk über die Pflanzenwelt auch eine Abhandlung über die Gerüche. Manche seiner Ansichten über die Wirkung von Gerüchen und die Parfumherstellung klingen, als wären sie erst in unseren Tagen verfaßt worden. Und auch nach Theophrastus versuchte die Wissenschaft immer wieder die Gerüche in Kategorien einzuteilen, allen voran der schwedische Botaniker Linné. Er ging dabei begreiflicherweise von Pflanzengerüchen aus und schuf sieben Kategorien (u.a. ambrosische, zwiebelartige, Bocksgerüche, ekelerregende und aromatische). Albrecht von Haller (1763),

Lorry (1784), Fourcoy (1798) begründeten mit Linné die lange Reihe der Geruchsklassifizierungen, die bis auf den heutigen Tag noch keinen Abschluß gefunden hat. Schon bald versuchten Parfumeure wie Eugene Rimmel (1868) praktischere Einteilungen zu finden, was die Entstehung diverser Modelle zur Folge hatte. Die Einteilung von H. Roberts (1947) in 18 Klassen und der Geruchskreis mit 13 Gruppen haben sich in der Praxis bewährt. Hier die Einteilung von Roberts:

1. Gruppe der scharfen Aldehydgerüche $C_6 - C_{12}$.
2. Gruppe der Fruchtgerüche: Pfirsich, Erdbeere, Banane, Mandarine, Pomeranze, Zitrone.
3. Gruppe der erfrischenden Gerüche: Campher, Menthol, Thymol, Anethol, Terpentin.
4. Gruppe des Linalools: Bergamotte, Korianderöl, Lavendel.
5. Gruppe der Orangenblüte: Tuberose, Akazie, Jonquille, Neroli.
6. Gruppe des Jasmin: Ylang Ylang, Geißblatt, Jasmin, Indol.
7. Gruppe der Hyazinthe: Zimtaldehyd, Narzisse, Flieder, Maiglöckchen, Styrax, Tolubalsam.
8. Gruppe der würzigen Gerüche: Nelke, Muskatnuß, Zimt, Bayöl.
9. Gruppe der Honiggerüche: Phenylessigsäure und ihre Ester.
10. Gruppe der Rosengerüche: Geraniumöl, Geraniol, Nerol.
11. Gruppe der Irisgerüche: Veilchen, Cassieblüte, Mimosa, Methyljonon, Iris.
12. Gruppe der Vetivergerüche: Sandelholz, Zedernholz, Guajakholz, Tee.
13. Gruppe der schimmeligen oder pfeffrigen Gerüche: Patchouli, Pfeffer.
14. Gruppe der Moos-, Erd- und Rauchgerüche: Eichenmoos, Leder, Birkenteer, Buchenteer, Carvacrol.
15. Gruppe der Heu- und Krautgerüche: Tonkabohnen, Klee, Tabak, Sellerie, Weißdorn, Cumarin.
16. Gruppe der Vanillegerüche: Benzoe, Perubalsam, Vanillin.
17. Gruppe der Ambragerüche: Labdanum, Cypresse, Muskatellersalbei, Weihrauch.
18. Gruppe der tierischen Gerüche: Castoreum, Zibet, Moschus, Indol, Skatol.

Für die Wissenschaft sind diese Kategorien allerdings wenig befriedigend. 1895 entwarf Zwaardemaker neun Kategorien (ätherisch, aromatisch, balsamisch, ambrosisch, zwiebelartig, brenzlig, bocksartig, abstoßende und ekelerregende Gerüche), die neun verschiedenen Rezeptorzelltypen entsprechen sollten. Henning (1916) schuf sechs Grundkategorien, die chemischen Gruppen entsprechen sollten. Er ordnete sie räumlich in der Form eines Prismas an. Inzwischen kennen wir über dreißig Haupttheorien, die man grundsätzlich in Strahlen- und Teilchentheorien einteilen kann. Die reine Strahlentheorie ist nicht mehr ›en vogue‹, obwohl es neuere Versuche gibt, Strahlung und chemische Struktur zu kombinieren (Wright). Die Strahlentheorie besagt, daß, wie beim Hören und Sehen, auch für die Übertragung der Geruchsinformation Wellen zuständig sind. Es gibt Hinweise darauf, daß im Infrarot-Bereich tatsächlich gewisse Zusammenhänge zwischen Geruch und Frequenz bestehen. Der Amerikaner R. E. Wright arbeitet seit Jahren an der Erforschung des sogenannten ›Raman‹-Effektes und der möglichen Verbindung zwischen Vibration und Geruch. Zweifellos sind jedoch die Teilchen-Theorien, nach denen die Übertragung durch Moleküle geschieht, im Vorteil. Von den physikalischen, elektrochemischen und stereochemischen Theorien, die alle von Teilchen ausgehen, ist derzeit die stereochemische Theorie von Amoore (1952) die allgemein anerkannteste. Aufbauend auf den Arbeiten von Moncrieff (1959) ging er davon aus, daß die Gestalt der Moleküle und ihre Flüchtigkeit die Voraussetzung sind für ihre Aufnahme an den Rezeptoren der Riechzellen. Aus über 600 Geruchsbeschreibungen wählte er sieben ›primäre‹ Gerüche aus (kampfrig, stechend, blütenartig, ätherisch, minzig, moschusartig, faulig), die einer bestimmten Molekülgestalt und dazu passendem Rezeptor-Typ entsprechen sollen. Schlüssel (Molekül) und Schloß (Rezeptor) müssen zueinander passen, damit die Geruchsinformation weitertransportiert wird. Untersuchungen an Insekten-Rezeptoren haben ergeben, daß die Rezeptoren tatsächlich nur auf bestimmte Moleküle reagieren — eine Bestätigung der Theorie also. Mischgerüche entstehen, wenn Moleküle zu mehreren Rezeptoren passen. Es müßte demnach möglich sein, komplexe Gerüche aus einfachen (primären Gerüchen) zu kombinieren.

Obwohl die Theorie von Amoore plausibel klingt, ist es noch nicht möglich, sie im Versuch zu beweisen. Der Weg vom Auftreffen der

Moleküle auf die Membranen der Rezeptoren über das Entstehen elektrischer Erregungsmuster bis zum vollständigen Geruchseindruck ist noch voller Geheimnisse. Es wird sicherlich noch eine Zeitlang dauern, bis die einzelnen Teile des Puzzles sich zu einem klaren Bild zusammenfügen. Das wird dann wahrscheinlich mehr einem dreidimensionalen Hologramm ähneln als den ›flachen‹ Vorstellungen des 19. Jahrhunderts, die dann den Weg in die Rumpelkammer der Geschichte antreten werden.

Eine Welt voller Gerüche

Die Welt des Neugeborenen besteht aus einer verwirrenden Fülle greller Sinneseindrücke, die erst allmählich ihren beunruhigenden Charakter verlieren. In diesem Chaos vermittelt allein die Wärme und körperliche Nähe der Mutter Geborgenheit. Durch die regelmäßige ›Erlösung‹ von dieser Überreizung und die Wiederkehr des vertrauten Geruchs der Mutter stellt sich das Urvertrauen ein, ohne das Kinder unweigerlich zu Neurotikern heranwachsen. Hauterkrankungen, Entwicklungsstörungen und Infektionsanfälligkeit sind die Folgen solcher ›Geruchslosigkeit‹.

Während des Schlafs, wenn wir in die Schutzlosigkeit von Kleinkindern zurückfallen, bleibt der Geruchssinn wach und meldet unverzüglich drohende Gefahren. Einer neuen Theorie zufolge ist das Schnarchen ein Relikt aus der Zeit, als wir noch auf den Bäumen lebten. Damals signalisierte das Schnarchen des ›Oberaffen‹ der Horde seine Wachbereitschaft, so daß alle anderen unbesorgt schlafen konnten. Wenn man einem Schnarcher die Nase zuhält, hört er ja bekanntlich zu schnarchen auf — vielleicht, weil er nicht mehr warnen kann, wenn er nichts mehr riecht? Wie dem auch sei, die angenehmsten wie die unangenehmsten Dinge im Leben kündigen sich durch Gerüche an: Kochkunst und große Weine unterscheiden sich durch ihr subtiles Aroma von einfacheren Genüssen; Trüffeln, Zigarren und schöne Frauen wären ohne Duft unvorstellbar. Krankheit und Tod besitzen ihren unverwechselbaren Geruch, dem die Ärzte früher mehr Beachtung schenkten, als das heute der Fall ist. So riecht zum Beispiel Diabetes süßlich nach Azeton, Masern wie gerupfte Federn, Scharlach nach gemähtem Gras, Pocken wie im Raubtierkäfig und Pest nach Äpfeln. Bei Hauterkrankungen tritt ein schimmeliger

Geruch, auf, Lungenerkrankungen und Krebs haben oft einen fauligen Geruch und bei manchen Lebererkrankungen tritt ein Merkaptan-Geruch auf. Akromegalie, eine Erkrankung der Hypophyse, die durch Riesenwachstum der Glieder gekennzeichnet ist, besitzt einen besonders üblen Geruch. Und man hat festgestellt, daß auch Schizophrenie-Patienten häufig einen penetranten Geruch verbreiten. Kathleen Smith vom Malcolm-Bliss-Krankenhaus in St. Louis, Missouri, fand heraus, daß der unangenehme Geruch sich verstärkte, wenn die Patienten sehr krank sind, und schwächer wird, wenn sich ihr Zustand wieder bessert. Sie nimmt an, daß die Ursache in einer Störung des Stoffwechsels liegt. Vor einigen Jahren gelang es Wissenschaftlern, aus dem Urin Schizophrener Substanzen zu isolieren, die, wenn sie anderen Personen gespritzt wurden, akute Anfälle auslösten. Wenn Stoffwechselstörungen am Ausbruch der Schizophrenie beteiligt sind, wäre es denkbar, daß der Merkaptan-Geruch, der bei Schizophrenie und manchen Lebererkrankungen auftritt, ähnliche Ursachen hat. Viele Schizophrene leiden unter Geruchshalluzinationen und glauben zum Beispiel, an den Speisen die Ausdünstungen des Kochs wahrnehmen zu können oder die Gefühle und Gedanken der Menschen in ihrer Umgebung durch Gerüche zu erkennen. Henry Wiener, Arzt am Metropolitan-Krankenhaus, New York, hat dazu eine faszinierende Theorie entwickelt. Er nimmt an, daß einige Schizophrene einen überdurchschnittlich sensiblen Geruchssinn besitzen, der sie in die Lage versetzt, Pheromone (chemische Botenstoffe für die Übertragung von Geruchsinformationen) bewußt wahrzunehmen. Da jedoch in unserer Gesellschaft Menschen mit Erfahrungen, die außerhalb des ›Normalen‹ liegen, gegen soziale Normen verstoßen, werden sie starkem Druck ausgesetzt und unter Umständen für ›verrückt‹ erklärt. Der soziale Druck und die Interpretation des abweichenden Verhaltens sind es, die das eigentliche Krankheitsbild erzeugen. Michel Foucault, ein französischer Philosoph und Psychiater, hat gezeigt, wie sich das Bild der Geisteskrankheit seit dem Mittelalter verändert hat und wie unterschiedlich sein kann, was als geistig gesund oder krank gilt. Henry Wieners Theorie zufolge wäre Schizophrenie in bestimmten Fällen nicht nur eine ›Entzündung des logischen Denkens‹ (Novalis), sondern eine ungewöhnliche Wahrnehmungsfähigkeit, die den Betroffenen mit gesellschaftlichen Tabus in Konflikt bringt.

Außergewöhnliche Geruchswahrnehmungen sind jedoch gar nicht so selten. In Indien gibt es ›Diebesriecher‹ (Puggies), die gestohlene Gegenstände anhand ihres Geruches ausfindig machen; ebenso sind Schlangen- und Skorpionriecher in Asien und Afrika weit verbreitet. Selbst in Deutschland gab es noch im 19. Jahrhundert Diebesriecher. Es ist tatsächlich möglich, Gefühle wie Angst, Erregung, Niedergeschlagenheit und Euphorie an ihrem typischen Geruch zu erkennen. Emile Zola, der französische Romancier, behauptete, er könne im Depot den Bahn-Waggon wiederfinden, in dem sich ein junges Paar umarmt hat. *Jeder* Mensch besitzt einen Eigengeruch, den Hunde mühelos von anderen Gerüchen unterscheiden und über weite Entfernungen verfolgen können. Der Eigen- oder Individualgeruch setzt sich aus mehreren Regionalgerüchen zusammen, die besonders stark im Kopfhaar und im Genitalbereich entwickelt sind. Denn in den dichtbehaarten Regionen sitzt die überwiegende Zahl der Duftdrüsen, die den größten Anteil an der Bildung und Ausstrahlung der Duftstoffe haben. Die öligen Substanzen der Kopfhaut und des ganzen Körpers dienen dabei als natürliche ›Fixateure‹, die die Duftstoffe binden und somit verstärken. Erst durch Ranzigwerden der fetten Öle und durch den Bakterienabbau kommt es zu auffällig üblem Körpergeruch, einmal abgesehen von Stoffwechselstörungen und Ernährungsfaktoren (Zwiebeln, Knoblauch usw.). Da jedes stärkere Gefühl bestimmte Duftstoffe erzeugt, werden diese durch eine natürliche ›Enfleurage‹ gebunden, die sich auf Kleidungsstücke und die nähere Umgebung (Bett, Wohnraum) überträgt. Wenn unangenehme Ereignisse negative Gefühle erzeugt haben, ist es deshalb ratsam, Unterwäsche, Hemden usw. zu wechseln, zu duschen und gut zu lüften. Da die Textilien zusammen mit Hauttalg und Schmutz die Träger der negativen Gefühle aufgenommen haben, wirken diese weiter auf das Unbewußte ein, auch wenn das Ereignis oder die Krise längst vorüber ist.

Für magische Zwecke sind mit Körpergerüchen getränkte Kleidungsstücke von großer Bedeutung. Auf der ganzen Erde wird täglich mit Hilfe von persönlichen Gegenständen, Haaren oder Kleidungsstücken ›Sympathiezauber‹ betrieben. Ausgangspunkt ist der Glaube, daß sich über die Gegenstände eine Verbindung zum Besitzer herstellen läßt (was jeder Schäferhund bestätigen kann!). Wirkt man auf den Gegenstand ein, so muß auch der Besitzer davon beeinflußt werden — das ist die

Grundlage der sympathischen Magie, die mit ›schädigender‹ oder heilender Absicht betrieben wird. Vom 16. bis zum 18. Jahrhundert war die sympathische Medizin weit verbreitet. Man vergrub zum Beispiel ein mit Schweiß getränktes Kleidungsstück eines Kranken unter einer kräftigen Eiche und empfahl Kranken sogar, die Wäsche von starken, gesunden Personen anzuziehen, um sich so die fremde Stärke anzueignen. Der schottische Arzt William Maxwell schreibt in seinen ›Drei Büchern der magnetischen Heilweise‹: »Auch die Gewohnheit, daß man wiedergenesenden Kranken Hemden zum Anziehen gibt, die vorher von starken Leuten getragen wurden, finde ich lobenswerth, halte es aber durchaus nur bei Wiedergenesenden für räthlich, damit nicht dem, welcher ein solches Hemd zuerst angezogen hatte, Uebles zustoße.« Und weiter schreibt er, diesmal aus der Sicht des ›Starken‹: »Deshalb ist es eine weitere Vorsichtsmaßregel, daß wir keinem kranken Menschen den Gebrauch unserer Kleider gestatten, und mit gleicher Sorgfalt soll man sich hüten, die von Schweiß oder der unmerklichen Ausdünstung erfüllten Kleider an stinkende und ungesunde Oerter zu legen. Vor allem aber muß man darauf bedacht sein, daß solche Gegenstände nicht in die Hände gottloser Menschen geraten.« — Schauen Sie also dem Personal ihrer Reinigung tief in die Augen.

Paul Jellinek hat in seinem Buch ›Die psychologischen Grundlagen der Parfumerie‹ auf Zusammenhänge zwischen Haarfarbe, Hauttypus und Körpergeruch hingewiesen. Danach besitzen Blonde einen schwachen, unaufdringlichen Körpergeruch, den er als ›säuerlich-käsig‹ bezeichnet, Rothaarige einen sehr kräftigen, durchdringenden, nach ›ranzigem Fett‹, scharf-brenzlich riechenden. Schwarzhaarige riechen laut Jellinek stärker als Blonde, aber schwächer als Rothaarige. Ihr Geruch ist ›süßlich-ranzig‹. Interessanter sind die Vergleiche der Körpergerüche mit Duftstoffen. Ambra zum Beispiel erinnert an den Geruch des Kopfhaares und erscheint als Beinote der Geschlechtsregion schwarzhaariger Frauen. Weihrauch erinnert an den Schweiß schwarz- und rothaariger Frauen, Myrrhe an den Schweiß blondhaariger Frauen. Moschusgeruch, zwischen süß, nußartig und ammoniakalisch, kann sich besonders bei sexueller Erregung im Kopfhaar und an allen Hautbereichen bilden. Die verschiedenen Rassen weisen typische Gerüche auf, die nur den Angehörigen anderer Rassen — meistens unangenehm — auffallen. Rassisten sollte zu denken geben, daß auch die Europäer fürchterlich stinken (leichenartig und käsig), nämlich für Asiaten und Afrikaner. Zwischen Hautfarbe und Schärfe des Geruchssinns läßt sich kein Zusammenhang herstellen. Sicher ist nur, daß breite Nasen besser für feuchtes, warmes Klima geeignet sind und schmale Nasen für trockenes, kaltes Wetter.

Wie bereits gesagt, verändern sich die Körpergerüche mit den Gedanken, Gefühlen und der Lebensweise. So scheint es nicht unmöglich, daß Heilige, die ihre Energien transformierten, sich ›vergeistigten‹, tatsächlich den ›Odor Sanctitatis‹, den Geruch der Heiligkeit, ausströmten. Die einen waren schon zu Lebzeiten von Düften umgeben, die anderen erst nach ihrem Tode. Die Liste der Heiligen, denen Geruchsphänomene nachgesagt werden, ist unendlich lang. Erwähnt seien nur die heilige Elisabeth, der heilige Nikolaus, St. Anselm und in neuerer Zeit Padre Pio, der wundertätige Franziskanermönch aus Pietrecina, der im Kloster San Giovanni Rotonda in Apulien lebte. Umgekehrt waren viele religiöse Persönlichkeiten fähig, den ›Geruch der Sünde‹ festzustellen (Joseph von Copertina u. v. a.).

Die Grenzen des Möglichen sind noch lange nicht erreicht, und nur die kulturellen Grenzpfähle hindern die Mehrzahl der Menschen, ihr Wahrnehmungsfeld zu vergrößern. Für Mystiker ist die bei der Meditation auftretende Verfeinerung des Geruchssinns ein Hinweis, daß sie der geistigen Welt näherkommen. Aber auch Menschen, die nicht ›abheben‹ wollen, können durch Gerüche mehr über sich und die Welt erfahren, als sie sich je erträumt hätten.

Pheromone

Leben ist ständiger Wandel, ein fließendes Gleichgewicht zwischen Innen und Außen, Aufbau und Abbau, männlich und weiblich. In der chinesischen Symbolik wird die Spannung zwischen den Polaritäten, die den Kreislauf des Lebens erzeugen, durch den Kreis mit den Urelementen Yin (das weibliche, passive Erdelement) und Yang (das männliche, aktive Himmelselement) dargestellt. Formwechsel, Stoffwechsel und Informationswechsel sind die Kennzeichen des Lebens, und nur im Austausch mit der Umwelt ist Weiterentwicklung und Überleben möglich.

Vom Einzeller bis zu den Zellstaaten hochentwickelter Tiere und Pflanzen, vom einzelnen Lebewesen bis zur komplizierten sozialen Ordnung der Ameisen, Bienen und Menschen — immer beruht die Organisation lebendiger Strukturen auf dem Austausch von Informationen, die das Zusammenleben koordinieren. So wie unzählige Zellen sich zu einem Organismus zusammenschließen und Lebewesen miteinander Gemeinschaften bilden, so ist die ganze Erde ein lebendiger Organismus, dessen Gesundheit vom Gleichgewicht zahlloser kleiner Welten (Mikrokosmen) abhängt. Im Raumschiff Erde sitzen alle im selben Boot! In den letzten Jahren ist die Bedeutung der Pheromone oder Ektohormone (Außenhormone) für das Ökosystem erkannt worden. Pheromone sind Botenstoffe eines chemischen Verständigungssystems zwischen Pflanzen, Tieren und mit großer Wahrscheinlichkeit auch Menschen. 1959 wurde die Bezeichnung Pheromone von Karlson und Lüscher eingeführt. Anfangs glaubte man, daß Pheromone nur Sexuallockstoffe seien, da die ersten wissenschaftlichen Untersuchungen an Faltern unternommen wurden, die ihre Partner mit Hilfe von Duftstoffen finden. Es stellte sich jedoch heraus, daß damit nur die Spitze eines Eisbergs entdeckt war. Im Tierreich sind bisher folgende Funktionsbereiche bekannt geworden, in denen Pheromone eine Rolle spielen: als Alarmzeichen (Schreckstoffe) zum Herbeirufen (Aggregation), Vertreiben (Dispersion), zur Abwehr, als Aphrodisiaka (stimulierend für die Begattung), zur Markierung eines Territoriums, zur Kennzeichnung des individuellen sozialen Status und zur Regelung der Brutpflege.

Noch folgenschwerer dürfte die Entdeckung sein, daß nicht nur die chemische Struktur die Botschaft bestimmt, sondern auch das zeitliche Übertragungsmuster und die Menge der ausgesandten Botenstoffe. So wirken zum Beispiel die Quinone, Pheromone des Käfers Trilobium, in geringen Mengen anziehend auf Artgenossen, in höheren Konzentrationen regeln sie den Abstand zwischen den Tieren, und in noch höheren Konzentrationen wirken sie abstoßend. Obwohl die Forschung in diesem Bereich noch in den Kinderschuhen steckt, schält sich allmählich heraus, daß es sich um eine Universalsprache handelt mit komplexer Grammatik und von Tierart zu Tierart verschiedenen ›Dialekten‹.

Völlig unbekannt war früheren Wissenschaftlern die universale Bedeutung chemischer Informationsübertragung allerdings nicht. 1891 kam der deutsche Zoologe und Naturphilosoph Erich Haeckel aufgrund langjähriger Forschungen zu dem Schluß, daß die frühesten Zellen, die im ›Urschlamm‹ herumschwammen, bereits über chemische Sinnesorgane verfügt haben mußten. Er nahm an, daß zwischen den Zellen eine Art Geruchsanziehung gewirkt habe und daß sich daraus das spätere Riechhirn entwickelte. (Seinen Gedankengang ergänzend wäre hinzuzufügen, daß aus dem Riechhirn das eigentliche Großhirn entstanden ist, das beim Menschen seine überragende Bedeutung bekommen hat.)

Haeckels Theorie geriet wie die von Wilhelm Fließ in Vergessenheit. Sie paßten nicht in das vorherrschende, desodorierte Weltbild.

Russische Forscher haben in allerjüngster Zeit (A. V. Minor u. a., 1984) die Vorstellungen Haeckels aufgegriffen und weiterentwickelt. Sie gehen davon aus, daß die primären, einzelligen Lebewesen ›Propheromone‹ (Vorstufen von Pheromonen) besaßen. Diese Propheromone wären dann die Vorläufer für alle Typen chemischer Kommunikation. Im Innern des Organismus entstanden so die Hormone, die Neurotransmitter usw. und für die Verständigung zwischen verschiedenen Organismen die Pheromone.

Pheromone sind nicht nur auf das Tierreich beschränkt; Pflanzen und Kleinstlebewesen (Bakterien, Pilze, Algen) erzeugen ebenfalls flüchtige Substanzen, die als Pheromone verschiedene Aufgaben verrichten. Sie locken Geschlechtszellen an, die auf andere Pflanzen wachstumshemmend oder fördernd wirken. Obwohl Pheromone als artenspezifisch gelten, gibt es doch viele Beispiele für ›grenzüberschreitenden‹ Informationsaustausch, zwischen den verschiedenen Naturreichen. Viele höhere Pflanzen und Pilze senden Duftsignale aus, um Insekten anzulocken, wohlriechend oder faulige Gerüche (je nachdem wie die Vorlieben des Insektes sind). Auch zur Abschreckung gegen Tierfraß oder zur Hemmung des Wachstums anderer Lebensformen, zum Beispiel Bakterien, die mit ihren Stoffwechselprodukten das Wachstum von Pilzen hemmen, setzt die Natur die Pheromone ein. Äthylen ist einer der gasförmigen Stoffe, die als Pheromone eine Unzahl von Stoffwechselvorgängen bei anderen Pflanzen beeinflussen. Es reguliert die Reifungs- und Alterungsvorgänge von Früchten und Blättern und wird u. a. von Äpfeln, Bakterien und über 60 Pilzen gebildet. Ewald Sprecher vom Institut für Pharmakognosie in Hamburg ist der Ansicht, daß ›der Besitz derartiger

Stoffwechselprodukte, vor allem in Hinsicht auf rasche und verschieden stark differenzierte Kommunikationsmöglichkeiten einen Selektionsvorteil darstellt‹. (D. h. die Pflanze oder das Kleinstlebewesen hat eine größere Überlebenschance.)

Die vielfältigen Austauschvorgänge können auch für die natürliche Bekämpfung von Schädlingen genützt werden. Bisher sind über 2000 Pflanzen bekannt, die Schädlingsbekämpfungsmittel produzieren (abschreckende Pheromone und Gifte gegen Fraßinsekten). Zwei amerikanische Wissenschaftler, Gordon H. Orians und David P. Rhoades, unternahmen einen denkwürdigen Versuch: Auf Weiden und Ahornbäumen setzten sie 700 Raupen aus und warteten darauf, was geschehen würde. Nach kurzer Zeit reagierten die Bäume mit der Produktion von Substanzen, die den Blättern einen (für Raupen) abstoßenden Geschmack verliehen. Noch erstaunlicher war die Tatsache, daß andere Ahorn- und Weidenbäume, die weiter entfernt standen, ebenfalls mit der Erzeugung schützender Substanzen begannen!

Da die Wurzeln der Bäume, die zuerst Pheromone bildeten, um auf sie einwirken zu können, zu weit von denen der anderen Bäume entfernt waren, blieb nur die Möglichkeit, daß sich die Bäume durch Alarm-Pheromone verständigt hatten.

Insekten werden erst dann zur Plage, wenn die Kontrollmechanismen, die sie unter normalen Umständen im Zaum halten, nicht mehr funktionieren. Anstatt sie mit Stumpf und Stiel ausrotten zu wollen, wäre es an der Zeit, auf die von Mutter Natur zur Verfügung gestellten Regulationsmöglichkeiten zurückzugreifen. Die durch Monokultur und Mangel an Feinden überhandnehmenden Plagegeister können mit ihren eigenen ›Waffen‹ bekämpft werden. Sexuallockstoffe werden schon erfolgreich zum Einfangen oder zum Stören des Paarungsverhaltens der Insekten verwendet. Der orientalischen Fruchtfliege und dem Borkenkäfer ist man auf diese Weise bereits erfolgreich zu Leibe gerückt.

Fische besitzen ähnliche Geruchsrezeptoren wie Landtiere und Insekten — es ist daher nicht weiter verwunderlich, daß Pheromone auch bei Wassertieren vorkommen. Der wichtigste Unterschied liegt in der Natur des Elements, in dem sich die Pheromone fortbewegen müssen. Anstatt Flüchtigkeit ist hier Löslichkeit vonnöten. Aminosäuren sind nicht flüchtig und kommen daher für die Riechorgane von luftatmenden Lebewesen als Pheromone nicht in Frage. Für Wassertiere dagegen sind sie universale Pheromone. Lachse finden ihren Weg zu den Laichplätzen ihrer Jugend in erster Linie durch ihren Geruchssinn. Ein anderer Fisch, Ictalurus natalis, konnte unter Laborbedingungen einzelne Fische der gleichen Spezies am Geruch erkennen. Leider wird der Geruchssinn der Fische durch die Gewässerverunreinigung, besonders der Detergentien, stark geschädigt. Wieso sollte es den Riechorganen der Fische auch anders gehen als unseren Nasen?

Der Geruchssinn der Vögel ist lange Jahre als höchst unbedeutend eingestuft worden. H. G. Wollraff vom Max-Planck-Institut für Verhaltensphysiologie in Seewiesen hat in einem hochinteressanten Zeitschriftenbeitrag überzeugende Argumente dafür zusammengetragen, daß bei Brieftauben und anderen Vögeln der Geruchssinn neben der Orientierung nach der Sonne und dem Magnetfeld der Erde die entscheidende Rolle spielt. Minimale atmosphärische Duftstoffkonzentrationen scheinen die Brieftauben auf den rechten Weg zu ihren Schlägen zu leiten. Wie das im einzelnen vor sich geht, ist noch unbekannt. H. G. Wallraff schreibt: »Bis vor kurzem galt die Lesart, daß der Geruchssinn bei den meisten Vögeln unterentwickelt ist und biologisch kaum eine Rolle spielt. Tatsächlich ist das Riechsystem bei Tauben anatomisch nicht sonderlich gut ausgeprägt, und man sollte eine bessere Ausstattung erwarten, wenn es um hochdifferenzierte Analysen vielfältiger Duftmischungen ginge. Von dieser Annahme muß man jedoch nicht ausgehen.« Der Vergleich mit dem menschlichen Riechorgan, das nicht groß, aber sehr leistungsfähig ist, drängt sich auf: In beiden Fällen haben Vorurteile lange Jahre die Forschung behindert.

Von Menschen und Mäusen

Obwohl die Säugetiere ein gutes Stück auf der Leiter der Evolution emporgeklettert sind, spielen bei ihnen Geruchssinn und Pheromone keineswegs eine unbedeutende Rolle. Bei manchen Arten sind die Pheromone ausschlaggebend für die Regulierung des Geschlechtsverhaltens, der Brutpflege und des sozialen Verhaltens; für andere Arten stellen sie nur eine von mehreren Informationsquellen dar.

Bei Mäusen und Ratten war es möglich, die Wirkung der Pheromone genauer zu beobachten. Weibliche Mäuse können die normale Geschlechtsreife nur erreichen, wenn sie in der Nähe von Männchen aufwachsen. Die Männchen produzieren nämlich Pheromone, die die weiblichen Hormonzyklen beeinflussen und anziehend auf die Weibchen wirken. Männliche Mäuse dagegen reagieren aggressiv auf diese Duftnote, die gleichzeitig zur Markierung des Territoriums und des sozialen Status dient. K. E. Whitten vom Jackson-Laboratorium in Bar Harbor, Maine, betäubte die Geruchsnerven weiblicher Mäuse, wodurch sie die Pheromone nicht mehr riechen konnten. Die Folge war, daß der hormonelle Zyklus nicht mehr aufrecht erhalten wurde. Bekannt geworden ist der ›Bruce-Effekt‹, der 1959 entdeckt wurde. Schwangere Mäuse bleiben vier Tage nach dem Koitus sehr empfindlich; die Gegenwart eines fremden Männchens während dieser Zeit führt zur Abtreibung der Frucht. Mäuse können am Geruch andere Tiere voneinander unterscheiden. Kolkowski konnte 1968 nachweisen, daß ein Männchen im Labor allein am Geruch 18 Artgenossen auseinanderhalten konnte. Im Urin der Mäuse ist ein Pheromon enthalten, das allgemeine Signale gibt (Schreck, Erregung, Dominanz), an den Pfoten dagegen wird ein Pheromon abgesondert, das individuelle Züge trägt. Hunde erkennen ja am Geruch des Fußabdrucks die Person — es ist nicht unwahrscheinlich, daß auch der menschliche Fußschweiß Pheromone enthält.

Besonders interessant für den Menschen ist natürlich das Verhalten seiner nächsten Verwandten, den höheren Primaten (Affen). Auch bei ihnen sind Pheromone nachgewiesen worden. Richard Michael von der Emory Universität in Georgia hat sich eingehend mit diesem Thema befaßt. Bei den meisten Primaten richtet sich die sexuelle Aktivität nach dem monatlichen Zyklus des Weibchens. Zwischen Weibchen, denen die Eierstöcke entfernt worden waren, und männlichen Rhesus-Affen kam es zu keinem Verkehr; gab man dem Weibchen Östrogene, wurde die geschlechtliche Aktivität wieder aufgenommen. In einer Reihe von Versuchen wurde der Einfluß des Pheromons klar bewiesen. Rhesus-Affenmännchen wurde beigebracht, auf einen Knopf zu drücken, wenn sie in den angrenzenden Käfig eines Weibchens gelangen wollten. Besaßen die Weibchen keine Eierstöcke, dann blieb der Knopfdruck aus. Gab man ihr Östrogen, dann erwachte das Interesse der Männchen wieder. Das

Östrogen wirkte jedoch nur, wenn das Affenmännchen über einen intakten Geruchssinn verfügte. Michael fand heraus, daß in der Vaginalflüssigkeit des gesunden Weibchens ein Pheromon enthalten ist, das die sexuelle Aktivität des Männchens erregt. Er gab dem Stoff den Namen ›Copulin‹. Wie dünn die Trennlinie zum Menschen ist, zeigen weitere Versuche von Dr. Michael. Es gelang ihm, aus der weiblichen Scheidenflüssigkeit ähnliche Stoffe zu isolieren. Auch im menschlichen Harn, der über 40 flüchtige Substanzen enthält, fand er ›Copuline‹. Andere Untersuchungen ergaben, daß sich Menge und Zusammensetzung dieser Substanzen mit dem monatlichen Zyklus veränderten und daß während der fruchtbaren Zeit (Ovulation) mehr von den flüchtigen Stoffen vorhanden waren als sonst. George Preti und Richard Doty vom Monell-Zentrum in Pennsylvanien entdeckten, daß auch der Scheidengeruch sich während des Zyklus verändert. Tests ergaben, daß während der Ovulation der Geruch als besonders angenehm empfunden wird. Nimmt eine Frau Anti-Baby-Pillen, dann zeigen sich diese Veränderungen nicht. Da ein Teil der Duftstoffe von der normalen Bakterienbesiedlung der Scheide erzeugt wird, verändert die Pille also die normale Scheidenflora.

Inzwischen sind einige Forscher fest davon überzeugt, daß auch beim Menschen Pheromone mit sexueller Signalwirkung existieren. Ruth Winter, eine amerikanische Autorin, hat in ihrem ›Smell-Book‹ viel interessantes Material zum Thema menschlicher Pheromone zusammengetragen. Sie schreibt, daß Männer in dem Maße, wie ihr Hormonspiegel und ihre Erregung steigen, Pheromone produzieren, die auf Frauen unbewußt anziehend wirken. So könnte es sein, daß zum Beispiel auf Partys Signale von erregten Männern ausgehen, die bei reaktionsbereiten Frauen ebenfalls die Aussendung von Pheromonen bewirken, die ihre Ansprechbarkeit verraten.

Die Annahme, daß Pheromone nicht auf das Tier- und Pflanzenreich beschränkt sind, hat sich noch nicht allgemein durchgesetzt, aber die Beweise für ihre Richtigkeit häufen sich. Bahnbrechend für die Erforschung dieses heiklen Gebietes waren die Untersuchungen des Franzosen Le Magnen (1948). Le Magnen ließ Testpersonen in langen Versuchsreihen künstlichen Moschusgeruch ›Exaltolide‹ (franz. exalter = begeistert, euphorisch, erregt sein) riechen. Frauen nahmen den Riechstoff sehr deutlich wahr, Männer und Knaben dagegen kaum oder gar nicht. Die Geruchswahrnehmung der Frauen schwankte mit dem monatlichen Zyklus: Kurz vor dem Eisprung war die Geruchsschwelle 100- bis 1 000 000mal niedriger als während der Menstruation! Frauen, denen die Eierstöcke oder die Gebärmutter entfernt worden waren, hatten die Fähigkeit, Exaltolide wahrzunehmen, verloren. Östrogengaben bewirkten erwartungsgemäß die Rückkehr des Riechvermögens. Während der ersten Monate der Schwangerschaft nimmt die Moschusempfindlichkeit ab, zur Geburt hin nimmt sie wieder zu. Später stellte sich heraus, daß acht Tage vor der Menstruation ein zweiter Höhepunkt in der Geruchswahrnehmung existiert und daß Jungen im Alter von 5 bis 11 Jahren ebenfalls Exaltolide riechen können (J. Amoore); der grundsätzliche Wert der Arbeit von Le Magnen wird dadurch jedoch nicht verringert. Es sieht so aus, als ob Frauen männliche Pheromone deutlicher wahrnehmen als Männer und umgekehrt Männer weibliche Pheromone deutlicher als Frauen. Moschus riecht wie das männliche Sexualhormon Testosteron, und Testosteron-Acetat zeigte in den Tests die gleiche Wirkung wie Moschus. J. Kloek schreibt dazu: »Steroide (u. a. Geschlechtshormone) müssen als Substanzen angesehen werden, die eine zentrale Bedeutung als Sexuallockstoffe haben.« Diese Erkenntnisse haben für das menschliche Zusammenleben weitreichende Folgen. Duftstoffe, die vom Bewußtsein aus verschiedenen Gründen nicht wahrgenommen werden, beeinflussen dennoch unser Verhalten, den Blutdruck, die Atmung, den Pulsschlag und den elektrischen Hautwiderstand.

J. J. Cowley gab Personen beiderlei Geschlechts Androstenol, ein anderes männliches Hormon, zu riechen und unterzog sie sofort danach einem psychologischen Test. Sie mußten männliche und weibliche Bewerber um eine Arbeitsstelle beurteilen. Es zeigte sich, daß Frauen in der Beurteilung von Frauen nicht beeinflußt wurden, die Beurteilung der männlichen Bewerber dagegen war eindeutig günstiger ausgefallen! Die männlichen Versuchspersonen reagierten ähnlich, nur schwächer. Die ›geheimen Verführer‹ der Werbebranche haben sich natürlich längst auf dieses erfolgversprechende Gebiet gestürzt, lange bevor sich die Gemeinde der Wissenschaftler zur allgemeinen Anerkennung der ›facts of life‹ durchringen wird. In England versuchte man Mitte der siebziger Jahre aus dem Achselschweiß von Männern ein Parfum herzustellen. Malte W. Wilkes schreibt in seinem Buch ›Die Kunst der unterschwelligen

Beeinflussung‹: »Erste Experimente sollen zwar gezeigt haben, daß in der Tat Frauen dieses Parfum besonders apart finden. Vergessen hatte jedoch der Hersteller eine andere Variante, die erst bei verschiedenen Labortests und Anwendungstests herausgekommen ist: Andere Männer wurden auf den mit diesem Spezialparfum eingesprühten Mann neidisch, das heißt sie wurden aggressiv.« Ein weites Feld für ›Menschenführung‹ steht hier offen, und es ist anzunehmen, daß sich neben den banalen Anwendungen, in den Vereinigten Staaten werden zum Beispiel Gebrauchtwagen mit dem Geruch von ›neuen Autos‹ und Kunstlederhandtaschen mit ›Ledergeruch‹ eingesprüht, noch raffiniertere Anwendungen finden lassen. Ein Beweis für die Wirkung menschlicher Pheromone ist inzwischen anerkannt worden. Martha McClintock ging einer Kuriosität nach, die schon zu Ende des 18. Jahrhunderts unter dem Namen ›boarding-house-syndrom‹ beschrieben worden war. Junge Mädchen, die in Pensionaten und Internaten zu mehreren Gemeinschaftszimmer teilten, bekamen nach einer Weile alle gleichzeitig ihre Periode. Die ›inneren Uhren‹ hatten sich offenbar aufeinander abgestimmt. Martha McClintock konnte beweisen, daß dies mit großer Wahrscheinlichkeit auf die Wirkung von Pheromonen zurückzuführen war, die sich im Körperschweiß befinden. Andere Forscher konnten ihre Untersuchung bestätigen. Bei mehreren nordamerikanischen Indianerstämmen war die Synchronisierung der Menstruationszyklen zu Beginn einer Initiation schon länger beobachtet worden. Für die Indianerfrauen ist es wichtig, den Zyklus mit den anderen Frauen und dem Mondrhythmus abzustimmen. Sie sprechen deshalb mit dem Mond und bitten ihn zu helfen.

Der Geruchssinn ist das Band, das uns direkt mit der Kette aller Lebewesen verbindet. Weil sich der Mensch seiner Verantwortung für das Leben auf der Erde entziehen will, ist er in eine Sackgasse geraten, die von Vereinsamung und innerer Verarmung geprägt ist. Nur ein falsches Menschen- und Naturbild erzeugt die Abscheu vor der heilsamen Nähe zur Natur. Die Erde als etwas Lebendiges zu begreifen, dessen einzelne Glieder aufeinander angewiesen sind und im Austausch, Geben, Nehmen und Verstehen, ihr Gleichgewicht finden − das ist die Aufgabe, die uns gestellt ist. Unbewältigtes bleibt jedoch als Schatten mächtig. Die verdrängte Dimension des Geruchs ist ein wesentlicher Teil unseres Lebens, ob wir das wahrhaben wollen oder nicht.

DIE
ÄTHERISCHEN ÖLE

Gewürze, Heilpflanzen und Räucherharze begleiten den Menschen seit ewigen Zeiten auf seinem Lebensweg. Ihr Geruch diente als sicherer Hinweis auf mögliche Verwendungen und Eigenschaften. Heute wissen wir, daß die Duftstoffe zum größten Teil von den ätherischen Ölen herrühren. Natürlich gibt es auch Pflanzen, deren Heilwirkung auf anderen Stoffen beruht. Sie enthalten dann Bitter-, Gerb- und Schleimstoffe oder andere Wirkstoffe.

Als ätherische Öle werden flüchtige Stoffwechselprodukte bezeichnet, die durch Wasserdampfdestillation gewonnen werden (oder zumindest gewinnbar sind), in Fett löslich sind und in besonderen Zellen (Ölzellen, Drüsenhaare) aufbewahrt werden. Sie können auch im Kernholz einiger Bäume (Sandelholz) vorkommen. Es sind meist farblose oder bunt gefärbte Flüssigkeiten von öliger Beschaffenheit, die aber keine Fettflecken hinterlassen. Ihre Zusammensetzung ist oft sehr kompliziert und äußerst wandelbar.

Man hat die Bestandteile in mehrere chemische Gruppen zusammengefaßt, die in ähnlichen Ölen vorkommen können, aber nicht alle vertreten sein müssen. Die wichtigsten Bestandteile sind Terpene, Ester, Aldehyde, Phenole und Alkohole.

In den ätherischen Ölen konzentriert sich die Heilkraft der aromatischen Pflanzen. Sie berühren mit ihrem Duft den ganzen Menschen und führen ihn einer Verwandlung zu. Lucius, der Held des ›goldenen Esels‹ von Apulejus, wurde durch Rosen von seiner Eselsgestalt befreit, in die ihn die Salbe einer thessalonischen Hexe verzaubert hatte. Der Duft der Rose war schon immer das Sinnbild der Verwandlung durch Liebe. Im

Duft der ätherischen Öle ist das Wesen der Pflanzen enthalten. Ihre Seele wird durch den Destillationsprozeß aus dem schwer-stofflichen Bereich herausgelöst und um ein Vielfaches konzentriert. Arnold Krumm-Heller, einer der Pioniere der Therapie mit Duftstoffen, sagt: »Das Leben der Pflanzen wohnt in ihrem innersten Wesen, in ihren ätherischen Ölen, die beim Einströmen in die Nase auf unsere Geruchsnerven das Leben der Pflanze als Heilkraft übertragen.« ›Essenzen‹, eine andere Bezeichnung aus der Zeit der Alchimisten, weist auf die verdichtete, geistige Kraft der Öle hin − sie enthalten das ›Essentielle‹, das Wesentliche der Pflanzen. In den französischen (›huiles essentielles‹), englischen (›essential oils‹) und italienischen Bezeichnungen ist dieser Gedanke aufgehoben. So wie die seelischen Vorgänge ständigem Wandel unterliegen, so ändert sich auch die Zusammensetzung und Menge der ätherischen Öle. Das pflanzliche Leben folgt dem Lauf der Jahreszeiten, dem Mondlauf, und entsprechend verändert sich der Gehalt der ätherischen Öle. Sogar die Tageszeit ist neben Wetter, Bodenbeschaffenheit und Umgebung von Bedeutung. Mit den neuen technischen Geräten (Gaschromatographie, Massenspektrometrie u.a.) werden immer neue Bestandteile entdeckt, und dennoch sind viele ätherische Öle exotischer Pflanzen noch gar nicht erforscht.

Ätherische Öle sind bei manchen Heilpflanzenfamilien wie den Lippenblütlern (Pfefferminze, Lavendel, Melisse) und den Doldenblütlern (Anis, Fenchel, Engelwurz) in großen Mengen vorhanden. Der Gehalt an Kohlenwasserstoffen macht sie leicht flüchtig; sie wollen sich aus dem Stofflichen herauslösen und in den ›Äther‹ verflüchtigen. Pflanzen können ihr Wesen nicht in sich verschließen. Wenn sie eine gewisse Reife erreicht haben, wollen sie sich mitteilen, geben und im ›Äther‹ auflösen. Bei der Harzbildung der Bäume und einiger Pflanzen werden die Öle wieder an den Stoff, an das ›Blut‹ der Bäume und Pflanzen gebunden. Sie geben deshalb ihr ›Blut‹ meistens nur nach Verletzungen frei. Um die Heilkraft der Essenzen voll ausschöpfen zu können, genügt es nicht, eine der vielen Heilanzeigen herauszugreifen. Keimtötend oder krampflösend sind viele aromatische Heilpflanzen, die richtige Wahl muß nach der Ähnlichkeit zwischen der Persönlichkeit der Pflanzen und der des hilfesuchenden Menschen geschehen. Je ähnlicher, je enger die Verwandtschaft, desto größer ist die Chance einer tiefgreifenden Umstimmung.

Da die Essenzen die Seele der Pflanzen enthalten, ist ihre Wirkung auf den Menschen in erster Linie dort zu suchen, wo Seele und Körper zusammentreffen. Wie bereits gesagt, ist der Geruchssinn eng mit dem Gefühlsbereich (limbisches System) und den übergeordneten Steuerzentren (Hypothalamus und Hypophyse) des Gehirns verknüpft. Seelisches wird hier von physischen Reizen, und umgekehrt werden körperliche Vorgänge von seelischen Zuständen beeinflußt. Die Verwandtschaft der ätherischen Öle mit den Hormonen kann heute als gesichert gelten. »Biochemisch weisen die Steroide (eine Gruppe von Hormonen) enge Beziehungen zu den Terpenen auf« (Christen/Freytag). Und Dr. Gümbel schreibt: »In der Tat zeigen die neuesten wissenschaftlichen Forschungen, daß der Wirkungsmechanismus von ätherischen Ölen und Hormonen, wenn nicht gleich, so doch gleichermaßen, d. h. ähnlich ist.« Für die heilende und vorbeugende Wirkung der ätherischen Öle ist das von größter Bedeutung.

Die Hormon-Wirkung der Essenzen erlaubt es, bisher kaum genützte Möglichkeiten, nämlich die Behandlung über den Geruchssinn und die Haut, zur Grundlage einer natürlichen, den ganzen Menschen erfassenden Therapie zu machen. Mit Verdampfungsgeräten, Hautölen, Cremes und aromatischen Bädern sind uns angenehme, wohltuende und natürliche Behandlungsmöglichkeiten an die Hand gegeben, die besonders im Verband (zusammen angewendet) eine der Therapien der Zukunft sein dürften. Dr. Valnet hat in seinem letzten Buch einige der Hormonwirkungen von Pflanzenessenzen vorgestellt. Östrogenwirkung haben zum Beispiel Anis, Fenchel, Cajeput, Engelwurz, Kümmel, Safran und Salbei. Es versteht sich von selbst, daß gezielte Behandlungen, wie sie hier angedeutet wurden, von kompetenten Ärzten und Heilpraktikern ausgeführt werden müssen. Daneben wird auch der biologischen Kosmetik ein neues, verantwortungsvolles Gebiet eröffnet, denn vorbeugende Pflege ist genauso wichtig wie die Behandlung von Krankheiten.

Lange Zeit wurde angenommen, daß die ätherischen Öle nur Abfallprodukte des Stoffwechsels der Pflanzen seien. Für den primären Stoffwechsel, der die wichtigsten Lebensvorgänge der Pflanzen beinhaltet, haben die ätherischen Öle zumindest auf den ersten Blick keine Bedeutung. Die Natur, die sonst so sparsam und praktisch ist, hätte sich hier einen merkwürdigen Luxus geleistet. Allein die Tatsache, daß die Essenzen mit Hormonen und Vitaminen (Provitamin A) verwandt sind, hätte zu denken geben müssen. Der Franzose Charabot war einer der ersten, der die vorherrschende Lehrmeinung von den Ölen als ›Abfallprodukte‹ durchbrach. Er konnte nachweisen, daß sie für die Fruchtbarkeit und Bildung von Samen von Bedeutung sind. Weitere Hormonwirkungen innerhalb der Pflanze wurden dann später entdeckt. Was im einzelnen im Innern der Pflanzen vor sich geht, wo und wie die Ölbildung und sein Transport stattfindet, ist noch immer nicht mit Sicherheit zu sagen. Wir wissen, daß im Zellplasma einzelne Bestandteile plötzlich auftauchen, irgendwie zusammengesetzt werden und zu den Sammelorten gelangen (Ölzellen, Drüsenhaare). Vermutlich werden sie innerhalb des Pflanzenorganismus in Form von Glykosiden (zuckerhaltige Verbindungen) transportiert. Die Aufgaben der ätherischen Öle sind nach heutigem Wissen folgende: Sie ermöglichen eine leichtere Ausscheidung von Giftstoffen, weil sie sich verflüchtigen und so die Giftstoffe mit herausnehmen (E. Sprecher); sie bieten Schutz vor Schädlingen und wirken abschreckend gegen hungrige Großtiere (Wild, Schafe usw.); sie aktivieren ihren eigenen Stoffwechsel (Hormone!) und dienen als Sexuallockstoffe und kommunizieren mit benachbarten Pflanzen, auf die sie wachstumshemmend oder -fördernd einwirken können; sie sind notwendig für den Signalaustausch mit Mikroorganismen (Kleinstlebewesen, Bakterien) und für den chemischen Abbau von Hölzern, Blättern (Dekomposition). In Gegenden mit heißem Klima wurde beobachtet, daß sie die Pflanze vor dem Austrocknen schützen, neuerdings glaubt man, daß sie dort auch ›Selbstverbrennungen‹ einleiten, die den Boden regenerieren und so den nachwachsenden Generationen bessere Lebensbedingungen schaffen (Vokou/Margaris, 1982). Einen hundertprozentigen Schutz gegen Schädlinge oder Tierfraß können sie natürlich nicht bieten, jede Pflanze hat ihre eigenen ›Spezialisten‹, bis zu 60 verschiedene Arten von Milben, Käfern, Blattläusen, die von ihr ernährt werden. Das Leben der Pflanzen ist auch gar nicht darauf ausgerichtet, unter allen Umständen sich selbst zu bewahren – das ›Gefressenwerden‹ gehört zu ihrem Schicksal, und solange es im natürlichen Rhythmus der Natur geschieht, ist das auch kein unnützes Opfer. Es wäre aber ebenso kurzsichtig, das Pflanzenleben und besonders die ätherischen Öle nur aus ihren biologischen Aufgaben heraus erklären zu wollen. »Das Duften der Blume bliebe unerklärt, wenn es bloß um anderer Willen geschähe und nicht vielmehr um ihrer selbst willen; wenn die Süßigkeit, die wir davon äußerlich genießen, nicht nur ein ferner Abklang dessen ist, was die Blumen in ihrem Leben selbst davon genießen« (G. Th. Fechner). Weder ist der Duft nur aus der biologischen Funktion zu erklären, noch ist er allein Ausdruck und Selbstzweck, beides trifft sich auf einer Ebene, die dem kausalen, dualistischen Denken verschlossen bleibt.

Ätherische Öle, das hat sich bei der Aufzählung ihrer Aufgaben und der Verwandtschaft mit Hormonen gezeigt, dienen auch als Botenstoffe – Pheromone. Viele der medizinischen Wirkungen lassen sich aus diesen Zusammenhängen verstehen. Auffällig ist ja die enorm große Anzahl von Essenzen, die keimtötend wirken. Gegen Parasiten sind sehr viele Öle wirksam, und ebenso zeigen die Steigerung der Abwehrkräfte gegen Aggressionen von außen und die Wundheilung (Harze!), wie eng die Beziehung zwischen dem Schutz des Pflanzen- und Menschenkörpers durch Essenzen ist. Sehr viele Erkrankungen, die durch Fehlregulationen der Steuermechanismen bedingt sind (innere Drüsen, vegetatives und zentrales Nervensystem), reagieren ausgezeichnet auf die Behandlung mit Essenzen. Wichtig ist vor allem die Entdeckung, das Aufspüren der inneren Beziehung zwischen Heilpflanze und Mensch.

DIE
ANWENDUNG

»Die Mandelbäume in Blüte:
alles, was wir hier leisten können ist, sich ohne Rest erkennen
in der irdischen Erscheinung.«

R. M. Rilke

DIE WICHTIGSTEN AROMATISCHEN HEILPFLANZEN

Bis zu 100 verschiedene chemische Bestandteile können in einem ätherischen Öl enthalten sein. Die Aromen bestimmter Lebens- und Genußmittel sind so komplex, daß zum Beispiel in Kaffee über 400 aromatische Bestandteile entdeckt wurden. Hinzu kommt, daß die Mengenverhältnisse und das Verhältnis der Einzelbestandteile zueinander aufgrund der verschiedenen Anbaugebiete, Wetterbedingungen usw. ständig schwanken. Ein großes Problem ist die häufige Verfälschung der Essenzen. Oft wird einem minderwertigen Produkt durch Zusatz fremder Bestandteile auf die Beine geholfen. Die Laboratorien der großen spezialisierten Unternehmen sind die meiste Zeit damit beschäftigt, Verfälschungen aufzudecken. Riesige Berge von Literatur werden über Methoden geschrieben, die der Aufklärung dieser Verfälschungen dienen. Genauso zahlreich ist aber die Menge der Literatur, die angibt, wie man Essenzen geschickt fälschen kann!

Nicht alle Essenzen, die für die Parfümerie verwendet werden, sind medizinisch-pharmakologisch einwandfrei. Für den Verbraucher sind deshalb vertrauenswürdige Bezugsquellen von allererster Bedeutung. Schon die Wasser- und Wasserdampfdestillation führt zu Veränderung der chemischen Zusammensetzung und des natürlichen Geruchs. In der Parfüm- und Speisearomaindustrie geht daher die Verwendung ätherischer Öle zurück, andere Herstellungsverfahren werden bevorzugt. Für Heilzwecke ist die Wasserdampfdestillation allerdings immer noch die einzige unbedenkliche Gewinnungsmethode.

Ätherische Öle sind natürliche, stark wirkende Pflanzenprodukte, die in richtiger Dosierung gut verträglich sind und keine unangenehmen Nebenwirkungen zeigen, wie dies viele chemische Präparate tun. Wie bei allen Heilmitteln können Allergien auftreten, die bei sofortiger Absetzung des allergieauslösenden Stoffes keine weiteren Folgen haben. Bei der ständigen Zunahme allergischer Erkrankungen können aber auch andere Stoffe die Auslöser sein — das übererregte Abwehrsystem ist nicht mehr in der Lage, zwischen Freund und Feind zu unterscheiden. Kinder und besonders sensible Personen sollten im Zweifelsfall auf die Auszüge der ganzen Pflanze (Aufguß usw.) zurückgreifen. Auf jeden Fall muß bei ernsthafteren oder länger andauernden Beschwerden der Arzt oder Heilpraktiker aufgesucht werden.

Die folgenden Einzeldarstellungen und Hinweise auf den Umgang mit aromatischen Heilpflanzen sind nicht als Ersatz für eine individuelle Therapie gedacht. Wichtig erschien mir, die Pflanze als Lebewesen zu zeigen, ihre Duftbotschaft zu entschlüsseln und ihren individuellen Charakter herauszuarbeiten.

Herstellung und Anwendung der ätherischen Öle

ANGELIKA (Engelwurz)

Angelica archangelica bzw. *Angelica officinalis*

Familie der Doldenblütler — *Apiaceae (Umbelliferae)*

Verwendete Pflanzenteile: die ganze Pflanze, besonders Wurzeln und Samen

KURZBESCHREIBUNG

Die berühmte 2jährige Heilpflanze des Mittelalters bevorzugt feuchte Gegenden, Wiesen, Flußufer, Küstengegenden Nordeuropas und Asiens. Nach 2 Jahren erreicht sie unter günstigen Bedingungen die stattliche Höhe von 2 m. Engelwurz kann problemlos im eigenen Kräutergarten gezogen werden. Lockerer, feuchter Boden und ein Plätzchen im Halbschatten bekommen ihr am besten. Wenn das Blühen (Juni bis August) der Pflanze, z.B. durch Schneiden der Knospen, verhindert wird, kann sie noch mehrere Jahre erhalten bleiben. Die richtige Zeit zum Aussäen ist der Spätsommer — aber Vorsicht, der Samen verliert schnell an Vitalität. Der Geruch ist sellerieartig-süßlich und sehr kraftvoll-aromatisch.

INHALTSSTOFFE

Bis zu 1,5% ätherisches Öl, Cumarine, Saccharose, Harze (3 bis 6%), Bitterstoffe.

Angelika ist wie viele Doldenblütler kräftigend und stimulierend, ein gutes Aufbau-Tonikum. Will man den über Jahrhunderte zusammengetragenen Erfahrungen Glauben schenken, so wird die Abwehr gegen Infektionen verbessert. Im Bereich der Verdauungsorgane entfaltet Angelika eine leicht krampflösende, blähwidrige und appetitanregende Wirkung. Auch als menstruationsregulierendes, auswurfförderndes, harntreibendes Mittel findet sie Verwendung.

INNERE ANWENDUNG

Als aromatisches Bittermittel bei Verdauungsstörungen, Koliken, allgemeiner Mattigkeit und Schwäche, krankhafter Appetitlosigkeit/Anorexie (Lautié/Passebecq), Blutarmut (Valnet), Magengeschwüren, schmerzhaften Regelblutungen; stimuliert die Nierentätigkeit, schmerzlindernd bei Magenkrebs (A. Müller).

ÄUSSERE ANWENDUNG

Salbe und Öl zum Einreiben, gegen rheumatische Beschwerden, schmerzlindernd. Zur Hautpflege als Creme oder Angelika-Wasser. Der Wurzelabsud hilft gegen Krätze (Scabies), Juckreiz und kleine Hautverletzungen.

PRAKTISCHE ANWENDUNG

Tee-Aufguß: 1. Tl. zerdrückte Samenkörner auf 1 Tasse kochendes Wasser 10 Min. ziehen lassen (bis zur Abkühlung). 3 mal täglich 1 Tasse mit Honig süßen und in kleinen Schlücken trinken.

Tinktur: 20 g frische oder 10 g getrocknete Wurzel mit 100 g 70% Alkohol ansetzen. 14 Tage, dabei mehrmaliges Schütteln, stehen lassen, danach abfiltern und in einer dunkelgetönten Flasche aufbewahren. 20 Tropfen vor jeder Mahlzeit.

Engelwurzwein: 60 g geschnittene Wurzel, 8 g Zimtrinde, 2 l sauberen, trockenen Rotwein. 4 Tage ziehen lassen, in einer geschlossenen Flasche (dafür eignen sich besonders gut die großen italienischen Chianti-Weinflaschen). 2 kleine Gläschen pro Tag.

Einem Mönchlein, so geht die Sage, soll im Traum der Erzengel Michael die schützende Kraft der Angelika vor ›Pestilenz‹ (was damals ein Sammelbegriff für viele verschiedene Seuchen war) verraten haben. Von da an wurde die Engelwurz dem berühmten Allheilmittel ›Theriak‹ beigefügt. Die Zubereitung des Theriak läßt sich bis zu König Mithridates von Pontus zurückverfolgen. Nachdem er von einem skythischen Arzt mit Schlangengift geheilt wurde, probierte er systematisch alle Gifte aus und erwarb dadurch allmählich Immunität gegenüber den üblichen Giften. Als er sich später, um einer schmählichen Gefangennahme zu entgehen, vergiften wollte, wirkte nichts mehr, und so mußte er sich in das (eher unangenehme) Schwert stürzen. Theriak bestand aus unglaublich vielen Ingredienzen, u. a. einer Gewürzmischung (Hedychroon Magma), Schlangen- und Mohnsaft (Opium). Noch im 19. Jh. wurde Theriak, dessen Zusammensetzung schwankte, z. B. in Venedig in großen Mengen verkauft.

Aber nun zurück zur Engelwurz. Viele Ärzte schworen tatsächlich auf die vor Ansteckung schützende Wirkung der Pflanze. Paracelsus empfahl sie zur Stärkung der inneren Abwehr. Ein anderer Arzt, Otto Brunfelß, schreibt in seinem *Kontrafayt Kreuterbuch,* Straßburg 1531: »Angelika-Wasser ist das alleredelst Wasser für die Pestilenz, das man haben mag. So einen die Pestilenz oder pestilenzisches Fieber anstößt, der nehme des Wassers 2 Lot, ein Quentlein Theriak, ein halbes Lot Essig und meng das untereinander, trinke es dann vorm Schlafengehen.«

Im Volksglauben galt die Engelwurz als souveränes Mittel gegen Hexen, Kobolde und schwarzmagische Künste. Man glaubte damals, daß Epidemien auch von Hexen verursacht wurden, und beim Ausbruch von Seuchen begann dann eine Hexenjagd, der so manche unbeliebte Dorfvettel zum Opfer fiel. In einer deutschen Dioscorides-Ausgabe (1610) empfahlen die Herausgeber Johann Danzium und Pedro Uffenbach die Engelwurz gegen Hexenschuß.

Die chinesische, traditionelle Heilkunst kennt ebenfalls eine Angelika, Angelica sinensis. Menstruationsbeschwerden, Krankheit der Atemwege und des Verdauungstraktes sind einige der wichtigsten Indikationen. Selbst in modernen Kombinationspräparaten der Volksrepublik China findet sich ›Tang Kuei‹, z. B. in ›Gehirnstärkungspillen = Pu-nao-Wan‹ (Ming Wong).

SONSTIGE ANWENDUNG

Für aromatische Kräuterkissen, Potpourris. Der Wurzelabsud für Badezusätze bei Rheuma und Gicht. Frisch gepflückte Blätter in einer Pakkung auf die Brust, lösen Beklemmungen (Arabella Boxer).

Rezept für Hautcreme: 500 g süßes Mandelöl, 125 g weißes Wachs, 30 g Benzoetinktur, Angelikaessenz, 350 g destilliertes Wasser.

Rezept für Hautöl: 1 l Olivenöl mit 10% Essenz vermischen.

Küche: In Skandinavien gelten die frischen grünen Teile als Delikatesse und werden als Gemüse gegessen. Die kandierten Stiele sind wie Ingwer stimulierend und appetitanregend. Diabetiker sollten daran denken, daß die Herbstwurzel bis zu 24% Zucker enthalten kann. Wurzel und Wurzelstock finden bei der Herstellung von Kräuterlikören und Magenbitter Verwendung (Chartreuse, Benedictine, Boonekamp). Ein Aperitif nach Dr. Valnet: 8,5 g frische Stiele, 4 g Muskatnuß. 1,5 g Zimtrinde, 0,3 g Gewürznelke, 300 g Rohrzucker, 300 g Wasser, 1 l destillierter Alkohol.

Spagirik: Magenkräftigend; mehrmals täglich 10 Tropfen der Essenz vor dem Essen in Wasser oder auf Zucker.

Homöopathie: Urtinktur bei Verdauungsbeschwerden, Magenübersäuerung, krankhafter Appetitlosigkeit, Magersucht.

ANIS

Anis bzw. *Pimpinella anisum*

Familie der Doldenblütler — *Apiaceae (Umbelliferae)*

Verwendete Pflanzenteile: reife Früchte (Samen)

KURZBESCHREIBUNG

Die 30 bis 50 cm hohe, einjährige Anispflanze ist im östlichen Mittelmeer heimisch und wird dort seit Jahrtausenden kultiviert. Sie kann im Garten gezogen werden, vorausgesetzt, sie findet eine warme trockene Stelle mit relativ nährstoffhaltigem Boden. Anis wächst langsam und verlangt deshalb von Zeit zu Zeit gründliches Unkrautjäten. Die lange weiße Pfahlwurzel erschwert die Aufzucht in Töpfen, der sonst nichts im Wege stünde. In den Öldrüsen der 3 mm großen Früchte befindet sich das für die Heilwirkung bedeutende ätherische Öl. Der Geruch erinnert ein wenig an Lakritze; er ist angenehm süßlich-würzig.

INHALTSSTOFFE

2 bis 5% ätherisches Öl, 30 bis 40% fettes Öl, 20% Eiweiß, Cholin. Zusammensetzung des ätherischen Öls: 95% Anethol, Methylchavicol, Anisketon.

EIGENSCHAFTEN

Eine interessante Signatur, wie sie Paracelsus verstand, bieten die Härchen, die auf den kleinen Früchten wachsen; sie sind selbst im Anispulver noch mikroskopisch nachweisbar. Die Wirkung des Anis im Bereich der Atemwege zeigt sich tatsächlich bei den einen Großteil unserer Atemwege auskleidenden Flimmerhärchen.

Anis wirkt schleim- und auswurffördernd, blähwidrig, harntreibend, krampflösend, anregend, ohne aufzuregen. Die anregende Wirkung auf die Milchsekretion scheint die Empirie zu bestätigen, ohne daß bisher eine wissenschaftliche Erklärung gefunden werden konnte.

INNERE ANWENDUNG

Nervöse Verdauungsbeschwerden, Magen-Darm-Krämpfe, übermäßige Gasbildung, chronische Bronchitis, als Teil von Hustenteemischungen, Hustensirups, u.ä. Geschmackskorrektiv in der Kinderheilkunde (sicher auch für viele Erwachsene!).
Kopfschmerzen, die durch Verdauungsstörungen entstanden sind. Anregung der Nierentätigkeit (Oligurie).
Steigerung der Milchbildung, für stillende Mütter (Valnet).

ÄUSSERE ANWENDUNG

Zahnpasta. Früher gegen Krätzmilben, Parasiten, für Geflügel zum Teil heute noch.

PRAKTISCHE ANWENDUNG

Tee-Aufguß: 1 Tl. Anissamen oder -pulver auf 1 Tasse kochendes Wasser – 1 Tasse nach dem Essen.
Tinktur: 60 g Anis oder 30 g Anis, 30 g Fenchel mit ½ l Branntwein und ungespritzten Zitronenschalen ansetzen und an einer sonnigen Stelle 20 Tage stehen lassen. Danach filtrieren. Jeweils 1 Tl. einnehmen.

ANDERE LÄNDER, ANDERE ZEITEN

›Pimpinella anisum‹ leitet sich von der Bezeichnung ›Dipinella‹ her, ein Hinweis auf die Blattanordnung. Seit Urzeiten wird Anis angebaut. Auf den babylonischen Tontäfelchen der Bibliothek von Ninive taucht Anis schon auf, in den ältesten Schriften der Inder, den Veden, ist die Gewürzpflanze bereits verzeichnet.

Die Römer aßen zum Abschluß ihrer Gelage kleine Aniskuchen, ›Mustaceae‹ genannt, um die Verdauung zu fördern.

Die großen Ärzte der Antike – Hippocrates, Dioscorides, Galenus, Celsus und Aetius – lobten die Heilkraft des Anis. Man verwendet Anis gegen innere Verschleimung (Pituität), Blähungen, als harntreibendes und Milchsekretion förderndes Mittel. Das Geschlechtsleben soll auch davon profitieren.

Plinius empfiehlt ein Mullsäckchen mit Anis über dem Schlafenden aufzuhängen gegen schlechte Träume. Hildegard v. Bingen gibt ein

Rezept für Frauenleiden, das Chrysanthemen, Königskerze und Anissamen enthält (Reger). Hieronymus Bock (Kreutterbuch, 1577) beschreibt die Wirkung so: »Anissamen oder ein Confekt davon ist nicht allein lieblich, sondern auch sehr nützlich/allen denen so einen bösen stinkenden Atem haben und nicht wohl schlafen mögen.« Und Leonhard Fuchs (New Kreuterbuch, 1543): »Anissamen macht einen geringen und wohlschmeckenden Atem. Ist nutz den Wassersüchtigen und vertreibt das Aufblähen des Bauches. Ist auch gut zu den giftigen Tieren auf ihre Biß gelegt. Weiter so bringt den Weibern die Milch und mehret die Lust zur Unkeuschheit. Dieser Same macht Lust zum Essen und stillet das Aufstoßen.«

Karl der Große förderte bereits den Anisanbau nördlich der Alpen (im Capitulare de villis 844). Die Destillation des ätherischen Öls wird zum ersten Mal in der Berliner Taxe von 1574 erwähnt.

Sonstige Anwendung

Bei Zahnungsdurchfällen der Kinder.
Kräuterkissen für angenehme Träume.
Küche: Anisetteliköre (Pastis, Pernod, Ricard, griech. Ouzo)
In der orientalischen Küche viel verwendet für Brot und Gebäck. Sternanis in der chinesischen Küche, Teil der ›5 Gewürze‹.
Spagirik: Darmkatarrhe, Koliken mit starker Gasentwicklung, Auswurf. Mehrmals täglich 10 Tropfen spagirische Essenz in heißem Tee.
Homöopathie: Hustenmittel, gegen Schmerzen in der Gegend des rechten 3. Rippenknorpels (Stauffer) − Urtinktur und niedrige Potenzen.

Vorsicht: Anis ist kein Genußmittel, das über längere Zeiträume und/oder in hohen Dosen eingenommen werden darf. Mehr als 1 g Anethol führt zu Benommenheit und Magenreizung (1 g Einzelgabe).

BASILIKUM

Basilikum bzw. *Ocimum basilicum*

Familie der Lippenblütler — *Lamiaceae (Labiatae)*

Verwendete Pflanzenteile: Kraut

KURZBESCHREIBUNG

Basilikum ist eine beliebte Gewürzpflanze, die in vielen Variationen (150 verschiedene Sorten) rund um die Erde angebaut wird. Sie erreicht eine Höhe von 50 cm und kann leicht in Töpfen gezogen werden. Allerdings muß sie als einjährige Pflanze jedes Jahr neu aus Samen gezogen werden. Die Erfahrung zeigt, daß die Pflanze, je mehr Sonnenlicht sie bekommt, auch um so mehr ätherische Öle produziert. So enthält z.B. spanisches Basilikum bis zu 0,9% ätherisches Öl, norwegisches Basilikum dagegen nur ca. 0,13%. Wer Basilikum ziehen möchte, sollte daran denken, daß das Gewürzkraut frostempfindlich ist.

INHALTSSTOFFE

0,13 bis 0,9% ätherisches Öl, Gerbstoffe, Saponin.

EIGENSCHAFTEN

Das Basilienkraut weckt mit seinem intensiven gewürznelkenartigen Geruch Erinnerungen an mittelmeerische Eßgenüsse. Wie wichtig der Magen für das allgemeine Wohlbefinden ist, zeigt sich hier ganz deutlich. Appetitlosigkeit ist oft ein erster Vorbote für kommende Krankheiten, denn am Magen zeigen sich häufig zuerst Zeichen nervlicher Belastung. Basilikum ist magenstärkend, krampflösend, beruhigend, ohne müde zu machen, und durchwärmt den gesamten Organismus. Traditionell werden dem Basilikum auch regelfördernde, hustenlindernde und schweißtreibende Wirkungen zugesprochen.

INNERE ANWENDUNG

Geistige Überarbeitung, Streß, leichte Angstzustände, depressive Verstimmungen (früher nannte man das Melancholie), nervöse Schlafstörungen.

Darminfektionen, Magenkrämpfe, Gastritis, Schwindelgefühle, Übelkeit und Erbrechen. Auch bei Migräne sind Erfolge beobachtet worden (Valnet).

ÄUSSERE ANWENDUNG

Insektenstiche (1 Tropfen in süßem Mandelöl oder direkt auf die Einstichstelle) und sogar zur Ersten Hilfe bei Schlangenbissen, ähnlich wie Lavendel. Als Haartonikum bei beginnendem Haarausfall (Legnano).

PRAKTISCHE ANWENDUNG

Tee-Aufguß: 1 Tl. getrocknetes Kraut auf 1 Tasse kochendes Wasser.
Essenz: 1 bis 2 Tropfen in Honig, Alkohol oder braunen Zucker, 2- bis 3mal tägl.

ANDERE LÄNDER, ANDERE ZEITEN

Der Name Basilikum leitet sich von dem griechischen ›Basilikon‹ ab, eine königliche Salbe oder ein königliches Heilmittel. Dioscorides und Plinius beschreiben Basilikum. Merkwürdigerweise war Basilikum ein gefürchtetes Kraut. Für unzählige Menschen stand es mit den Kräften der Finsternis in Verbindung. Deshalb stießen Bauern während der Aussaat Flüche und Verwünschungen aus, in der Annahme, daß dies dem Wachstum der Pflanze förderlich sei. Selbst berühmte Ärzte wie z. B. Johann Baptist van Helmont glaubten, daß sich Basilikum in Skorpione verwandeln konnte.

Später brachte man Basilikum auch mit den gefürchteten Basilisken in Verbindung, deren Blick oder Feueratem töten konnte. Als Abwehrmittel gegen Basilisken, Schlangen und Skorpione hatte es aber auch Teil an der Natur dieser Untiere, denn wie der englische Arzt und Astrologe Nicholas Culpeper (1614–1654) schreibt, »every like draws like« – Ähnliches muß mit Ähnlichem behandelt werden, der Grundsatz der Homöopathie. Bei Culpeper findet sich auch die seltsame Geschichte eines französischen Arztes namens Hilarion, der von einem Manne berichtete, der, nachdem er an Basilikum roch, in seinem Gehirn einen Skorpion ausbrütete!

Eine besondere Sorte Basilikum findet sich in Indien. Es ist die berühmte heilige Tulsi-Pflanze (Ocimum Sacrum). Einer schönen Geschichte zufolge wurde ›Tulasi‹, die Geliebte des Gottes Krishna, in das heilige Basilikum verwandelt. Sie wird gerne in der Nähe von Tempeln angepflanzt, und viele indische Familien machen Tulsi zum Zentrum ihrer häuslichen Kulte. Ihre heilenden Eigenschaften werden ebenso geschätzt: Tulsi wirkt schleimfördernd (Husten, Katarrhe und Erkältungen), antiseptisch und vertreibt unangenehme Insekten.

Auch die Ägypter verwendeten Basilikum, Theophrast, Dioscorides und Plinius erwähnen es.

In Deutschland wurde Basilikumöl bereits Mitte des 16. Jahrhunderts destilliert. 1582 taucht es in der Frankfurter Taxe und 1589 im Dispensatorium Noricum auf. Hieronymus Brunschwig (15. Jh.) beschreibt die Destillation von Basilikumwasser.

Sonstige Anwendung

Das ätherische Öl findet in der Parfümerie Verwendung.

Rezept gegen Schwindel und nervliche Überanspannung: 100 g fein zerstoßenen braunen Zucker, 1 g Basilikumessenz, 1 g Lavendelessenz, 1 g Rosmarinessenz. Davon 1 halber Kaffeelöffel zum Süßen von Eisenkraut- oder Minztee nach dem Essen.

Küche: Rezepte für Pesto Genovese, Soupe au Pistou, Spaghetti-Sauce.

Spagirik: 3- bis 4mal täglich 15 Tropfen der spagirischen Essenz.

Äußerlich: 1:3 mit Wasser verdünnt bei schlecht heilenden Wunden.

Homöopathie: Urtinktur und niedere Potenzen.

BERGAMOTTE

Bergamotte bzw. *Citrus aurantium ssp. bergamia*

Familie der Rautengewächse − *Rutaceae*

Verwendete Pflanzenteile: das ätherische Öl der ausgepreßten frischen
Fruchtschalen

KURZBESCHREIBUNG

Der kleine, etwa 5 m hohe Bergamottebaum gehört zu den kultivierten
Citrus-Arten, den Agrumen. Die bitteren Früchte werden hauptsächlich
in Kalabrien (Italien) angebaut. Sie sind nicht zum Verzehr geeignet.
100 kg der Frucht ergeben 500 g Essenz.
Die Heimat der Agrumen ist Asien; die wildwachsenden Bäume der ver-
schiedenen Citrus-Arten stammen möglicherweise aus Neuguinea und
Melanesien. (Mehr darüber finden Sie unter dem Stichwort »Zitrone«.)
Bergamotte ist eine spät entstandene Kultur.

INHALTSSTOFFE

Das Öl enthält ca. 50% Limonen, 35 bis 45% Linalylacetat, 20 bis 30%
Linalool und das für Bergamotte typische Bergapten, ca. 5%.

EIGENSCHAFTEN

Wer einmal an einem schwülen Sommertag im überfüllten Zugabteil saß,
oder vor dem Abflug an Bord einer Chartermaschine, weiß, wie erfrischend ein Eau-de-Cologne-Tüchlein (die wichtigste Geruchsnote ist
Bergamotte) sein kann. Befreiung von äußerem Druck, atmosphärisch
oder seelisch, kann der Bergamotte-Duft bewirken. Das ätherische Öl ist
angstlösend, stimmungsverbessernd, antiseptisch, blähwidrig, krampflösend und, äußerlich angewendet, der Wundheilung förderlich.

Innere Anwendung

Darminfektionen, Appetitmangel, Koliken, Ängstlichkeit, Depressionen, bei Erregungszuständen beruhigend, jedoch bei Abgeschlagenheit anregend.

Äussere Anwendung

Zum Gurgeln bei Halsentzündungen, Infektionen der Mundhöhle, Desinfektion und Behandlung von infizierten und eiternden Wunden (Rovesti).
Für schnellere Hautbräunung, hautfreundlich.

Praktische Anwendung

Zur Einnahme 1 bis 2 Tropfen Essenz auf Zucker, Honig etc. eine halbe Stunde vor dem Essen.
Die Kombination verschiedener Agrumenöle wirkt synergistisch, d.h. die Wirkung verstärkt sich, wenn mehrere Essenzen wie Zitronenöl und Bergamottöl zusammenkommen. Daher sind Abreibungen mit gutem Kölnisch Wasser auf einen feuchten Waschlappen gebracht, besonders zu empfehlen.

Vorsicht: Vor dem Sonnenbaden kein Bergamottöl in alkoholischer Lösung auf die Haut bringen, da sonst braune Flecken entstehen können. Vereinzelt sind auch Hautentzündungen beobachtet worden.

Andere Länder, andere Zeiten

In vielen, auch neueren Büchern findet sich der lapidare Hinweis, die Bezeichnung Bergamotte leite sich von der lombardischen Stadt Bergamo ab. Dies klingt einleuchtend, ist aber leider falsch! ›Beq-âr mû dî‹, der ›Fürst der Birnen‹, war die türkisch-arabische Bezeichnung, die im Laufe der Zeit in ›Bergamotte‹ umgewandelt wurde. Vor dem Ende des 17. Jahrhunderts finden sich keinerlei Hinweise auf die Verbreitung der Frucht. Zum ersten Mal in Deutschland erscheint 1688 ein Eintrag in der Gießener Apothekeninventur. Seit dieser Zeit gehört Bergamotte zu den Zutaten vieler aromatischer Wasser, die gerade in Mode kamen. Italienische Mönche und Nonnen destillierten eifrig Wässerchen, die sie

116

dann auch gewinnträchtig verkauften. J. M. Farina, der ›Erfinder‹ des Kölnisch Wasser, ließ sich sicherlich bei der Zusammenstellung der Ingredienzen von den Schwestern von Santa Maria Novella in Florenz inspirieren.

Paolo Rovesti, der vielleicht größte, lebende Kenner der Materie, beschäftigt sich seit Jahrzehnten mit Riechstoffen und deren vielfältigen Nutzungsmöglichkeiten. Als Leiter eines Instituts zur Erforschung von Pflanzenstoffen (Istituto di ricerche sui derivati vegetali) in Mailand verwendete er Bergamotte im Rahmen einer Zusatztherapie psychosomatischer Erkrankungen. Zusammenstellungen verschiedener ätherischer Öle, ›Osmoplessi‹ genannt, wurden von den Patienten eingeatmet. Hier einige Bereiche, in denen auch Bergamottöl erfolgreich eingesetzt wurde: Migräne, Gewichtsabnahme, Raucherentwöhnung, Alkoholmißbrauch, Angstzustände und Depressionen. Die Erfolgsquote der Riechstoffe lag bei 70%, mit zusätzlicher Phytotherapie waren die Ergebnisse noch besser!

SONSTIGE ANWENDUNG

Mengenmäßig gehört Bergamottöl zu den wichtigsten Ausgangsprodukten der Parfümerie. Die Verwendung in Toilettenwässern und Parfums des Typs ›Kölnisch Wasser‹, ›Chypre‹ und ›Fougère‹ nimmt hier den ersten Rang ein. Die kosmetische Industrie nützt die hautfreundlichen und vor allem die pigmentbildenden Eigenschaften des Bergamottöls. Man wird tatsächlich schneller braun!

Seelisch-geistiger Einfluß: Der Geruch verstärkt die geistige Konzentration, verleiht mehr Selbstvertrauen und Durchsetzungswillen (G. Muchery).

Rezept für ›Royal Jockey Club Sachet‹ − ein Leinensäckchen für Kleiderschränke: 100 g Veilchenwurzelpulver, 100 g Rosenblütenblätter, 200 g getrocknete Orangenschalen, 1 Vanilleschote, 10 g Benzoeharz, 10 Gewürznelken, 10 Tropfen Bergamottöl, 10 Tropfen Rosenöl, 5 Tropfen Geraniumöl, 2 Tropfen Kassiaöl, 1 g ätherisches Bittermandelöl.

So lautet das Originalrezept des Royal Jockey Club Sachets, das traditionsgemäß für das englische Königshaus zubereitet wurde. Alle Zutaten für dieses Rezept kann man in der Apotheke gemischt kaufen.

Zubereitung: Man zerkleinert die Vanilleschote und mischt die ersten 6 Zutaten in einer Schüssel. Dann träufelt man Parfümöle darüber, mischt alles gut durch und läßt die Mischung gut verschlossen einige Tage durchziehen. Dann füllt man die Mischung portionsweise in kleine Leinensäckchen ab, bindet sie fest zu und hängt sie im Kleiderschrank auf (aus Stephanie Faber, ›Natürlich schön!‹).

Bergamotte gibt Earl-Grey-Tee seinen typischen Geschmack.

BOHNENKRAUT

Bohnenkraut bzw. *Satureja hortensis*

Familie der Lippenblütler — *Lamiaceae (Labiatae)*

Verwendete Pflanzenteile: Kraut

KURZBESCHREIBUNG

Bohnenkraut ist auf den felsigen Hügeln des Mittelmeerraumes, vor allem in Italien und Südfrankreich zu Hause. 30 bis 40 cm hoch wird die kleine Staude, sie ist einjährig. Ihre Blätter sind lanzettartig, fast schon kleine Nadeln. Der Beiname ›hortensis‹ weist bereits auf den intensiven Anbau in Gärten hin. Es ist leichter, Bohnenkraut aus Setzlingen zu ziehen, als aus Samen; die Keimlinge wachsen nämlich nur sehr langsam. Bohnenkraut liebt die Sonne; der würzige, stechende Geruch des ätherischen Öls verrät die konzentrierte, man möchte sagen ›sexuelle‹ Sonnenenergie. Wenn das Bohnenkraut genügend Licht bekommt, gedeiht es auch in Töpfen und Blumenkästen. Blütezeit ist von Juli bis August, das Kraut sollte vor der Blüte geerntet werden, wenn der Gehalt an ätherischem Öl am höchsten ist.

INHALTSSTOFFE

Ca. 1% ä. Öl (Carvacrol, P-Cymen, Terpene), Gerbstoffe und Schleimstoffe.

EIGENSCHAFTEN

Das ätherische Öl, Phenole und Gerbstoffe machen Bohnenkraut zu einem besonders wirkungsvollen Desinfektionsmittel im Bereich des Magen-Darm-Kanals. Gärungs- und Fäulniszustände, Darminfektionen und Durchfälle werden ohne die schädlichen Nebenwirkungen mancher chemischen Medikamente gründlich beseitigt. Krampflösend, blähwidrig, wurmtreibend und sexuell anregend. Auswurffördernde, zusammenziehende und wundheilende Wirkungen sind ebenfalls bekannt.

Neuere französische Forschungen haben außerdem positive Wirkungen auf die geistige Arbeitsfähigkeit nachgewiesen (Pellecuer, 1973).

INNERE ANWENDUNG

Darminfektionen, Krämpfe, Durchfall, Parasiten, Bronchitis, Schwächezustände und geistige Überarbeitung; stimuliert den Intellekt und die Nebennierentätigkeit (bei Antriebsschwäche).

ÄUSSERE ANWENDUNG

Die frischen Blätter verrieben auf Insektenstiche, zum Gurgeln bei Halsschmerzen, Kompressen und Lotion für verbesserte Wundheilung.

PRAKTISCHE ANWENDUNG

Tee-Aufguß: 4 Tl. Kraut auf ¼ l Wasser, 3 bis 4 Tassen am Tag.
Essenz: 1 bis 2 Tropfen der Essenz in Honig, Zucker, Joghurt, 2- bis 3mal täglich nach den Mahlzeiten.
Kompressen: 25 bis 30 g auf einen Liter Wasser aufgießen.

ANDERE LÄNDER, ANDERE ZEITEN

Das Bohnenkraut erfreute sich in der Antike großer Beliebtheit, vor allem als Saucengewürz für Fleisch, Fisch und Gemüse. Der Botaniker und Freund des Aristoteles, Theophrast, beschrieb eine in Griechenland heimische Satureja. Plinius d. Ä. leitet die Bezeichnung ›Satureja‹ von den Satyrn ab, übermütigen und lüsternen Naturwesen. Die Bienenzucht war eine ihrer Aufgaben, und Bohnenkraut galt als Bienenpflanze.

Häufig brachte man Pflanzen, denen eine sexuell stimulierende Wirkung nachgesagt wurde, mit Satyrn in Verbindung (z. B. Knabenkraut = Orchis satyrion).

Pierandrea Mathiolus, der venezianische Hofarzt Kaiser Maximilians, schreibt über das Bohnenkraut: »Saturey gibt eine liebliche Scharpffe, darmit sie ein Lust und Begird zum Essen erweckt, sterckt das dewen (Verdauung) im magen/benimpt den Ungelust und das wühlen/bringt die unkeusche Begierde auff die Bahn/darumb ettliche meinen, sie habe den Namen von dem geilen Satyris.«

Dann geriet das Bohnenkraut für lange Jahre in Vergessenheit. Nur hier und da in der Volksmedizin verwandte man das Kraut zu Heilzwekken. In Schlesien war es über Jahrhunderte als Durchfallmedizin bekannt. Die Aromatherapie hat diese bescheidene Pflanze für die Wissenschaft und ein breites Publikum wiederentdeckt. Forscher der Universität Montpellier stellten Mitte der siebziger Jahre Erstaunliches fest: Bohnenkraut besitzt gewaltige antibakterielle und antimykotische (gegen Pilze) Eigenschaften. Gegen Staphylokokken und 14 andere Keime zeigte sich die Pflanze wirksam. Bei 11 verschiedenen Pilzsorten (u. a. Candida albicans, tropicalis) zeigten sich ebenfalls hervorragende Ergebnisse. Man fand, daß neben den bekannten verdauungsfördernden Eigenschaften auch die intellektuelle Leistungsfähigkeit verbessert wurde.

›Satureja montana‹, das Winterbohnenkraut, ist eine mehrjährige Schwester des Sommerbohnenkrauts (Satureja hortensis). Es bevorzugt höhere Lagen (südfranzösisches und italienisches Bergland) und ist dort unter den Namen ›Poivre D'Ane‹ bzw. ›Santoreggio‹ bekannt. Das Winterbohnenkraut hat die gleichen Indikationen wie ›Satureja hortensis‹; die Wirkung soll sogar etwas stärker sein.

Eine weitere Verwandte ist die ›Satureja eugenoides‹, eine von vielen südamerikanischen Satureja-Arten. In Argentinien ist sie unter dem Namen ›Muna-Muna‹ bekannt und wird als Stimulans, Digestivum und Aphrodisiakum verwendet (Gildemeister/Hoffmann); eine Bestätigung der sexuell anregenden Wirkung des Bohnenkrauts. (Man sollte allerdings keine Knalleffekte wie bei Yohimbin und anderen aufreizenden Pflanzenstoffen erwarten.)

CAJEPUT

Cajeput bzw. *Melaleuca leucadendron*

Familie der Myrtengewächse — *Myrtaceae*

Verwendete Pflanzenteile: Blätter und Knospen, Verwendung findet das durch Dampfdestillation daraus gewonnene ätherische Öl.

KURZBESCHREIBUNG

»Der Cajeputbaum, ein Baum der Gattung Melaleuka, gehört ebenso wie die Leptospermum-, Kunzea- und Beckea-Arten zu den in Australien wachsenden ›Tea-trees‹« (Gildemeister/Hoffmann). Er erreicht eine Höhe von bis zu 15 m und gehört zu den zähesten und ausdauerndsten Bäumen überhaupt. Die Einwohner Burus (Bandasee) fürchten den Cajeputbaum, denn in seiner Umgebung wächst nur noch Alang-Alang-Gras, ein Unkraut, das jegliche Kultivierung unmöglich macht. Die Destillation des Cajeputöls wird überall im malayischen Inselreich mit einfachen Geräten, sogenannten ›Ketels‹ (holl. für Kessel), betrieben. Der Geruch erinnert an Rosmarin, Kardamom und Kampfer.

INHALTSSTOFFE

50 bis 70% Cineol, l-Pinen, l-Limonen, Dipenten.

EIGENSCHAFTEN

Das Cajeputöl ist aus der heutigen Aromatherapie nicht mehr wegzudenken. Es ist ein universales Antiseptikum und wird bei Infektionen der Atemwege, des Verdauungssystems und der ableitenden Harnwege eingesetzt. Außerdem sind krampflösende, schmerzstillende (Neuralgien) und wurmtreibende Wirkungen bekannt.

INNERE ANWENDUNG

Chronische Erkrankungen der Atemwege, Bronchitis, Kehlkopf- und Rachenentzündung, Asthma, Entzündungen der Blase und der Harnwege, Rheuma, Gicht, schmerzhafte Regeln, nervöses Erbrechen, Eingeweidewürmer (Ascariden und Oxyuren).

ÄUSSERE ANWENDUNG

Neuralgien der Zähne (Zahnschmerzen) und der Ohren, chronische Kehlkopfentzündung, rheumatische Schmerzen, Hauterkrankungen.

PRAKTISCHE ANWENDUNG

Cajeput ist Bestandteil einiger Inhalationsmischungen. Das ätherische Öl in Alkohol gelöst (oder als Creme) wird für Einreibungen bei Neuralgien und bei Rheuma angewandt. Bei schmerzhaften Regelblutungen helfen Einreibungen der unteren Bauch- und Rückenpartien.

Rezept gegen Regelschmerzen: Das Olivenöl mit 10% Cajeputöl und 10% Borneokampfer mischen. Vor dem Einmassieren auf den unteren Bauch- und Rückenpartien sollte die Ölmischung etwas erwärmt werden. Unterstützend dazu sollten täglich 3 Tropfen Cajeputöl auf Zucker und Honig eingenommen werden.

Einreibungsmittel bei Hauterkrankungen: Süßes Mandelöl mit 5% Cajeputessenz mischen.

Gegen Eingeweidewürmer vor dem Schlafengehen und nach dem Aufstehen 5 Tropfen der Essenz in Wasser oder auf Zucker bzw. mit Honig einnehmen.

Bei Ohrenschmerzen mit Cajeputöl getränkte Wattebäuschchen in das Ohr einführen.

ANDERE LÄNDER, ANDERE ZEITEN

Nachdem sich die Holländer zu Beginn des 17. Jahrhunderts die Molukken angeeignet hatten, fand auch das Cajeputöl den Weg nach Europa. Pastor Valentyn aus Amboina und der deutsche Kaufmann Georg Eberhard Rumpf beschrieben als erste die genaue Herkunft des ›Kajoepoetik‹. »Nach Rumpfs Angabe waren die Malayen und Javaner lange vor der Besitznahme der Molukken mit dem Cajeputöl vertraut und brauchten es als schweißtreibendes Mittel« (Gildemeister/Hoffmann).

In Europa dagegen ließ sich der Gebrauch des Öls nur zögernd an. Es wurden Dissertationen geschrieben (1751, 1754), und gelegentlich empfahlen Ärzte Cajeputöl (J. Lochner 1717; Goetz u. Trew 1731), aber zum regulären Bestand des Arzneischatzes gehörte es nicht.

Lorenz von Crell, Professor der Medizin und Bergrat in Helmstedt, unternahm ›heroische‹ Versuche, die Wirkungen des Cajeputöls zu erforschen. In seinem neugegründeten ›Journal für Freunde der Naturlehre, Arzneigelahrtheit, Haushaltungskunst und Manufaktur‹, 1778, befaßte er sich mit folgenden Problemen: 1. Versuche aus menschlichen Knochen Phosphor zu bereiten. 2. Die Bestandteile des menschlichen Fetts. 3. Versuch über Caryophylli Plinii und Semen (sic) cajepoti. Aber nicht genug damit, es ging ihm darum, den deutschen Forschergeist wachzurütteln: »Teutsche Chymiker!, die weiser Enthusiasmus für ihre Wissenschaft noch durch ihre Vaterlandsliebe belebt, unterstützt den Ruhm der deutschen Chymie durch fleysige Beiträge, und bestätigt dadurch die Meinung anderer Nationen, daß ihr von der Natur in Betracht eurer tiefdenkenden, stets nach Wahrheit forschenden und dadurch von anderen Nationen auszeichnenden Eigenschaften eigentlich zu Naturforschern und Chymisten bestimmt seyd!« Auf, auf denn, ihr teutschen Chymiker und Arzneigelahrten!

Nach Ostasien wurden schon immer bedeutende Mengen des Öls exportiert. Die Chinesen halten Cajeput für ein Allheilmittel und verwenden es z.B. bei Gelenkschmerzen und Nervenleiden.

Sonstige Anwendung

Zur Sterilisation von Catgut, zum Konservieren von Kleidersammlungen und als Insektenvertreibungsmittel (Gattefossé).
Zur Bekämpfung der Cholera wurde Cajeput zusammen mit Nelkenöl, Wacholderöl u.a. verwendet.
Homöopathie: 10 Tropfen der Urtinktur bei Oesophagus-Krampf in Kräutertee.

EUKALYPTUS

Eukalyptus bzw. *Eucalyptus globulus*

Familie der Myrtengewächse – *Myrtaceae*

Verwendete Pflanzenteile: Blätter, das aus den Blättern destillierte Öl.

KURZBESCHREIBUNG

Die Heimat der Eukalyptusbäume ist Australien. Bis heute kennt man über 400 Arten. Die immergrünen Riesenbäume wachsen enorm schnell (4 bis 6 m pro Jahr) und verbrauchen deshalb sehr viel Wasser. Als im 18. Jahrhundert Eukalyptusbäume in Spanien angepflanzt wurden, um Sümpfe trockenzulegen, machte man sich diese Tatsache zunutze, um die von Malaria heimgesuchten Gegenden zu sanieren. Dennoch ist das Holz hart und widerstandsfähig gegen Fäulnis. Eukalyptusbäume gehören zu den nützlichsten Bäumen überhaupt. Sie liefern Gummi, Harz, Honig und Brennholz. Aus den jüngeren, lanzettförmigen Blättern wird durch Dampfdestillation das ätherische Öl gewonnen. Es ist gelblich oder farblos und riecht kampferartig. Der bis zu 60 m hohe Eukalyptus-Globulus-Baum besitzt eine eigenartig triste Ausstrahlung. A. Usteri, ein anthroposophischer Botaniker, nannte den Eukalyptus-Baum den »Melancholiker unter den Bäumen«.

INHALTSSTOFFE

1,5 bis 3% ätherisches Öl, davon ca. 70% 1,8-Cineol = Eucalyptol, Harze, Gerb- und Bitterstoffe.

EIGENSCHAFTEN

Das ätherische Eukalyptusöl ist ein großes Heilmittel. An erster Stelle sind die hervorragenden keimtötenden Eigenschaften zu nennen. Es ist fiebersenkend, auswurffördernd, schmerzstillend, harntreibend, Blutzucker senkend, stimulierend, wundheilend und hautreizend.

Infektionen der Atemwege, Erkältungen, Katarrhe, Husten, Grippe, Bronchitis, Sinusitis, erleichternd bei Heuschnupfen und Asthma. Infektionen der ableitenden Harnwege, Blasenentzündungen, Rheuma, Migräne, Neuralgien, Schwächezustände und Konzentrationsschwäche. Als Zusatzbehandlung bei Zuckerkrankheit (Faulds, Trabut). Ein anderes Myrtengewächs, ›Syzygium Jambolanum‹, der Jambulbaum, wird ebenfalls empirisch bei Diabetes mellitus eingesetzt.

Bei Malaria, Typhus, Röteln, Scharlach und Cholera wurden Erfolge mit Eukalyptusdämpfen erzielt (Milne, A. Müller).

Viruserkrankungen (Herpes, Grippe) sollen gut auf das Öl ansprechen (Tisserand).

Gegen Parasiten, Insekten.

PRAKTISCHE ANWENDUNG

Tee-Aufguß: 2 Tl. Blätter auf eine Tasse Wasser, 5 Minuten bedeckt ziehen lassen.

Essenz: 1 bis 3 Tropfen auf Zucker oder Honig, 2- bis 3mal täglich.

Absud für Kompressen, Lotion usw.: Eine Handvoll Blätter auf 1 l Wasser.

Inhalation: 10 bis 15 Tropfen Öl in kochendheißes Wasser geben, den Kopf darüberbeugen und mit einem Handtuch abdecken. So lange inhalieren, bis sich kein Dampf mehr bildet. Sehr wirkungsvoll bei Erkältungen, d. h. zur Befreiung der Atemwege.

Vorsicht: Übertriebene Dosierungen sind giftig! Vereinzelt treten allergische Reaktionen auf. Bei Unwohlsein, Übelkeit usw. die Behandlung sofort abbrechen.

ANDERE LÄNDER, ANDERE ZEITEN

Baron Ferdinand von Müller, Botaniker und Leiter des Botanischen Gartens in Melbourne von 1857 bis 1873, empfahl der australischen Regierung 1853, Eukalyptusöl zu destillieren. Wenig später wurden bereits die ersten Eukalyptusöle nach Deutschland exportiert. Heute wachsen rund um das Mittelmeer Eukalyptusbäume, die einen großen Teil des europäischen Bedarfs an medizinischem Öl decken. Wichtig ist der Gehalt an

1,8-Cineol, der charakteristisch ist für Eucalyptus globulus. Andere Eukalyptusarten liefern Öle für die Industrie. Der Name ›Eukalyptus‹, griechisch ›gut bedeckt‹, weist auf den Kelch der Pflanze hin, der die Staubgefäße bedeckt, bis sie voll entwickelt sind. Eingeführt wurde die Bezeichnung von dem Franzosen L'Heritier.

Schon die Ureinwohner Australiens kannten die heilenden Wirkungen der Blätter des Eukalyptus-Baumes. Sie nutzten sie zur Wundheilung und Fiebersenkung. Nicht von ungefähr nennt man den Eukalyptus auch Fieberbaum. Der Geruch des Eukalyptus vertreibt z. B. die malariaübertragenden Insekten!

SONSTIGE ANWENDUNG

Eukalyptus verbessert den Geschmack vieler Hustenpräparate wie Sirup, Kräuterbonbons.

Einreibungsmittel, Franzbranntwein und Inhalationsmischungen gehören seit Generationen zu den bewährten Familien-Hausmitteln. Das Wissen um die schützende bzw. abwehrende Wirkung gegen Pilze und Insekten ist noch viel zu wenig bekannt: Eukalyptus ist ein ideales, biologisches Pflanzenschutzmittel.

In der Industrie findet Eukalyptus als Lösungsmittel für Harze und Wachse (Firnisse) sowie in der chemischen Rohstoffanalyse bzw. Rohstoffsynthese (Thymol, Menthol, Geraniol) Verwendung.

Spagirik: 5 bis 10 Tropfen der spagirischen Essenz auf Zucker oder in etwas Wasser. 3mal täglich.

Homöopathie: Niedere Potenzen, gleiche Indikationen wie oben.

Die vorgegebenen Dosierungen dürfen keinesfalls überschritten werden – mehr als 2 bis 3 g der Essenz pro Tag sind giftig! (1 g = 50 Tropfen)

FENCHEL

Fenchel bzw. *Foeniculum vulgare Miller*

Familie der Doldenblütler — *Apiaceae (Umbelliferae)*

Verwendete Pflanzenteile: Früchte, Blätter, Wurzel

KURZBESCHREIBUNG

Fenchel ist eine aus dem Mittelmeerraum stammende, kräftige Heil- und Gewürzpflanze. Sie erreicht eine Höhe von 1 bis 2 m und bildet goldgelbe Blütendolden aus. Die schön gefiederten Blätter sterben jedes Jahr ab, aber die Wurzel ist mehrjährig. Fenchel kann problemlos an einer sonnigen und feuchten Stelle im Garten angepflanzt werden. Im April wird der Samen ausgesät, und im Herbst werden die Dolden geerntet. Man schneidet einfach die Dolden ab und läßt die Früchte in einem luftigen Raum trocknen. Das ist wichtig, denn die Samen sind noch feucht. Der Geruch des Fenchel erinnert an Anis, ist aber etwas derber und weniger süßlich, sozusagen der Vetter vom Lande.

Eine andere Fenchelart ist der Gemüsefenchel (Foeniculum azoricum), auch Florentiner Fenchel genannt. Nur in den Früchten von ›Foeniculum vulgare‹ und ›F. dulcis‹ findet sich das in der Medizin angewandte Heilöl.

INHALTSSTOFFE

4 bis 6% ätherisches Öl (davon 20% Fenchon, 50 bis 60% Anethon), Methylchavicol, Anisaldehyd, 12 bis 18% fettes Öl, 14 bis 22% Eiweiß.

EIGENSCHAFTEN

Wie alle aromatischen Heilpflanzen besitzt der Fenchel einen ihm eigenen Wirkkreis. Er hilft in erster Linie werdenden Müttern und Kindern. Fenchel fördert die Milchbildung stillender Mütter, erleichtert Geburten

128

(Hertwig), stärkt die Konstitution der Kinder und hilft bei all den – mit viel Geschrei verbundenen – Verdauungsproblemen der Säuglinge und Kleinkinder.

Er ist krampf- und schleimlösend, blähwidrig und soll bei der Gewichtsabnahme helfen. Außerdem ist Fenchel regelfördernd, harntreibend, antibakteriell, schwach abführend und stärkend.

Innere Anwendung

Verdauungsbeschwerden, Koliken, Blähungen, Verstopfung (milde Wirkung), Oligurie (verminderte Harnausscheidung), Husten, Schluckauf, Blähsucht, zur Appetitanregung. Wird viel in der Kinderheilkunde eingesetzt.

Äussere Anwendung

Fenchelwasser bei Augenleiden (Konjunktivitis), Gurgelwasser bei Halsentzündungen. Breiumschläge aus Samen und Blättern lösen Stauungen in den Brüsten und erhalten während der Stillzeit die Form (Messegué). Gegen Parasiten.

Praktische Anwendung

Tee-Aufguß: 1 El. zerstoßenen Fenchelsamen mit ¼ l siedendem Wasser aufgießen, 5 Minuten ziehen lassen, mit Honig süßen.

Essenz: Gegen Krämpfe, Regelstörungen und Bronchitis 2 bis 3 Tropfen täglich auf Zucker oder Honig.

Nachfolgend zwei Fenchel-Rezepte des französischen Kräuterpapstes Maurice Messegué: ›Für die schlanke Linie‹ – jeweils zwei Prisen Fenchel, zwei Prisen Majoran und zwei Prisen Quendel (wilder Thymian) auf 1 l Wasser; davon 2 bis 3 Tassen täglich. (Eine Prise entspricht 2 bis 4 g.)

›Gegen Schluckauf und Darmstörungen‹ – zwei Prisen Anissamen, zwei Prisen Fenchelsamen und zwei Minzblätter auf 1 Tasse Wasser. 3 Tassen täglich trinken.

Vorsicht: Wie Anis ist Fenchel in sehr hohen Dosierungen giftig! Kindern unter 6 Jahren keine Essenz verabreichen. Bei Neigung zu Krampfanfällen (Epilepsie) keine Essenz einnehmen.

Als die Menschheit noch in den Kinderschuhen steckte, half der Fenchel bereits Leiden zu lindern. Von Ägypten über Indien bis China war die Heilpflanze bekannt. Der ägyptische Papyrus Ebers verzeichnete in einem ausführlichen Kapitel über Augenheilkunde seine Verwendung gegen verklebte Lidränder. In den Chinesischen Pen T'Sao erscheint Fenchel (Hui-hsiang) als krampflösendes Mittel, das auch bei Augenkrankheiten und Übergewicht genutzt wird.

Griechenland: Zum Fest des Adonis im Hochsommer schenkte man Fenchel. Da der Fenchel schon einen Tag später seine schöne Erscheinung verlor und welkte, wurde er zum Symbol für Schmeichelei und materiellen Erfolg — heute prächtig und morgen schon vorbei! Der Name ›Foeniculum‹ ist lateinisch und bedeutet Heu (Foenum). Vielleicht kommt daher der Ausspruch, jemand hat ›Geld wie Heu‹! Der griechische Riesenfenchel durfte hingegen eine Metamorphose in die geistige Welt der sakralen Kunst vollziehen; er diente als Vorbild für die dorische Säule.

Schon die ersten Destillierbücher verzeichneten Fenchelwasser. Plinius, Columella, Dioscorides, Hildegard von Bingen, Paracelsus — eine lange Reihe illustrer Namen bis zum heutigen Tage preist den Fenchel. Wir sollten ihn nicht vergessen.

SONSTIGE ANWENDUNG

Fenchelhonig, zur Geschmacksverbesserung.
Eine Version des ›Vier Winde Tees‹: Zu gleichen Teilen Anis, Fenchel, Koriander, Kümmel. Versuche haben ergeben, daß sich in der Kombination die Wirkung verstärkt (Müller).
Küche: Fischgerichte werden mit Fenchel besonders schmackhaft.
Spagirik: 5 bis 20 Tropfen der spagirischen Essenz in etwas Wasser. Für Augenbäder 1:3 mit Wasser verdünnt.
Homöopathie: Urtinktur.
Seelisch-geistige Wirkung des Geruchs: Bringt Ordnung in den Gefühlsbereich und verleiht innere Stabilität.
Fenchelwasser gibt es in der Apotheke.

GERANIUM

Geranium bzw. *Pelargonium graveolens* u. a.

Familie der Storchenschnabelgewächse – *Geraniaceae*

Verwendete Pflanzenteile:
die ganze Pflanze, das aus den Blättern destillierte Öl

KURZBESCHREIBUNG

Die Sammelbezeichnung Geranium beinhaltet viele verschiedene Pelargonienarten, die aufgrund zahlloser Kreuzungen selbst von gewieften Botanikern kaum auseinanderzuhalten sind. Auch unser einheimischer Storchenschnabel (Geranium robertianum) gehört dazu. Für die Ölgewinnung werden die Blätter einiger wohlriechender Pelargonienarten destilliert. Hauptursprungsland ist die Insel Réunion bei Madagaskar, bis zur Französischen Revolution ›Ile de Bourbon‹ genannt. Das hochwertige Öl aus dieser Gegend, unter dem Handelsnamen Geranium-Bourbon bekannt, ist mit 50% an der Welt-Jahresproduktion von ca. 200 t beteiligt. Weitere Anbauländer sind Algerien, die Sowjetunion, Marokko, Guinea u. a.

Im Gegensatz zu unseren robusten Balkonpelargonien (Pelargonium zonale) sind diese Sorten Bastarde und müssen aus Setzlingen gezogen werden. Das Öl ist sehr wertvoll und riecht von zitronig-frisch bis balsamisch-rosenähnlich.

INHALTSSTOFFE

0,1 bis 0,3% ätherisches Öl (davon bis zu 80% Geraniol, Citronellol, Linalool, a-Pinen), Harze.

EIGENSCHAFTEN

Geraniumöl ist stärkend, schmerzlindernd, zusammenziehend (adstringierend), schwach antiseptisch, wundheilend, blutstillend. Auffällig ist der Bezug zu grenzbildenden Oberflächen, die Informationen aufnehmen: Haut und Sinnesorgane. Geraniumöl entfaltet seine Wirkung besonders bei äußerer Anwendung.

INNERE ANWENDUNG

Verschiedene Asthenien (Körperschwächen), bedingt durch mangelnde Nebennierentätigkeit, Durchfälle, nervliche und emotionale Belastungen, Ängstlichkeit. Geraniumöl ist gleichzeitig beruhigend und stimmungsverbessernd. Durch den regulierenden Einfluß des Geraniumöls auf die Tätigkeit der Nebennierenrinde werden auch Unregelmäßigkeiten der Sexualhormone günstig beeinflußt; deshalb sind bei hormonellen Störungen der Menopause Erfolge erzielt worden (Tisserand).

ÄUSSERE ANWENDUNG

Wunden, Verbrennungen, Mundschleimhautentzündungen (Aphten), Gesichtsneuralgien, Augenentzündungen, Hautpflege, bei Akne (Bernadet), trockene Ekzeme. Für Einreibungen bei Kreuzschmerzen, gegen Läuse und Insekten.

PRAKTISCHE ANWENDUNG

Tee-Aufguß: 1 Tl. Blätter auf 1 Tasse kochendes Wasser, 10 Minuten ziehen lassen. 3 Tassen täglich zwischen den Mahlzeiten trinken.
Essenz: 2 bis 3 Tropfen der Essenz in Honig oder Zucker oder Alkohol. 2- bis 3mal täglich.
Einreibungen: 1 El. Geraniumöl, 1 Tl. Majoranöl und 1 Tl. Lavendelöl auf ½ l Olivenöl ergeben ein äußerst entspannendes Massageöl.
(Über eine Therapie der Haut lassen sich übrigens auch die meisten der inneren Indikationen günstig beeinflussen.)
Wundbehandlung: Die Wunde zuerst mit destilliertem Wasser mit 2% Essenz waschen, danach Olivenöl mit 10% Geraniumöl auftragen. (Auch für leichte Verbrennungen geeignet.)
Rezept gegen Mundschleimhautentzündungen (Aphten): Essenz in 90%igem Alkohol lösen und in lauwarmes Wasser geben. Täglich mehrmals spülen.
Herpes: Waschungen mit destilliertem Wasser mit 2% Essenz.

ANDERE LÄNDER, ANDERE ZEITEN

1690 wurden die aus Südafrika stammenden Pelargonien zum ersten Male nach Europa gebracht. Die beliebten Zierpflanzen bürgerten sich schnell ein. Die Ölgewinnung versuchte 1857 der Franzose Demarson,

132

erste Kulturen in der Provence und Algerien folgten kurz darauf. Der Sammelname ›Geranium‹ für die vielen Geranien- und Pelargoniensorten entstand, als Miller und Linné 1763 sich darauf einigten, Pelargonien und Geranien zu einer Familie zu vereinigen, den Storchenschnabelgewächsen oder Gerianiazeen. Ihr gemeinsames Kennzeichen ist die Zygomorphie der Blüte und die Ausbildung des Blütensporns. Gegen Ende des vorigen Jahrhunderts, in der ›Belle Époque‹, war das Geraniumöl bei Opernsängern und Sängerinnen als stimmpflegendes Mittel bekannt. Als einmal Hortense Schneider, die große französische Operettensängerin, ihre Stimme über Nacht verlor, empfahl ihr der Komponist Jacques Offenbach Geraniumessenz − und siehe da, sie gewann ihre Stimme zurück!

Sonstige Anwendung

Geraniumöl ist ein wichtiger Ausgangsstoff für die Parfümindustrie, besonders für Rosen- und Phantasieparfüms. Bei Augenentzündungen Augenbäder mit destilliertem Wasser und 1% Essenz.
Creme bei Hautproblemen: 1000 g süßes Mandelöl, 250 g weißes Wachs, 50 g Geraniumessenz und 600 g destilliertes Wasser.
Küche: Die frischen Blätter der wohlriechenden Pelargonie (von der es etwa 75 Sorten gibt) können völlig neue Akzente bei einer Reihe von Rezepten setzen. Sie weisen Geschmacksrichtungen auf, die auf Mandeln, Äpfeln, Aprikosen, Kokosnuß, Muskat, Orange, Pfefferminze und Rosen tippen lassen und eignen sich daher ganz besonders für die Zubereitung von Gelees, Marmeladen, Kompotten und Fruchtschalen. So große Vielseitigkeit ist zwar kaum zu glauben, aber wahr! Besonders Experimentierfreudige setzen Salaten ein bis zwei Pelargonienblättchen hinzu.
Spagirik: Geranium maculatum, der gefleckte Storchenschnabel, bei inneren Blutungen, Hämorrhoiden, Durchfall. 10 bis 30 Tropfen der spagirischen Essenz auf eine Tasse Wasser schluckweise im Lauf des Tages trinken.
Homöopathie: Urtinktur. Stärkend, harntreibend, zusammenziehend.
Seelisch-geistige Wirkung des Geruchs: Hilft, das innere Gleichgewicht wieder herzustellen. Der extrovertierte Geruch löst feindselige Atmosphären auf und ist daher das ideale Parfum für den Büroalltag.

JASMIN

Jasmin bzw. *Jasminum officinale/grandiflorum/sambac*

Familie der Jasmingewächse — *Oleaceae*

KURZBESCHREIBUNG

Jasmin officinale, grandiflorum und sambac gehören zu den 200 verschiedenen Jasmingewächsen, die es auf der Erde gibt. Es sind weiß oder gelbblühende Stauden, die ihre ganze Kraft in die überwältigende Blütenpracht legen. Jasminum grandiflorum und sambac stammen ursprünglich aus Ostasien. Jasminum officinale ist eine wildwachsende europäische Art, die gerne in Gärten angepflanzt wird. Ihr Beiname ›officinale‹ bedeutet, daß die Pflanze früher medizinisch genützt wurde.

Heute gehört Jasmin zu den bedeutendsten und teuersten Parfümpflanzen überhaupt. Das Öl wird durch ›enfleurage‹, Extraktion mit chemischen Lösungsmitteln und Dampfdestillation gewonnen, wobei die Extraktion für die Parfümgewinnung das ergiebigste Verfahren ist. Der Geruch ist betäubend und anregend zugleich; man wird an Rosenöl mit exotischen Beinoten erinnert.

INHALTSSTOFFE

Ca. 0,3% ätherisches Öl (d-Linalool, Linalylacetat, Benzylacetat, Jasmon, Indol).

EIGENSCHAFTEN

Der Jasmin weist mit dem freigebigen Verströmen seiner ätherischen Öle auf die ihm eigene Wirksphäre hin: Seelische Verkrampfungen werden gelöst, die Stimmung bessert sich, Selbstvertrauen und Optimismus stellen sich wieder ein. Der Jasmin hilft Menschen, denen es schwerfällt loszulassen, zu geben und zu nehmen. Das Öl ist ein vorzügliches Mittel für jene seelischen Leiden, die noch keinen organischen Niederschlag gefunden haben, aber nichtsdestotrotz ernstzunehmende Probleme darstellen. Der Bezug zur weiblichen Sexualität ist deutlich ausgeprägt: erotisch stimulierend, galaktogen, regel- und geburtsfördernd. Es ist schwach antiseptisch, krampflösend und schmerzstillend.

Jasmin entfaltet seine volle Wirkung bei der äußeren Anwendung. Die innere Anwendung ist lediglich als Ergänzung gedacht.

Kompressen, Auflagen: Schmerzstillendes Öl. 200 g Jasminblüten drei Wochen in 500 ml Olivenöl mazieren (sich auflösen) lassen. Das funktioniert nur in einem verschlossenen Gefäß. Oder: 1 El. Jasminöl auf 500 ml Oliven-, Avocado- oder Sonnenblumenöl. In eine dunkle Flasche abfüllen und gut verschließen.

Massageöl: 1 Tl. Bergamotteöl, 1 Tl. Jasminöl, 2 Tl. Sandelholzöl (weiß) in 500 ml Oliven-, Avocado- oder Sonnenblumenöl mischen. Diese Mischung ergibt ein tonisierendes und erotisch anregendes Massageöl.

Essenz: Da Jasminöl mittels chemischer Extraktion gewonnen wird (sog. ›Rekonstitution‹), sollte das Öl nur äußerlich angewandt werden.

ANDERE LÄNDER, ANDERE ZEITEN

Schon der betörende Duft des Jasmins läßt vor dem inneren Auge Visionen von ›Calme, Luxe et Volupte‹, Frieden, Luxus und Wollust (Baudelaire) entstehen. Für die asiatische Lebenskunst ist der Jasmin Symbol und lebendige Wirklichkeit der sinnlichen Liebe. In einem alten indischen Lied heißt es: »Blühender Jasmin auf dem Kopf, Sandelholz und Safran am Körper und eine schöne Frau an der Seite, all das ist ein Rest des himmlischen Paradieses.« Bis zum heutigen Tag ist Jasmin bei den Indern äußerst populär geblieben.

Mehrere Arten werden hier angebaut; Jasminum ajonicum (Bela), J. auriculatum (Juhi a), J. grandiflorum (Chameli) und J. sambac (Maghra).

Maghra wird vor allem in Ghazipur, einem wunderschönen Ort oberhalb von Benares, der heiligen Stadt Indiens, kultiviert. Weil der Gehalt an ätherischen Ölen nachts zunimmt, »pflückt man die Blüten meistens am Abend und breitet sie auf den Dächern der Häuser aus. Um Mitternacht beginnt die Verarbeitung der Blüten« (Gildemeister). Neben vielen anderen Indikationen wird Jasmin in Indien gegen Augenkrankheiten (Blätterkompressen), Schlangenbisse und Frigidität verwendet.

Der Name Jasmin ist arabisch ›yasmin‹ bzw. persisch ›yasaman‹. Auch im islamischen Kulturkreis, der vieles bewahrte, was sonst spurlos verlorengegangen wäre, war der Jasmin nicht unbekannt. In Schiraz gewann man im 8. Jahrhundert ein Öl aus Jasminblüten, das weit über die Grenzen Persiens bekannt war. Abul Fazl, der Geschichtsschreiber des Kaisers Akbar (1542 – 1605), beschrieb die Herstellung von ›Araq‹ (Arrak) aus Orangen- und Jasminblüten.

Den Chinesen waren mindestens zwei Arten Jasmin bekannt. Chi-Han, ein Autor der späteren Ch'in-Dynastie, erwähnt Jasminpflanzen, die in Südwest-China wachsen. ›Mo-li‹, der Sambac-Jasmin, dagegen wird von Peking bis Kanton angebaut. Weil der Duft der Jasminblüten schlechte Luft und bedrückende Atmosphären reinigen kann, breitete man oft einige blühende Zweige über dem Bett aus. Gästen, die sich von einem Gelage verabschiedeten, gab man Jasmin mit, als natürliches ›Alka-Seltzer‹. Beliebt war das Jasminöl für Massagen, besonders nach einem heißen Bad. Die jungen Mädchen, die ihre Dienste auf den Blumen-Booten des Yangtse-kiang anboten, trugen Jasminblüten im Haar, überstreuten das ganze Boot mit Blüten und massierten die ›Gäste‹ mit Blütenöl. Schon immer wußten die Chinesen Sinn für Ästhetik und praktisches Denken miteinander zu verbinden...

Die europäischen Kräuterärzte des 16. und 17. Jahrhunderts kannten Jasmin (J. officinale) und beschrieben seine Heilwirkung. John Evelyn, ein englischer Autor des 17. Jahrhunderts, bekannt durch seine geistvollen Tagebücher, hatte bereits 1661 ausgesprochen ›grüne‹ Ideen. Er schlug in seinem Buch ›Fumifugium: or the smoake of London dissipated‹ vor, London mit aromatischen Pflanzen zu bewachsen. Jasmin und andere duftende Pflanzen sollten die Atmosphäre reinigen und so für die Beseitigung der Luftverschmutzung sorgen! Evelyn und Beuys hätten sich sicher gut verstanden!

SONSTIGE ANWENDUNGEN

Für die Parfümherstellung gilt der Jasmin aus der Gegend um Grasse (Südfrankreich) als besonders wertvoll.
Sambac-Jasmin wird zur Parfümierung chinesischer Teesorten gebraucht.
Seelisch-geistige Wirkung des Geruchs: Jasminöl soll den persönlichen Magnetismus verstärken.

KAMILLE

Kamille bzw. *Matricaria chamomilla*

Familie der Korbblütler — *Asteraceae (Compositae)*

Verwendete Pflanzenteile: Blütenköpfchen

KURZBESCHREIBUNG

Kamille ist eine 20 bis 40 cm große, einjährige Pflanze mit weißen Blüten und gelber Mittelscheibe. Ursprünglich in Süd- und Osteuropa heimisch, ist sie seit einigen hundert Jahren auch in Mitteleuropa verbreitet. Die an Gänseblümchen erinnernde Kamille wächst an Wegrändern, auf Äckern und Schutthalden. Im Gegensatz zur Hundskamille, die für Heilzwecke nicht in Betracht kommt, riecht sie würzig-herb und besitzt nach unten geschlagene Blütenblätter. Sie kann leicht aus Samen gezogen werden und wächst auch gut in Töpfen. Der Samen wird im Frühjahr an einem sonnigen und trockenen Standort nicht zu tief in die Erde verpflanzt. Erntezeit für die Blütenköpfchen ist kurz nach dem Aufblühen, wenn der Gehalt an ätherischem Öl am höchsten ist. Durch genaue Beobachtung der Pflanze fand man heraus, daß die Konzentration der ätherischen Öle tageszeitlichen Schwankungen unterliegt, und die besten Erträge an sonnigen Tagen gegen Mittag erzielt werden.

INHALTSSTOFFE

Ca. 0,4% ätherisches Öl (davon 50% Bisabolol, 10% Proazulen), Cumarine, Flavone, Cholin, Bitterstoffe, Glykoside.

EIGENSCHAFTEN

Die Kamille verkörpert das Urbild der aromatischen Heilpflanze. Sie ist das in Europa am häufigsten verwendete Hausmittel aus dem Pflanzenbereich. Entscheidend für ihre große Heilkraft ist das tiefblaue Azulen,

137

ein Bestandteil des ätherischen Öls. Erst bei der Zubereitung (Aufguß, Destillation) entsteht aus einer Vorstufe, dem Proazulen, das entzündungswidrige Azulen. Obwohl die Kamille zu den bestuntersuchten Pflanzen gehört, birgt sie noch einige Geheimnisse. Ihre Heilwirkung aus den chemischen Eigenschaften erklären zu wollen, würde ihr sicher nicht gerecht werden. Kamille wirkt schmerzstillend, krampflösend, beruhigend, entzündungswidrig, schweißtreibend, stärkend, fiebersenkend und wundheilend. Gegen Staphylokokken, Streptokokken und Proteus vulgaris-Bakterien ist Kamillenöl in einer Konzentration von 1:2000 wirksam. Die Zahl der weißen Blutkörperchen soll sich nach Einnahme verdreifachen (Dady).

INNERE ANWENDUNG

Magen-Darm-Katarrhe, Gastritis, Zwölffingerdarmgeschwür, Leber- und Gallenbeschwerden (Entzündungen des Gallenganges), Katarrhe der oberen Luftwege, Stirn- und Nebenhöhlenentzündungen, Menstruationsbeschwerden; ausgleichend in der Zeit des Klimateriums. Neuralgien, Schlaflosigkeit, seelische Erregung, Ärger, Übelkeit. Wenn man sich fürchterlich aufgeregt hat und der Ärger noch im System sitzt, ist eine Tasse Kamillentee das Mittel der besten Wahl.

ÄUSSERE ANWENDUNG

In Form von Bädern, Umschlägen, Kompressen, Waschungen, bei Hautausschlägen, schlecht heilenden Wunden, Ulcus cruris (offenes Bein), Augenentzündungen, Heiserkeit. Zum Spülen bei Heiserkeit und Zahnfleischbluten. Dampfbäder bei Stockschnupfen, Sinusitis (Nasennebenhöhlenentzündungen), Erkältungen und Kinderasthma. Sitzbäder gegen Hämorrhoiden. In Hautcremes gegen trockene Haut, Rötungen, Haarspülungen zum Aufhellen der Haare und gegen Haarausfall.

PRAKTISCHE ANWENDUNG

Tee-Aufguß: 2 Tl. frische oder getrocknete Blütenköpfe auf 1 Tasse Wasser; schluckweise, über den Tag verteilt trinken. Beim Aufbrühen das Gefäß gut verschlossen halten, da sich sonst die ätherischen Öle verflüchtigen.

Essenz: 2 Tropfen Essenz auf Honig oder Zucker, 2- bis 3mal täglich. Die Essenz ist besonders bei verschiedenen Neuralgien (Kopf-, Zahn-, Ohrenschmerzen) und Erkältungen hilfreich.

Wund- und Hautbehandlung: Die Blütenköpfe abkochen, den Absud vor Aufbringen auf Wunden durch ein sauberes Tuch filtern. Bei Hauterkrankungen (Gesicht) eine Handvoll Blüten mit kochendem Wasser übergießen, das Gesicht den Dämpfen aussetzen, wie beim Inhalieren. Am besten mit einem Handtuch über Kopf und Gefäß.

Augenentzündungen: Ein Kamillenteebeutel oder ein Mullsäckchen in heißes, gerade gekochtes Wasser tauchen und auflegen.

Kamillentee nicht über längere Zeiträume trinken, nach drei Wochen spätestens eine Pause einlegen.

Haarwäsche: Zwei Handvoll Kamillenblüten mit 1 l kochendem Wasser aufgießen.

Andere Länder, andere Zeiten

Plinius gibt in seiner monumentalen ›Historia naturalis‹ eine Erklärung für die Bezeichnung ›Kamille‹ (Chamomilla); ›Chamae‹ nahe der Erde und ›Melon‹, Apfel, eine Pflanze also, die dem Boden verhaftet bleibt und nach Äpfeln riecht. Man nimmt an, daß die Ägypter Kamille als schmerzlinderndes Mittel verwendeten. Der griechische Kräuterarzt Dioscorides kannte die römische Kamille (Anthemis) und beschrieb sie unter dem Namen ›Leukanthemum‹.

Auch die Germanen waren mit der Kamille vertraut. Sie galt als eine der neun heiligen Pflanzen und war dem Gott Baldur geweiht. Die Sonnenwende, der längste Tag des Jahres, war das Fest des Lichtgottes Baldur oder Balder. In der Nacht auf die Sonnenwende, so erzählte man sich seit Urzeiten, besaßen die Pflanzen magische Kräfte. Kamillen, die in dieser Nacht gesammelt wurden, waren besonders heilkräftig. Heute noch heißt die Kamille auf dänisch ›Baldersbraa‹. Im Mittelalter verteilte man die Kamille und andere aromatische Kräuter auf den Steinfußböden der Burgen und Festsäle, in der Hoffnung, so die muffigen Gerüche vertreiben zu können.

Arabische Ärzte (Avicenna, Mesue) verschrieben die Kamille oft bei Frauenleiden, wie überhaupt der Beiname ›Matricaria‹ auf den Bezug zur ›Matrix‹ der Gebärmutter hinweist.

Das Kamillenöl fand zum ersten Mal lobende Erwähnung im ›Hortus medicus et philosophicus‹ des Nürnberger Arztes J. Camerarius (Frankfurt, 1588). Er verwendete das Öl gegen ›Kolik‹. Wenig später, 1608, finden wir es in der Schweinfurter Taxe aufgeführt. Als im 16. und 17. Jahrhundert die kunstvolle Anlage von Gärten in Mode kam, mußte die Kamille eine recht undankbare Rolle übernehmen. Sie wurde auf Gartenpfaden gepflanzt, damit sie beim Betreten ihr herbes Aroma verströmte. Je mehr auf ihr herumgetrampelt würde, desto besser wüchse sie, hieß es damals.

Für viele Menschen blieb sie dennoch eine besondere Pflanze, der ›Pflanzenarzt‹. Brachte man sie in die Nähe einer dahinsiechenden Pflanze, so wurde sie durch die Kamille geheilt.

Wenn wir die vielen Hinweise auf den Charakter der Kamille sammeln, ergibt sich ein deutliches Bild: Es ist eine genügsame Heilpflanze, die für die Pflanzengemeinschaft lebt und das Leben ohne Widerspruch annimmt. Das homöopathische Mittelbild hingegen zeigt Menschen, denen es schwerfällt, sich aus Egozentrik und Wehleidigkeit zu lösen. Die Kamille hilft hier, Unzufriedenheit, Schmerz und Ärger loszulassen — all die Entzündungen der Seele und des Körpers.

SONSTIGE ANWENDUNG

Spagirik: Chamomilla (= homöopath. Bezeichnung der Kamille), innerlich wie Homöopathie. Dosierung: 10 bis 20 Tropfen der spagirischen Essenz auf ein Glas Wasser, 2- bis 3mal stündlich ein Tl. bis ein El. Äußerlich bei Wunden mit Wasser 1:4 verdünnt.

Homöopathie: Schmerzintoleranz, Überempfindlichkeit, Folgen akuten Ärgers. Kinder sind »reizbar, ungeduldig, verlangen alles mögliche und immer anderes, wollen herumgetragen werden, sind unleidlich« (Stauffer). Dosierung: D 2, D 30, D 200 (Nash).

LAVENDEL

Lavendel bzw. *Lavendula officinalis*

Familie der Lippenblütler — *Lamiaceae (Labiatae)*

Verwendete Pflanzenteile: Blüten und Stengel

KURZBESCHREIBUNG

Lavendel ist ein kleiner, 30 bis 60 cm hoher, mehrjähriger Halbstrauch, mit blauen, hellvioletten oder weißen Blüten und grau-grünen lanzettartigen Blättern. Es gibt zahlreiche, wildwachsende und angebaute Varietäten, der kleine Lavendel (Lav. var delphinensis), der mittlere (Lav. var frecqres), auch englischer Lavendel genannt, der Speiklavendel (Lav. latifolia) und der Lavandeium, eine Hybride aus Speiklavendel und echtem Lavendel. Die Pflanze liebt die trockenen, warmen Hänge des Mittelmeeres (500 bis 400 m hoch). Die Blütezeit ist im Juli und August. Lavendel kann aus Samen oder Stecklingen gezogen werden. Stecklinge setzt man im Spätherbst in einen Kasten mit Sand und läßt sie Wurzeln schlagen. Im Frühjahr können sie dann in den Garten versetzt werden. Der Boden sollte kalkhaltig, gut bewässert und von der Sonne beschienen sein. Der milde beruhigende Geruch des Lavendels gehört zu den unvergeßlichen Eindrücken einer Wanderung in der Provence und dem Hinterland der Cote d'Azur.

INHALTSSTOFFE

1 bis 3% ätherisches Öl (davon 30 bis 53% l-Linalyacetat, l-Linalool, Borneol, Isoborneol), Gerbstoffe.

EIGENSCHAFTEN

Der Lavendel gehört zu den wertvollsten aromatischen Heilpflanzen. Seine vielfältigen Anwendungsmöglichkeiten machen ihn zu einem

Begleiter in guten und schlechten Tagen. Von den täglichen Verrichtungen der Hygiene bis zur stimmungsaufhellenden Wirkung des Lavendelparfums wehrt der Lavendel wie ein guter Hausgeist die schlechten Einflüsse ab. Neben seinen vorbeugenden Eigenschaften ist der Lavendel krampflösend, schmerzstillend, keimabtötend, galletreibend, stärkend und beruhigend, blutdrucksenkend (Caujolle, Cazal), regelfördernd, wundheilend und entgiftend.

INNERE ANWENDUNG

Nervosität, Überreiztheit, seelische Verstimmungen, Schlaflosigkeit, nervöses Herzklopfen, Schwindelgefühle, Ohnmacht, Krämpfe, Magenschmerzen, fiebrige Zustände, Beschwerden der Atemwege, Husten, Grippe, (symptomatisch) Bronchitis, Rheuma, Bluthochdruck, spärliche Menses, Migräne, Darmparasiten.

ÄUSSERE ANWENDUNG

Verschiedenste Wunden, infizierte und schlechtheilende, Ulcus cruris (offenes Bein), Verbrennungen, chronische Ekzeme, Akne, zum Einreiben, schmerzlindernd und Verkrampfungen auflockernd, Neuralgien.

PRAKTISCHE ANWENDUNG

Innere Anwendungen:
Tee-Aufguß: 3 Tl. Blüten auf 2 Tassen Wasser, 10 Minuten zugedeckt ziehen lassen.
Essenz: 2- bis 3mal täglich 2 Tropfen auf Zucker.
Bei Husten und nervösem Herzklopfen 3 Tropfen auf Honig/Zucker.

Äußere Anwendungen:
Lavendelwasser: (Quetschungen, Verrenkungen etc.) Destilliertes Wasser (Aqua destillata, gibt es in der Apotheke zu kaufen) und 2% Lavendelessenz.
Lavendelcreme: Süßes Mandelöl und 250 g weißes Wachs (cera alba, ebenfalls in der Apotheke erhältlich) und 750 g destilliertes Wasser.
Lavendelspiritus: 1 l 80%iger Alkohol mit 60 g Essenz vermischen.
Gegen Verbrennungen: 1 l Olivenöl und 100 g Essenz.

Kleine Verbrennungen und Insektenstiche: 1 bis 2 Tropfen Essenz auf die verletzte Stelle.

Eine gute Inhalationsmischung: Lavendel, Eukalyptus-/Thymian-/Latschenkiefernessenz in destilliertes Wasser.

Für Vaginalspülungen und Badezusätze: ½ Handvoll Pflanzen auf 1 l Wasser (überbrühen, durch ein Tuch abfiltern).

Die Kombination verschiedener Lavendelarten gilt als sehr heilkräftig. Jedoch kann zu reichlicher Gebrauch von Lavendeltee/Essenz Kopfschmerz hervorrufen.

ANDERE LÄNDER, ANDERE ZEITEN

Der Schopflavendel (Lavendula stoechas) ist der Urahn aller heutigen Lavendelarten. Unter den verschiedensten Bezeichnungen (Stoechas, Nardos, Oculos Pythonis) war er den Griechen und Römern bekannt. Dioscorides reiht ihn unter die Antigiftstoffe ein, auch bei Halsschmerzen verwendet er ihn. Daß Lavendel tatsächlich stark entgiftend wirkt, wußten die Schäfer der Provence seit ewigen Zeiten, sie verwendeten ihn bei sich und allen Tieren gegen Schlangenbisse. Plinius d. Ä. berichtet von den hohen Preisen, die die Römer damals für Lavendel zahlten – 1 Pfund Lavendel kostete 100 Denarii. Aus dieser Zeit stammt der Name Lavendel, ›lavendula‹ von ›lavare‹ waschen (lat.). Die Römer legten nämlich Lavendelsträuße zwischen die frischgewaschene Wäsche, die dadurch wunderbar duftete. Lavendel hielt außerdem Motten und andere unangenehme Insekten fern. Die alten Hebräer benutzten Lavendel zu Räucherungen. Bei uns in Mitteleuropa taucht der Lavendel zuerst in den Klostergärten des 11. Jahrhunderts auf. Hildegard von Bingen nennt den Lavendelwein, »ein bitter Trank gegen Leberleiden«. Für Paracelsus ist er ein wichtiges Nervenmittel; sogar Geisteskrankheiten, Hysterie, Manie sucht er wo möglich damit zu beeinflussen.

Adam Lonicer schreibt 1689: »Die Blumen in Wein gesotten, den Getrunken treibt den Harn / stillet das Magenweh / vertreibt die Geelsucht / ist gut gegen Schlag. Solches bringt auch die Sprach wieder / und stillet das Zahnwehe.

Lavendelwasser ist gut für Krampf und für die Kaltsucht / für den Schlag und für die schlafend Glieder / auch für Zittern der Glieder und der Hände / es vertreibt den Schwindel, das Haupt damit gestrichen.«

Küche. Lavendelessig.

Das destillierte Lavendelöl ist einer der wichtigsten Riechstoffe der Parfümindustrie. Der Lavendelgeruch verbindet sich ausgezeichnet mit anderen Riechstoffen und wird hauptsächlich für Toilettenwasser (Eau de Cologne, Lavendelwasser), Seifen und Talkumpuder verwendet. In England ist Lavendel seit dem 17. Jahrhundert sehr beliebt und wird dort auch in großen Mengen angebaut. Es gibt in England einen Typus rüstiger älterer Damen – man denke an ›Miss Marple‹ von Agatha Christie –, der, von einer Wolke Lavendelparfum umgeben, den Kampf gegen das Böse in der Welt führt.

Lavendel eignet sich vorzüglich für Kräuterkissen, Potpourris, Sachets und Badezusätze.

In Kleiderschränken zwischen die Wäsche gelegt, vertreibt Lavendel Motten, riecht auch bedeutend angenehmer als Mottenkugeln.

Speiklavendelsträuße in der Wohnstube aufgehängt, vertreiben Fliegen und Stechmücken.

Geistig-seelische Wirkung des Geruchs: Lavendel besitzt einen ›moralischen‹ Geruch, der eine Atmosphäre von Reinheit, Frische und Abgeklärtheit entstehen läßt. Der Duft hilft, richtige Entscheidungen zu treffen.

MAJORAN

Majoran bzw. *Origanum majorana*

Familie der Lippenblütler — *Lamiacae (Labiatae)*

Verwendete Pflanzenteile: das blühende Kraut

KURZBESCHREIBUNG

Majoran ist eine im Mittelmeergebiet heimische, mehrjährige, bei uns einjährige Gewürzpflanze.

In den kälteren Regionen sterben die Blätter und Stiele der ca. 50 cm hohen Pflanze jedes Jahr ab, nur die Wurzel ist mehrjährig. Der Samen braucht viel Sonne und einen einigermaßen feuchten Boden, aus Stengeln und geteilten Wurzeln kann man ebenfalls neue Pflanzen ziehen. Majoran ist frostempfindlich, eignet sich aber vorzüglich für die Topfzucht. Zum Trocknen sammelt man das ganze Kraut kurz vor oder während der Blütezeit von Juli bis September. Die Blüten sind blaßrot oder weiß, der Geruch ist intensiv-würzig.

INHALTSSTOFFE

1 bis 1,7% ätherisches Öl (davon α- und y-Terpinen, Terpinenol, Linalool, Sabinen), Bitterstoffe, Labiatensäure, Flavonoide.

EIGENSCHAFTEN

Der in Deutschland geläufige Name Wurstkraut weist auf den beschränkten Gebrauch hin, den wir von dieser uralten Kulturpflanze machen. Majoran kann mehr, als Wurst vor Fäulnis bewahren. Ein Schwerpunkt der Heilwirkung sind die krampflösenden und beruhigenden Eigenschaften. Majoran bewirkt im Organismus eine Umschaltung von nach außen gerichteter Aktivität (Sympathikotonie) auf eine Ruhe- und Erholungsphase (Vagatonie). Der ganze Bereich der Verdauung wird angeregt, während die Sinnesorgane eine Dämpfung erfahren.

Majoran ist schmerzstillend, keimtötend, blähungswidrig, verdauungsfördernd, blutdrucksenkend, auswurffördernd, beruhigend, regelfördernd, abführend, sexuell dämpfend und wundheilend.

INNERE ANWENDUNG

Verdauungsbeschwerden, Blähungen, Koliken, Verstopfung, krampfartiger Husten, Bluthochdruck, Migräne, schmerzhafte Regelblutungen, Nervenschwäche, Ängstlichkeit, Einschlafstörungen.

ÄUSSERE ANWENDUNG

Rheuma, Arthritis, Gicht, Krampfadern und steife Gelenke, Neuralgie, ein ausgezeichnetes Massageöl, bei kleinen Verletzungen, zum Gurgeln bei Mund- und Halsentzündungen, als Nasenspülmittel bei Heuschnupfen und Stockschnupfen.

PRAKTISCHE ANWENDUNG

Tee-Aufguß: ½ bis 1 Tl. auf 1 Tasse Wasser, 10 Minuten bedeckt ziehen lassen. 2 bis 3 Tassen täglich.

Essenz: 2 Tropfen Essenz, 2- bis 3mal täglich in Honig, Alkohol, Joghurt usw. Die angegebenen Dosierungen nicht überschreiten, da sonst Kopfweh, bei großen Mengen sogar Lähmungserscheinungen auftreten können!

Zum Einreiben: Majoranöl zum Einreiben. Eine Handvoll frisches Kraut in 1 l Olivenöl, 2 bis 3 Wochen in der Sonne stehen lassen, abfiltern.

Oder: Zwei Handvoll getrocknete Pflanzen auf ¾ l Olivenöl eine halbe Stunde im Wasserbad kochen lassen. Danach durch ein Tuch abfiltern.

Massageöl zum Entspannen (Robert Tisserand): 10 Teile Geranie, 5 Teile Lavendel, 4 Teile Majoran, als 2% Lösung in Olivenöl oder Sonnenblumenöl.

Maurice Mességué empfiehlt gegen Katarrh und Migräne, den abgefilterten frischen Preßsaft durch die Nase hochzuziehen, da mag einem der Katarrh schon vorher vergehen...

»Majoran gepulvert / in die Nase gelassen / säubert und erwärmet das Haupt ist jedermann gut«, steht in einem alten deutschen Kräuterbuch.

Andere Länder, andere Zeiten

Die Geschichte des Majoran beginnt im Mittleren Orient, zwischen Persien und dem Zweistromland. Von hier muß er schon sehr früh nach Ägypten gekommen sein. 3000 Jahre läßt sich der Anbau in Ägypten zurückverfolgen. Eines der beliebtesten Salböle der Griechen, wie viele Duftstoffe der Ägypter bestanden aus Olivenöl und Majoran. In einer griechischen Komödie heißt es:»Der Mund des reichen Mannes riecht nach Majoranöl, und sein Körper riecht, wenn er liebt, nach Sellerie.«

Petrus de Crescentius, ein Anwalt aus Bologna, schreibt in seinem Traktat über Agrikultur, 1471, daß jeder einen Garten entsprechend seinem sozialen Rang besitzen solle. Selbst die Ärmsten durften einen kleinen quadratischen Garten besitzen, mit einem Brunnen in der Mitte und die Erde mit Salbei, Basilikum, Minze und Majoran bepflanzt.

Für die Therapie waren über Jahrhunderte seine krampflösenden und beruhigenden Eigenschaften vorrangig. Wenn man zuviel Anspannung und Verkrampfungen fühlte, seelisch oder körperlich, da gab man Majoran. (Ob es sich um eine ›Zerteilung‹ von Geschwüren handelte oder sexuelle Überregtheit, auch eine Zusammenballung seelischen Kummers, der das Herz bedrängte, wo sich krankhaft Energien ballten, löste sie der Majoran auf.)

Großstadtmenschen, die in ständiger Anspannung leben, denen das ›Abschalten‹ unmöglich wird, könnten in Majoran mehr als nur ein Wurstkraut finden.

Sonstige Anwendungen

Die getrockneten und gepulverten Majoranblätter können als Zahnpasta verwendet werden.

Kräuterkissen gegen rheumatische Beschwerden.

Küche: Majoranbutter, 5 g frischer Preßsaft mit 30 g Butter vermengt.

Spagirik: Krampflösend, Nerventonikum, ausscheidend und schleimlösend. 5 bis 15 Tropfen der spagirischen Essenz mehrmals täglich in Wasser einnehmen.

Majoranöl wirkt noch in seiner Verdünnung von 1:8000 antiseptisch gegen Gonokokken (Tripper). Die Heilkraft wird noch gesteigert, wenn gleichzeitig Fenchel, Salbei und Rosmarin gegeben werden.

Wilder Majoran s. unter Origanum, Kap. ›Duftstoffe und Gewürze‹.

MELISSE

Melisse bzw. *Melissa officinalis*

Familie der Lippenblütler – *Lamiaceae (Labiatae)*

Verwendete Pflanzenteile: hauptsächlich die Blätter

KURZBESCHREIBUNG

Die Melisse ist ein 40 cm bis 1 m hohes Kraut mit ovalen bis herzförmigen, eingekerbten Blättern und vierkantigem Stengel. Blätter und Stengel sterben jedes Jahr ab, die Wurzel ist mehrjährig. Von ihrer Heimat aus, dem östlichen Mittelmeer, hat sie sich in ganz Europa verbreitet. Wildwachsend ist sie im Umkreis menschlicher Ansiedlungen zu finden, an Wegrändern, Schutthalden u. ä.

Für Freizeitgärtner, denen es an Zeit fehlt, ist sie das ideale Heil- und Würzkraut. Die Melisse wächst auf allen Bodenarten, sie ist ›pflegeleicht‹ und eignet sich für die Topfzucht. Das Aroma wird allerdings intensiver, wenn der Boden nährstoffreich und der Standort sonnig ist. Am einfachsten ist es, die Pflanze aus Stecklingen zu ziehen, Wurzelteilung und Samenzucht sind ebenfalls möglich. Blütezeit ist von Ende Juni bis August. Zerriebene Blätter riechen angenehm frisch nach Zitrone (Zitronenmelisse).

INHALTSSTOFFE

Ca. 0,3% ätherisches Öl (davon ca. 39% Citronellal, 30% Citral, Citronellol, Linalool, Geraniol), Bitterstoffe, Gerbstoffe.

EIGENSCHAFTEN

Die Melisse ist die sanfteste Heilpflanze der großen Labiatenfamilie. Sie kann unbedenklich für alltägliche Kräutermischungen herangezogen werden. Nach einer Tasse Melissentee fühlt man sich eigenartig beschwingt und beruhigt zugleich. Ganz anders dagegen die Wirkung des

148

Kaffees und anderer koffeinhaltiger Getränke. Gedankenflucht und künstliche Euphorie weichen bald einem Zustand der Abgeschlagenheit. Melissentee dagegen läßt keine Überdrehtheit aufkommen. Das Bewußtsein ist im Einklang mit den tieferen Seinsschichten.

Die Melisse ist leicht beruhigend, stärkend, krampflösend, verdauungsfördernd, blähwidrig, schwach keimtötend, schweißtreibend, regelfördernd, regt die Gehirntätigkeit an.

INNERE ANWENDUNG

Magen- und Darmbeschwerden, Aerophagie (Luftschlucken), nervös bedingte Kopfschmerzen, Migräne, Einschlafstörungen, Wetterfühligkeit, Herzbeschwerden ohne organische Ursache, Herzklopfen, nervliche Anspannung, Nervenzusammenbruch, Schock, Depressionen, Schwindelgefühl, Menstruationsbeschwerden, Kopfweh und Schwindel während der Schwangerschaft.

ÄUSSERE ANWENDUNG

Kleinere Verletzungen, Insektenstiche, Rheuma, Hautpflege.

PRAKTISCHE ANWENDUNG

Tee-Aufguß: 1 bis 3 Tl. Kraut auf 1 Tasse Wasser, 10 Minuten ziehen lassen.

Tinktur: 10 g Melissenblätter 4 Wochen lang in 100 g 70%igen Alkohol gut verschlossen an einem warmen Platz ziehen lassen.

Melissenwasser: 1 Handvoll trockene Melissenblätter, 1 ungespritzte Zitronenschale, 1 Zimtstange, 1 Prise Muskatnuß, 1 Tl. zerstoßener Koriander, 5 Gewürznelken auf 1 l Branntwein 10 Tage an einem schattigen Platz ziehen lassen. Das Gefäß muß gut abgedeckt sein.

Ein anderes Rezept für *Melissen-Karmelitergeist:* 150 Teile Spiritus, 250 Teile Wasser, 15 Teile Melisse, 12 Teile Zitronenschale, 6 Teile Muskatnuß, 3 Teile chinesischer Zimt und 3 Teile Gewürznelken. 20 bis 30 Tropfen auf 1 Glas Wasser.

Absud: 1 bis 3 Handvoll Blätter auf 1 l Wasser für Vaginalspülungen, Klistire, Lotionen.

Umschlag: Ein Breiumschlag aus zerstoßenen, frischen Blättern hilft bei Abschürfungen, Quetschungen, kleinen Wunden, Bienen- und Wespenstichen.

ANDERE LÄNDER, ANDERE ZEITEN

Melissa, die Honigbiene, nannten die Griechen die Melisse. Weil Bienen offenbar den Geruch lieben, pflanzte man die Melisse in die Nähe von Bienenstöcken. Der Dichter Vergil lockte die Bienen mit Melisse an, und Columella, ein römischer Autor, der ein wichtiges Werk über Landwirtschaft und Pflanzenanbau hinterließ, versuchte sogar die Bienenkönigin anzulocken, indem er seine Hand mit Melissenkraut einrieb.

Dioscorides, ein Militärarzt Kaiser Neros, verwendete die Melisse gegen Zahnschmerzen, Gicht und Hundebisse. Die herzstärkende Wirkung haben wahrscheinlich zuerst arabische Ärzte erkannt. Sie gaben Melisse bei nervösem Herzklopfen, Angstzuständen, trüben Gedanken und Gedächtnisverlust. Außerdem galt sie als stärkend für den gesamten Organismus.

Die Benediktinermönche übernahmen die Pflanze im frühen Mittelalter in ihre Klostergärten. Hildegard von Bingen lobte die Melisse über den Klee: »Sie hat die Kraft von 15 Kräutern, muntert auf und stärkt das Herz.« Paracelsus bestätigt nur die Tradition: »Melisse ist von allen Dingen, welche die Erde hervorbringt, das beste Kräutlein für das Herz.« Für Paracelsus war die herzförmige Gestalt der Blätter das Signum der Herzwirkung. Der Tübinger Professor Leonhard Fuchs weist noch einmal auf die Liebe der Bienen zur Melisse hin: »Diese Namen (Melissen, Honigblumen) aber hat sie übernommen, darumb das die Immen oder Bynen ein sonderlich Lieb und Begird zu diesem Kraut haben und das Honig darauß saugen... So man die Ymmenkörb mit diesem Kraut reibt, so fliegen die Bynen nit hinweg.«

Über die Heilwirkung sagt er: »Ist fürtrefflich gut denen, so traurig und schwermütig seynd, in Wein gesotten und getrunken.«

1611 stellten die Karmeliterinnen in Paris ein ›Geheimmittel‹ her, für das sie fleißig und geschickt die Werbetrommel rührten. Unter Aufsicht des Klosterapothekers, Pater Elias Coen, in Paris hergestellt, war der Karmeliter-Geist bald weltberühmt. Als die Barfüßer-Karmeliterin Maria Clementine Martin von Napoleon 1826 aus ihrem Brüsseler Kloster vertrieben wurde, floh sie nach Köln, wo nun das ›ächte Melissenwasser‹ hergestellt wurde.

Heutige, kommerzielle Melissengeist- und Karmelitergeistprodukte enthalten wenig oder gar keine Melissenessenz. Als Ersatz für die teure Melissenessenz (nur 0,3 % Ausbeute an ätherischem Öl) wird das ähnlich riechende Zitronell- oder Lemongrasöl verwendet. Noch eine interessante Eigenschaft taucht hin und wieder in der Literatur auf: die lebensverlängernde Wirkung. Tatsächlich führte ein Mann, der über 120 Jahre alt wurde, sein hohes Alter auf die tägliche Tasse Melissentee zurück. Sicher, es gibt auch Zigarren rauchende, Branntwein trinkende Hundertjährige, aber es mag schon etwas daran sein, an der lebensverlängernden Wirkung der Melisse. Lebensverlängernd heißt in diesem Falle, einen Zustand innerer Ausgeglichenheit herbeiführend und krankhaften Abbauprozessen entgegenwirkend.

SONSTIGE ANWENDUNGEN

Waschen mit Melisse gibt einen schönen Teint.

Küche: Frische Melissenblätter in Salaten, Suppen und zu Fischgerichten.

Melissenessig: 100 g frische Melissenblätter mit 1 l Weinessig oder Obstessig 14 Tage lang ansetzen, abfiltern.

Melissenblätter können auch Estragonessig beigegeben werden.

Spagirik: 5 bis 30 Tropfen der spagirischen Essenz in 1 Tasse Wasser im Laufe des Tages trinken.

Äußere Anwendung: 1:3 mit 70 % Alkohol verdünnen.

Homöopathie: Urtinktur bis D 4.

NELKE

Nelke bzw. *Eugenia caryophyllata*

Familie der Myrtengewächse – *Myrtaceae*

Verwendete Pflanzenteile: Blütenknospen

KURZBESCHREIBUNG

Der 12 bis 18 cm hohe, immergrüne Gewürznelkenbaum ist auf den Molukkeninseln zu Hause, Sansibar, Pemba (Ostafrika), Madagaskar und Réunion sind weitere wichtige Anbaugebiete. Kurz vor dem Aufblühen werden die Blütenknospen gesammelt und in der Sonne getrocknet. Dadurch nehmen die weißen Blütenblätter und der rotgefärbte Kelch eine tiefbraune, beinahe schwarze Farbe an. Die getrockneten Blütenknospen sind ca. 12 bis 17 mm lang, 7 bis 10 kg Nelken erzeugt ein Baum jährlich. Der Geruch ist süßlich-würzig und sehr charakteristisch.

INHALTSSTOFFE

15 bis 21% ätherisches Öl (davon 75 bis 95% Eugenol, Aceteugenol, Caryophyllen), Harz, Fette, Oleanolsäure.

EIGENSCHAFTEN

Wer sich heute im Supermarkt ein kleines Glas Gewürznelken für wenig Geld kauft, kann sich nur schwer vorstellen, daß dieses Gewürz einmal mit Gold aufgewogen wurde. Nelken lieferten nicht nur ein exklusives Gewürz für die Tafel der Reichen, ihre medizinischen Eigenschaften waren ebenso gefragt. Neuere Forschungen bestätigen, daß die Gewürznelken tatsächlich bemerkenswerte, geradezu außergewöhnliche Eigenschaften besitzen. Sie gehören zu den stärksten keimtötenden Pflanzenprodukten überhaupt. Die Liste der erfolgreich bekämpften Erreger ist lang: Meningokokken, Streptokokken, Staphylokokken, Colibakterien,

Cholera-, Dyphterie-, Tuberkulose-, Milzbrand- und Furunkelerreger. Hervorzuheben ist auch die schmerzbetäubende Wirkung. Aus der Zahnheilkunde sind Nelkenöl und Eugenol, der Hauptbestandteil, nicht mehr fortzudenken. Nelken sind außerdem magenstärkend, krampflösend, blähwidrig, zusammenziehend, sexuell anregend, wundheilend und geburtsfördernd.

INNERE ANWENDUNG

Zur Vorbeugung gegen Infektionskrankheiten, mit Gärung oder Fäulnis verbundene Magen-Darm-Beschwerden, Durchfall, Blähungen, zur Geburtsvorbereitung, körperliche und geistige Schwächezustände (stimulierend).

ÄUSSERE ANWENDUNG

Infizierte Wunden, Zahnschmerzen, Zahnpflege, Krätze, Lupus (Schwindflechte/Haut-Tbc).

PRAKTISCHE ANWENDUNG

Tee-Aufguß: 1 bis 2 Nelken pro Tasse Wasser, zusammen mit 2 Kardamomen, Zimt und Ceylontee aufgießen. Mit Milch getrunken, ist es ein beliebtes indisches Getränk und Volksheilmittel. (Schmeckt ausgezeichnet!)
Nelkentinktur ist magenstärkend, wird mit anderen Aromaten kombiniert (Liköre usw.).
Essenz: 1 bis 3 Tropfen der Essenz in Honig oder Alkohol, 3mal täglich.
Geburtsvorbereitung: Während der letzten Monate vor der Geburt Gewürznelken in Suppen oder Saucen geben. Vor der Geburt einen Aufguß von Gewürznelken trinken (Valnet).

ANDERE LÄNDER, ANDERE ZEITEN

Lange Jahre bevor die Gewürznelke in Europa Verbreitung fand, kannten sie die Völker Ostasiens. Nach China ist sie bereits 300 Jahre vor Christi Geburt importiert worden (Poucher). Während der Tang-Dynastie gehörten Nelken zum höfischen Zeremoniell. Hohe Staatsbeamte mußten Nelken im Munde tragen, bevor sie sich an den ›Sohn des Himmels‹ wandten. Die Nelke, ›Hühnerzunge‹ genannt, sollte den Atem ver-

153

süßen (einen süßen Geruch verleihen). Zusammen mit Aloe, Elemi, Styrax, Benzoe und Weihrauch gebrauchten die Chinesen Nelken für Räucherungen. Dabei konnte das Räuchern gleichzeitig eine medizinische und religiöse Bedeutung haben. Böse Geister flohen ebenso vor den Schwaden des Räucherwerks wie lästige Insekten und Zahnschmerzen. Einen Nebeneffekt, den man am kaiserlichen Hofe sehr schätzte, hatte das Nelkenkauen. Die Fähigkeit, Unmengen Wein in sich hineinschütten zu können, wurde noch um ein Vielfaches gesteigert!

Im Oströmischen Reich scheint die Gewürznelke zuerst Eingang gefunden zu haben. Kaiser Konstantin der Große übersandte 315 dem Bischof Sylvester unter anderen Gewürzen ›Cariophylae‹. Ärzte der Spätantike und des frühen Mittelalters (A. Trallianus, P. Aeginatas) kannten die Nelke als Gewürz und Heilmittel. Hildegard von Bingen läßt ›Nelchin‹ bei Schluckauf einen Monat lang vor dem Essen einnehmen. Dennoch blieb die medizinische Anwendung der Nelke eher die Ausnahme als die Regel.

Die Zeit der großen Seefahrer brachte für den Gewürzhandel enorme Veränderungen. Gewürze bedeuteten Macht, und die Nation, die sich ein Gewürzmonopol sichern konnte, wurde über Nacht reich und mächtig.

Ein Jahrhundert lang (ca. 1500 – 1600) kontrollierten die Portugiesen den Handel mit Nelken. Im Jahre 1605 jedoch vertrieben die Holländer sie von den Molukken. Um sich ein vollständiges Monopol zu sichern, griffen sie zu Methoden, die den Praktiken der EWG (Vernichtung von Obst und Gemüse) in nichts nachstanden.

Mit Ausnahme der Kulturen auf Amboina, eine der Molukkeninseln, zerstörten sie alle anderen Nelkenbäume. Auf diese Weise konnten sie für einige Zeit die Preise auf einem astronomischen Niveau halten. Kurze Zeit nach der Radikalabholzung verbreiteten sich auf den Inseln Epidemien von ungeahntem Ausmaß. Eine Lektion, die damals noch nicht ernstgenommen wurde. Die infektionsverhütende Kraft der Nelken war dennoch nicht unbekannt. Während der großen europäischen Epidemien verwendete man nämlich Nelken für Räucherungen, Dämpfe und abwehrstärkende Tränke. Nachdem es den Franzosen 1769 gelang, Nelkenbäume auf die Insel Réunion zu schmuggeln, war das Monopol gebrochen, und die Preise purzelten in den Keller. Weder die künstlich gesteigerte Nachfrage von damals noch das kümmerliche Dasein von heute in der zweiten Reihe des Gewürzregals werden dieser außergewöhnlichen Pflanze gerecht.

SONSTIGE ANWENDUNG

Parfümerie: Für Seifen, Toilettenwasser, Herrenparfums, Mundwasser. Orangen mit Nelken gespickt reinigen den Raum bei Infektionsgefahr. Nelken gekaut, verstärken den persönlichen Magnetismus, regen an und geben wohlriechenden Atem.

Küche: Gewürznelke ist ein sehr intensives Gewürz. Vorsicht mit der Dosierung. Die indische Küche verwendet häufig Nelken. Z.B.: Reis mit Kardamom, Zimt und Nelken garen.

Flüssiges Zahnputzmittel: 100 g 80% Alkohol und 2 g Melissenessenz, 2 g Geranienessenz, 2 g Sternanisessenz, 10 g Benzoetinktur, 4 g Nelkenessenz und 5 g Melissenessenz.

PFEFFERMINZE

Pfefferminze bzw. *Mentha piperita*

Familie der Lippenblütler − *Lamiaceae (Labiatae)*

Verwendete Pflanzenteile: Blätter

KURZBESCHREIBUNG

Die Pfefferminze ist eine 50 bis 80 cm hohe Pflanze mit eiförmig bis lanzettartigen Blättern und vierzackigem Stengel. Die kleinen purpurfarbenen Blüten sind in dichten Quirlen angeordnet und blühen von Juni bis August. Da die krautige Pflanze mehrfacher Bastard ist, vermehrt sie sich nur vegetativ, d. h. über Ausläufer und Setzlinge.
Die Pfefferminze liebt feuchten Boden; sie wächst im Schatten, aber auch in der Sonne. Gibt man ihr die Gelegenheit dazu, dann wird die vitale Pflanze bald einen Teil des Gartens einnehmen. Die Blätter werden zu Anfang der Blütezeit gesammelt. Wichtigste Anbaugebiete sind die Vereinigten Staaten, die Sowjetunion und Italien. In der Bundesrepublik ist das wichtigste Anbaugebiet Bayern (Dachau, Erding); in der DDR sind es Sachsen und Thüringen. Die beste Rasse für die Gewinnung des ätherischen Öles ist die Mitchum-Rasse.

INHALTSSTOFFE

Frische Blätter: 0,15 bis 0,4% ätherisches Öl,
trockene Blätter: 1 bis 2% ätherisches Öl
(davon 40 bis 55% Menthol, 10 bis 30% Menthon, 10% Isomenthon, Menthofuran), Gerbstoffe, Bitterstoffe.

EIGENSCHAFTEN

Die Pfefferminze ist krampflösend im Verdauungsbereich, fördert die Entleerung der Galle, ist blähwidrig, entzündungswidrig, stimulierend, schmerzstillend, regelfördernd und zusammenziehend. Sie verringert die

Produktion von Magensäure und regt die Gallenabsonderung an. Menthol, der wichtigste Bestandteil des ätherischen Öls, ist für den erfrischend kühlenden Effekt verantwortlich. Dieser einzigartigen Eigenschaft verdankt Menthol seine weltweite Popularität.

Schwerpunkt der Heilwirkung ist der Verdauungsbereich, insbesondere die Verdauungsflüssigkeiten. Kopfschmerzen, Übelkeit, Abgeschlagenheit sind meistens die Folgen funktioneller Magen-, Darm- oder Leber-Gallen-Störungen. Aus diesem Zusammenhang ergibt sich auch die umfassend belebende Wirkung der Pfefferminze.

INNERE ANWENDUNG

Magenkrämpfe und Koliken, Blähungen, Durchfall (milde Wirkung). Kopfschmerzen, Migräne, Übelkeit, Erbrechen, Schwindel, Herzklopfen, Vergiftungen, die von den Verdauungsorganen, Leber- und Gallen-Beschwerden herrühren; Tuberkulose, Mattigkeit, Antriebsschwäche.

ÄUSSERE ANWENDUNG

Bronchitis, Entzündungen der Nasennebenhöhlen, Erkältungen, Zahnschmerzen, Kopfschmerzen, gegen Parasiten (Krätze, Milben).

PRAKTISCHE ANWENDUNG

Tee-Aufguß: 1 Tl. auf 1 Tasse kochendes Wasser (besser noch für die Erhaltung des ätherischen Öles ist es, das Wasser kurz vor dem Kochen aufzugießen). 3mal täglich nach oder während den Mahlzeiten.

Essenz: 1 bis 3 Tropfen mehrmals täglich auf Zucker/Honig.

Bei Beginn einer Erkältung: Eine Mischung aus Pfefferminze, Schafgarbe und Eukalyptusblättern (oder 1 bis 2 Tropfen Eukalyptusessenz in den Tee), 1 gehäufter Tl. auf 1 Tasse Wasser. Ziehen lassen, mit Honig süßen und heiß trinken. Danach sofort ins Bett legen.

ANDERE LÄNDER, ANDERE ZEITEN

Schon im ägyptischen Papyrus Ebers (1550 v. Chr.), einer der größten überlieferten Sammlungen altägyptischer Rezepte, wird eine Minzeart aufgeführt. Die Ägypter bereiteten ein Wasser aus der Minze, ›Mu‹

genannt, das gegen Bauchschmerzen half und als Ausgangsmaterial medizinischer Präparate diente. Offenbar brachten die Ägypter Minze mit dem Totenreich in Verbindung, denn der deutsche Gelehrte G. Schweinfurth fand Blumengebinde in den Königsgräbern, die Minze enthielten.

In Japan ist die Kultur der Pfefferminze (Menta arvensis var. Piper) uralt. Über 2000 Jahre läßt sie sich zurückverfolgen. Die japanische Minze enthält soviel Menthol, daß sich spontan Kristalle bilden. Es ist deshalb gar nicht so unwahrscheinlich, daß die Japaner schon frühzeitig reines Menthol gewannen. Älteste Berichte über chinesische Pfefferminze ›Wu‹ sind über 1000 Jahre alte. Damals wuchs die Pfefferminze (Mentha arvensis var. glabiata) wild in vielen Teilen Chinas, im Norden und an den Südufern des Jangtse-Flusses. Die beste Qualität soll aus Suchou kommen.

Für die Griechen war ›Mentha‹ eine Nymphe, in die sich der Unterweltherrscher Hades (Pluto) leidenschaftlich verliebte. Als Persephone, seine Gemahlin, beide auf frischer Tat ertappte, geschah Fürchterliches: Die eifersüchtige Gattin trampelte die arme Mentha in Grund und Boden! Da verwandelte Hades die Nymphe in eine Minze. Mehr konnte er für sie nicht mehr tun.

Griechen und Römer trugen Plinius zufolge bei ihren Gelagen Kränze aus Minze, um etwaigem Kopfweh vorzubeugen.

Spätestens zur Zeit Karls des Großen kamen die Minzen über die Alpen zu uns. Im ›Capitulare de villis‹ (812), einer Anbauvorschrift für die Gemeinden, traten drei verschiedene Minzarten auf. Die häufigen Kreuzungen machten es den Kräuterbuchautoren der folgenden Jahrhunderte nicht leicht, die Minzen auseinanderzuhalten. Hildegard von Bingen nennt 1160 »Bachmyntze, Rossmyntze, Myntza major und Römische Myntzen«. Hieronymus Brunschwig zählt in seinem Destillationsbuch (1500) 5 Sorten Minze auf.

Unsere heutige Pfefferminze ist wahrscheinlich aus spontanen Kreuzungen englischer Kulturen entstanden. Im British Museum in London wird das früheste bekannte Exemplar der ›Peppermint‹ aufbewahrt. Der englische Naturforscher John Ray hatte sie 1696 in der Grafschaft Hertfordshire entdeckt – um die Mitte des 18. Jahrhunderts wurden in England die berühmten Mitcham-Kulturen angelegt, die von dort aus ihren Siegeszug über den ganzen Kontinent und nach Nordamerika antraten.

Den Werdegang dieser einzigartigen Heilpflanze aufzuklären ist heute kaum mehr möglich. Ihre Lust, sich wahllos zu verbinden, erinnert an ›Promenademischungen‹, die vitaler und auch intelligenter sind als reinrassige Hunde.

Diese Vitalität, ihr Bezug zu Feuchtem, Wucherndem ist ein Hinweis auf ihre Signatur, Leber und Darm, der ›tropische Bereich‹ unseres Organismus, wo Zellen in ungeheurer Geschwindigkeit leben und sterben, entspricht ihrem Wesen. Die vitalen Ströme wieder zu ordnen, das ist ihre Aufgabe.

Sonstige Anwendung

Man könnte ein Buch schreiben, allein über die vielfältigen Verwendungen der Minze und des Menthols. Die Araber bereiten köstlichen Tee aus grünem Chinatee, meistens Gunpowder, und frischen Minzblättern.

In Südfrankreich trinkt man im Sommer ›Menthe à l'eau‹, das ist Pfefferminzsirup mit eisgekühltem Wasser.

›Der Perroquet‹ ist ein Pastis mit einem Schuß Minzsirup.

Spagirik: Mentha piperita, Indikation wie oben, alle 2 Stunden 5 bis 10 Tropfen der spagirischen Essenz mit 1 El. heißem Wasser einnehmen.

Homöopathie: Pfefferminze ist ein generelles Antidot gegen alle homöopathischen Mittel. Während einer homöopathischen Behandlung sollten daher keine Minze und minzehaltigen Präparate eingenommen werden.

Geistig-seelische Wirkung: Gibt Selbstvertrauen, Mut, gegen Minderwertigkeitskomplexe, schafft freien Atem, geistig und körperlich.

ROSMARIN

Rosmarin bzw. *Rosmarinus officinalis*

Familie der Lippenblütler — *Lamiaceae (Labiatae)*

Verwendete Pflanzenteile: Blätter

KURZBESCHREIBUNG

Der Rosmarin ist ein buschig verzweigter, bis zu 2 m hoher immergrüner Halbstrauch. Seine Heimat sind die kalkigen und felsigen Steilhänge des Mittelmeeres. Die 1 bis 3 cm großen Blätter sind steif, ledrig und schauen beinahe wie Tannennadeln aus. Die hellblauen Blüten blühen von April bis Mai, in Mitteleuropa etwas später.
Für den Anbau im Garten empfiehlt es sich, eine sonnenbeschienene und trockene Ecke auszusuchen. Der Boden darf sogar ausgesprochen nährstoffarm sein. Der Gehalt an ätherischem Öl ist während oder kurz nach Blütezeit am höchsten. Es empfiehlt sich deshalb, die Blätter während oder kurz nach der Blütezeit zu sammeln. Mit Stecklingen läßt sich der Rosmarin am leichtesten fortpflanzen. Die ganze Pflanze strömt während der Blütezeit einen kampferartig-aromatischen Geruch aus.

INHALTSSTOFFE

Bis 2% ätherisches Öl (davon ca. 50% Campher, Borneol, Terpineol), Harze, Bitterstoffe, Gerbstoffe.

EIGENSCHAFTEN

Allgemein anregend für Herz und Nebennieren, Antiseptikum der Atemwege, gegen Durchfall, Gärungs- und Fäulniszustände, Gicht, Gallenbeschwerden, wirkt auf das Gehirn, regelfördernd, schweißtreibend, harntreibend. Vernarbung von Wunden und Verbrennungen, tötet Parasiten.

INNERE ANWENDUNG

Asthenie, Überlastung, Gedächtnisschwäche, niederer Blutdruck, Impotenz, Arthrose, Asthma, Erkrankungen der Leber, Zirrhose, Cholangitis (Entzündungen der Gallengänge), Gallensteine, Ernährungsstörungen, Rheuma, Gicht, Regelschmerzen, Migräne, Nerven: Epilepsie-Folgen, Gliederschwäche, nervöse Herzbeschwerden, Schwindel.

ÄUSSERE ANWENDUNG

Wunden, Verbrennungen, Rheuma, Muskelschmerzen, Müdigkeit.

PRAKTISCHE ANWENDUNG

Tee-Aufguß: 1 Tl. Rosmarinblätter auf 1 Tasse Wasser, 10 Minuten ziehen lassen. Vor oder nach dem Essen trinken.
Essenz: 1 bis 2 Tropfen 2- bis 3mal täglich mit Honig oder Zucker.

ANDERE LÄNDER, ANDERE ZEITEN

Im Altertum, bei den Ägyptern, Griechen und Römern stand die kultische Bedeutung des Rosmarins im Vordergrund. Ein Zweig wurde den Pharaonen ins Grab gelegt. Griechen und Römern bedeutete er Liebe und Tod. Der Volksglaube hat die Bedeutung bis heute bewahrt: »Ich habe die Nacht geträumet / wohl einen schweren Traum / Es wuchs in meinem Garten / Ein Rosmarienbaum.« Die Erinnerung an die wichtigsten Stunden des Lebens verband sich mit dem Rosmarin. Zu Hochzeiten und Begräbnissen hängte man Rosmarinbüschel auf.

Ernsthaftes Interesse für die heilende Kraft des Rosmarins entstand erst im 13. Jahrhundert. Arnoldus von Villanova, ein außergewöhnlicher spanischer Arzt und Alchimist, war der erste, dem es gelang, Rosmarinöl zu destillieren. In einer kleinen Schrift pries er die Vorzüge seines Rosmarinöles und -wassers, unter anderem auch die anregende Wirkung auf das Gehirn. Als der französische König Karl V. frühzeitig ergreiste, gelang es Pariser Nonnen, den König in kürzester Zeit wieder herzustellen.

Die hübsche Geschichte von der ungarischen Königin, die dem ›Ungarischen Wasser‹ den Namen gab, ist ein frühes Beispiel für geschicktes Marketing, denn sie wurde nur zu dem Zweck erfunden, den

Absatz des heilkräftigen Toilettenwassers (Rosmarinwasser) zu steigern. Eine ungarische Königin, die recht greuslich war (so die Geschichte), trank für einige Zeit von dem Rosmarinwasser und badete auch darin. Daraufhin wurde sie so schön, daß der polnische König sie heiratete! Rosmarin galt mit gutem Recht als Abwehrmittel gegen Epidemien. Während der Regierungszeit Karls II. von England (Restaurationszeit) verkaufte man in London Rosmarinbündel (für 8 Pence) gegen die damals wütende Pest; eine der letzten und schlimmsten Pestepidemien, die Europa erlebte.

SONSTIGE ANWENDUNGEN

Für Rheuma eine Abkochung: 1 Handvoll Rosmarin auf 1 l Wasser 10 Minuten kochen lassen, abseihen. Auch für Vaginaspülungen geeignet.

Einreibung: Auf eine Alkohollösung 2 Tropfen Essenz.

Rosmarinwein: Es ist ratsam, Rosmarinwein fertig in der Apotheke zu kaufen, denn die Zusammensetzung des ätherischen Öls schwankt zu sehr.

Massageöl gegen Rheuma, kreislaufanregend: 2%ige Lösung in Olivenöl.

Rosmarin kann auch für Haarwasser (Haarausfall), Vollbäder, Fußbäder und Gesichtsspülungen angewendet werden.

Spagirik: 10 bis 40 Tropfen in eine Tasse Wasser, während des Tages verteilt trinken.

Seelisch-geistige Wirkung: Der Rosmarin stärkt das Ich-Bewußtsein und die Willenskraft.

Vorsicht: Übertriebene Mengen Rosmarin oder Rosmarinessenz sind toxisch. Die angegebene Dosierung nicht überschreiten – Schwangere und Epilepsiegefährdete sollten Rosmarin meiden.

SANDELHOLZ

Sandelholz bzw. *Santalum album*

Familie der Sandelholzgewächse – *Santalaceae*

Verwendete Pflanzenteile: Holz und Kernholz

KURZBESCHREIBUNG

Der Sandelholzbaum ist ein immergrüner, während des ganzen Jahres blühender Baum, der eine Höhe von 6 bis 10 m erreicht. Er wird in Südostasien angebaut und ist ein halbparasitärer Baum, der mit den Wurzeln zu anderen Pflanzen Kontakt aufnimmt und von ihnen einen Teil seiner Nahrung bezieht. Sandelholz ist eines der wenigen Hölzer, die nicht von weißen Ameisen attackiert werden. Er lieferte deshalb ideales Bauholz für Paläste und wurde daher im 19. Jahrhundert rücksichtslos abgeholzt. Heute stehen die indischen Anpflanzungen unter staatlicher Aufsicht. 40 Jahre muß der Sandelholzbaum alt sein, bis er zur Destillation des ätherischen Öls geeignet ist. Die besten Öle kommen aus Mysore (Indien). Der Geruch des Öls ist sehr angenehm, balsamisch-rosenartig.

INHALTSSTOFFE

Das gelbe Kernholz enthält 3 bis 5% ätherisches Öl (davon 90% a- und b-Santalol), Harze, Gerbstoffe.

EIGENSCHAFTEN

Viele Menschen erleben, wenn sie Sandelholzparfüm riechen oder Sandelholzöl einnehmen, einen Moment der Euphorie. Für einen Augenblick hebt Sandelholz das Bewußtsein aus den Verstrickungen des Alltages heraus, die Stimmung verbessert sich, Optimismus stellt sich ein. Allein schon diese Eigenschaften machen es zu einer großen Hilfe bei seelischen und psychosomatischen Leiden. Es ist zusammenziehend, desinfizierend, harntreibend, entzündungswidrig und auswurffördernd. Im Bereich der ableitenden Harnwege, als harntreibendes und antiseptisches Mittel leistet es wertvolle Dienste. Die stimulierende Wirkung ist ausgeprägt, wobei auch die Sexualität bei beiden Geschlechtern angeregt wird.

INNERE ANWENDUNG

Infektionen der ableitenden Harnwege, der Lungen und des Darms. Zystitis, Halsentzündungen, Bronchitis, fiebrige Zustände, Durchfall, Darminfektionen, Anspannung, Depressionen. Als Zusatzbehandlung bei Gonorrhoe (Tripper).

ÄUSSERE ANWENDUNG

Verschiedene Hautprobleme, Hautpflege, infizierte Wunden.
Zur Inhalation, als Massageöl und Duftstoff.

PRAKTISCHE ANWENDUNG

Tee-Aufguß: 1 gehäufter Tl. geraspeltes Holz auf 1 Tasse Wasser.
Tinktur: 20 bis 40 Tropfen.
Essenz: 2 bis 3 Tropfen auf Honig, Alkohol usw.

ANDERE LÄNDER, ANDERE ZEITEN

Aromatische Hölzer gehörten zu den ersten Handelsgütern, die auf den Karawanenstraßen transportiert wurden. So ist es nicht allzu verwunderlich, daß bereits im 17. Jahrhundert vor Christus die Ägypter das begehrte Sandelholz aus dem Lande Punt einführten. Es diente zur Herstellung von Schmuckkästchen, kleinen Gebrauchsgegenständen und für Räucherungen. In Indien ist die Verwendung des wohlriechenden Holzes sicher noch älter, aber gesicherte Quellen gehen nur bis in das 3. Jahrhundert vor Christus zurück. Das ›Arthsastra‹ nennt Sandelholz unter den zollpflichtigen Waren. Der griechische Historiker Strabo, 66 v. Chr., und ›Periplus des Roten Meeres‹, ein alexandrinischer Gelehrter, geben eine Beschreibung des Holzes. Kosmas Indikopleustes, eine faszinierende Erscheinung des 6. Jahrhunderts, brachte von seinen Handelsreisen das Sandelholz nach Europa. Auf Ceylon ließen sich die Fürsten mit Sandelholzöl einbalsamieren. Seine medizinische Verwendung ist durch Alexander Trallianus und Aetius von Amida verbürgt.

Die arabischen Ärzte verwendeten Sandelholz innerlich und zu Räucherungen. Es ist im ersten persischen Heilmittel-Kompendium genannt und wurde von Rhazes, einem der überragendsten Ärzte des Islam, gegen Epidemien eingesetzt. Hierzu verbrannte er Sandelholz mit Costus, Weihrauch, Styrax, Kampfer und Myrrhe.

Überall, wo der Buddhismus an Einfluß gewann, folgte das Sandelholz. Der Buddha des Südens ›glänzte vor Sandelöl‹, die Statuen des Buddhas und das Räucherwerk bestanden aus Sandelholz. Nachdem indische Mönche, voran Bodhidharmra, sich in China niedergelassen hatten, gewann auch hier das Sandelholz an Bedeutung. Medizinisch wurde ›Cheng Tsang-Chi‹ gegen Parasiten und ›dämonische Dämpfe‹, eine poetische Umschreibung für Blähungen, eingesetzt.

Sandelholz führt von der Erhöhung des erotischen Erlebens zu spiritueller Erfahrung. Die verschiedenen Schulen des Tantra setzen Sandelholz bewußt als Hilfsmittel bei der Transformation sexueller Energien ein. Blockierungen in diesem Bereich kann Sandelholz aufzulösen helfen.

SONSTIGE ANWENDUNGEN

Ein sehr guter Fixateur für flüchtigere Pflanzenessenzen, verbindet sich auch problemlos mit anderen Duftnuancen.

Räucherstäbchen, -kegel, Kunsthandwerk.

Spagirik: Katarrh der Blase und Harnleiter, mit Brennschmerz in der Harnröhre, Dickdarmkatarrhe, 10 bis 15 Tropfen 4mal täglich in wenig Wasser.

Seelisch-geistige Wirkung: Wirkt harmonisierend und hilft Isolation und depressive Verstimmung zu überwinden.

ZIMT

Zimt bzw. *Cinnamomum ceylanicum*

Familie der Lorbeergewächse – *Lauraceae*

Verwendete Pflanzenteile:
die röhrenförmigen bräunlichen Rindenstücke

KURZBESCHREIBUNG

Der Zimtbaum ist ein bis 10 m hoher immergrüner Baum mit kleinen weißlichen Blüten. Seine Heimat ist Ceylon (Sri Lanka). Weitere Anbaugebiete sind Indien, Jamaika und die Antillen. Geerntet wird die von den Wurzelschößlingen gelöste Rinde. Sie kommt in bräunlichen, röhrenförmigen Rindenstücken auf den Markt.

INHALTSSTOFFE

0,5 bis 1,4% ätherisches Öl (davon 65 bis 80% Zimtaldehyd, 10% Eugenol, Terpenaldehyde), Zimtsäure.

EIGENSCHAFTEN

Der ceylonesische Zimt ist der ›offizielle‹, d. h. vom deutschen Arzneibuch (DAB) für medizinische Zwecke genehmigte Zimt. Er durchwärmt den Organismus und regt Kreislauf, Herz und Atmung an. Kaum ein anderes Öl hat eine so prompte Wirkung auf die Durchblutung. Kalte Hände und Füße werden in kürzester Zeit warm, der Kreislauf stabilisiert sich. Wenn die winterliche Kälte zu Verkrampfungen führt und die Widerstandskraft gegen Infektionen herabgesetzt ist, bringt der Zimt in kürzester Zeit die verstockten und verhockten Energien in Bewegung. Er ist anregend, krampflösend, verdauungsfördernd, fäulniswidrig, stark antiseptisch, wurmtreibend und blutungsstillend.

INNERE ANWENDUNG

Schwächezustände, Begleiterscheinungen von Erkältung und Grippe, Darminfektionen, Magen- und Darm-Krämpfe, Durchfall.

ÄUSSERE ANWENDUNG

Wespenstiche, Krätze, Läuse.

PRAKTISCHE ANWENDUNG

2 bis 3 g Rindenstücke auf ¼ l kochendes Wasser, 10 Min. ziehen lassen. Kombiniert mit anderen Aromaten in Grog, Glühwein und Indischem Tee (s. a. Nelken).
Essenz: 1 bis 3 Tropfen 3mal täglich.

ANDERE LÄNDER, ANDERE ZEITEN

Zimt gehört zu den am längsten bekannten und gebrauchten Gewürzen. Der chinesische Cassiazimt wird in chinesischen Arzneibüchern bereits 2500 Jahre vor Christus erwähnt, und im 17. Jahrhundert vor Christus ist er in Ägypten bekannt. Er gehörte zu den heiligen Salbölen und wurde bei kultischen Räucherungen verbrannt. In frühen indischen Sanskrittexten ist er ebenso erwähnt wie im Alten Testament. Der arabische Gelehrte Ibn Batuta beschrieb als erster den ceylonesischen Zimt, der zu seiner Zeit noch wild auf Ceylon und in Vorderindien wuchs. Erst nachdem Vasco da Gama 1498 den Seeweg nach Ostindien entdeckt hatte und sich die Kolonialmächte Ceylon angeeignet hatten, begann der systematische Anbau. Die ›Chalias‹, eine ceylonesische Hindukaste, hatte bis ca. 1770 das Sammeln der Rinde besorgt. Danach ›rationalisierten‹ die Holländer mit der gewohnten Präzision Anbau und Ernte des teuren Gewürzes.

Ceylonzimt besitzt ein sehr feines Aroma und wird deshalb sowohl zum Würzen der Speisen als auch zur Aromatisierung von Getränken bevorzugt.

Zimtöl riecht süß, ähnlich wie Gewürznelken. Der Duft hilft schüchternen, introvertierten Menschen aus sich herauszugehen und Kontakt aufzunehmen.

Das Massageöl (2% in Olivenöl oder Sonnenblumenöl) ist kreislaufanregend und erotisch stimulierend.

Eine ganze Reihe von Genußmitteln und Likören enthält Zimt oder Zimtöl. In der Kosmetik und Parfümerie ist der Cassia-Zimt gebräuchlicher.

Spagirik: Bei Magen- und Nervenschwäche, übermäßiger Magensäurebildung, Durchfall und hellroten, starken Blutungen. Dosierung: 3- bis 4mal täglich 10 bis 15 Tropfen spagirische Essenz auf 1 Tl. Wasser.

Homöopathie: Urtinktur und niedere Potenzen bei Hauterkrankungen, Zahnfleischeiterungen, Nasenbluten, Uterusblutungen, besonders nach Erschütterungen, Überheben.

Duftstoffe und Gewürze mit heilender Wirkung

AJOWAN *(Carum ajowan bzw. Carum copticum)*

Ajowan ist ein indisches und persisches Gewürz, das mit dem Kümmel verwandt ist. Es schmeckt ähnlich wie Thymian und besitzt *karminative,* auswurffördernde und antiseptische Eigenschaften. In Indien wird es gegen Cholera verwendet.

ASA FOETIDA *(Asant oder Teufelsdreck)*

Asa foetida ist der eingetrocknete Milchsaft mehrerer Ferulaarten. Er schmeckt und riecht ähnlich wie Knoblauch, ein Geruch, an den man sich erst gewöhnen muß. Im Orient als Gewürz geschätzt; zur Verfeinerung von Salaten reicht es, wenn man die Salatschüssel damit einreibt. Der Asant ist ein gutes Heilmittel bei Nervenleiden und nervösen Verdauungsbeschwerden. Früher galt er als Dämonen vertreibend.

BENZOE *(Styrax tonkinense)*

Der Harz der hinterindischen und indonesischen Styraxbäume riecht angenehm vanilleartig und wird sehr vielseitig verwendet. Kosmetisch, in Salben, hautpflegend, antiseptisch, adstringierend und konservierend. Benzoe kann bei Halsentzündungen, Husten, Bronchitis und Asthma als Inhalationsmittel wertvolle Dienste leisten. In China wird ›An-hsi-hsiang‹ bei trockenem Husten und Halsentzündungen verwendet. Benzoeharz ist eine der traditionellen Räuchersubstanzen.

CASSIA *(Cinnamomum cassia)*

Die röhrenförmigen Rindenstücke des chinesischen Zimt werden ähnlich wie der ceylonesische Zimt angewendet. Das ätherische Öl, aus Rinde und Blättern gewonnen, ist Bestandteil verschiedener Parfümkompositionen. Es wirkt stark desodorierend und wird gelegentlich Mundwässern, Zahnpasten und Sprays zugesetzt. Der chinesische Zimt ist bereits im Kräuterbuch des Kaisers Shen Nung erwähnt.

Costus *(Saussurea lappa)*

Die Wurzel dieser in den Himalayabergen heimischen Pflanze liefert ein ätherisches Öl, dessen Geruch an Veilchen erinnert, mit einer beinahe animalischen Beinote. Die Pflanze wird seit Urzeiten in China, Indien und Europa als Heilmittel, Salböl und Räucherwerk verwendet. Es wirkt stimulierend, insektenabwehrend und auswurffördernd. In Afrika wird Costus heute noch gegen Hautkrankheiten (Blattern) und zur Heilung von Wunden eingesetzt. Das intensiv riechende Öl wird auch als pflanzlicher Fixateur gebraucht.

Curcuma *(Curcuma domestica und Curcuma xanthorrhiza)*

Gelbwurzel ist ein orientalisches Gewürz, das in Indien und China angebaut wird. Es gibt Currygerichten die gelbe Farbe und wird in Europa medizinisch als Gallen- und Lebermittel verwendet. Der Geruch ist würzig, appetitanregend.

Estragon *(Artemisia dracunculus)*

Estragon spielt als vielseitiges Gewürz vor allem in der französischen Küche eine wichtige Rolle. Er ist appetitanregend, stimulierend, blähwidrig und krampflösend. Gegen Schluckauf helfen zwei Tropfen der Essenz auf Zucker/Alkohol usw. oder ein frisches Blatt gekaut. Der Geruch ist aromatisch, anisähnlich und verstärkt die seelischen und körperlichen Widerstandskräfte.

Galbanum *(Ferula galbaniflua)*

Galbanum ist ein Umbelliferenharz aus den persisch-indischen Steppen. Sein Geruch ist eigenartig würzig. Galbanum war eines der wichtigsten westlichen Räucherharze. Bei Vergil, Plinius, Theophrast ist es erwähnt. Für die Parfümherstellung ist Galbanum unentbehrlich. Innerlich eingenommen wirkt es krampflösend, anregend, (husten-)schleimlösend und regelfördernd. Im Orient wird es äußerlich gegen Geschwüre, Drüsenschwellungen und zur Wundheilung angewandt. Der deutsche Name ›Mutterharz‹ weist auf die Beziehung zu Frauenleiden hin.

GALGANT *(Alpinia officinarum)*

Der Wurzelstock dieses chinesischen Ingwergewächses ist ein interessantes Gewürz, das auch heilende Kräfte besitzt. Der Galgant wirkt tonisierend, stimulierend, verdauungsfördernd und regt die Drüsentätigkeit an. Arabische Ärzte führten den Galgant in Europa ein, wo er im Mittelalter als großes Heilmittel galt. Unter der Bezeichnung ›Laos‹ (indonesisch) ist er in Feinkostläden erhältlich. Geruch und Geschmack erinnern an Ingwer mit einer senfartigen Nuance.

IRIS *(Iris florentina, Iris germanica)*

Der Wurzelstock der florentinischen und deutschen Schwertlilie strömt, wenn er getrocknet wird, einen veilchenartigen Geruch aus, der in der Parfümerie für Veilchenparfums, Hautcreme, Reinigungsmilch und Seifen benützt wird. Iris ist ein guter Fixateur für Potpourris und Sachets. In Deutschland ist die Schwertlilie schon im Capitulare de villis von Kaiser Karl dem Großen aufgeführt. Man gab die Iriswurzel früher zahnenden Kindern zum Kauen. Medizinisch wird sie ab und zu Hustenteemischungen beigemengt. Sie ist entzündungswidrig, einhüllend und harntreibend.

KALMUS *(Acorus calamus)*

Der Kalmus wächst am Rande von Gewässern und ist ursprünglich in indischen Bergmooren heimisch. Das Rhizom (Wurzelstock) wildwachsender Pflanzen dient als magenstärkendes, krampflösendes, stimulierendes und kräftigendes Mittel. Es eignet sich für Bäder, Mundwässer, Wein usw. Bei Mattigkeit ein bis zwei Stücke Kalmus kauen. Früher kandierte man ihn wie Ingwer. Der Geruch ist aromatisch erfrischend.

KAMPFER – Borneo Kampfer *(Camphora)*

Borneo Kampfer, von Dryobalnops camphora, ist, im Gegensatz zu japanischem Kampfer (Cinnamomum camphora), nicht toxisch. Das Holz des auf Borneo und Sumatra wachsenden Baumes enthält kristallinen Kampfer. Sein Gebrauch geht über zweitausend Jahre zurück. Im 11. Jahrhundert kam er nach Italien. Einhundert Jahre später verwendete ihn Hildegard von Bingen. Er wirkt antiseptisch, anregend auf Herz, Kreislauf und Atmung (Kollaps), äußerlich gegen rheumatische Beschwerden und Neuralgien. In der Kosmetik wird Kampfer auf Grund seiner durchblutungsfördernden, kühlenden und desinfizierenden Wirkung gebraucht. Das chinesische ›Ho-Öl‹ besitzt einen feineren Kampferduft, der zur Parfümherstellung bevorzugt herangezogen wird.

KARDAMOM *(Elettaria cardamomum)*

Die Früchte, der in den Bergwäldern der Malabarküste (Indien) wachsenden Kardamompflanze sind in erster Linie als Gewürz für Currygewürze und Backwaren bekannt. Kardamomen sind außerdem anregend, blähwidrig, gärungs- und fäulniswidrig, harntreibend. Man gibt sie gerne zur Geschmacksverbesserung in Mischpräparate. Kaffee, mit einer Prise Kardamom aufgekocht, schätzen die Bewohner der arabischen Halbinsel wegen der stimulierenden Wirkung, insbesondere auf das Gehirn. Das Getränk kann auch bei Migräne gute Dienste leisten.

KNOBLAUCH *(Allium sativum)*

Für den typischen Knoblauchgeruch der Knoblauchzehen ist der schwefelhaltige Bestandteil des ätherischen Öls, Allicin, verantwortlich. Bei den Griechen und Römern war Knoblauch trotz seines Geruchs, die Griechen nannten ihn ›stinkende Rose‹, ein Allheilmittel. Neben den bekannten würzenden Eigenschaften ist Knoblauch stark antiseptisch, stimulierend, kräftigend, blutdrucksenkend, harntreibend, kreislaufanregend und Parasiten vertreibend. Er stellt das Gleichgewicht der inneren Drüsen wieder her und löst Harnsäure auf. Gegen Arthritis und Arteriosklerose werden ebenfalls Erfolge erzielt.

KIEFER *(Pinus sylvestris u. a.)*

Kiefern, Tannen und Fichten, die ›grünen Lungen‹, deren Atem unsere Luft regeneriert, besitzen gewaltige Heilkräfte. Nadeln, Zapfen und Harz der Kiefer wirken kräftig keimtötend im Bereich der Atem- und Harnwege und der Gallenblase, dazu entzündungswidrig und anregend. Für Bäder kann man einen Absud aus Zapfen oder Nadeln bereiten. (30 bis

50 Gramm auf 1 l Wasser, abfiltern und dem Badewasser zugeben.) Es gibt viele gute Fichtennadelprodukte u. ä. zur Luftverbesserung, als Badesalz und für die Sauna. Latschenkiefern eignen sich besonders gut für Inhalationen, da ihre Essenz für die Nieren unschädlich ist.

KORIANDER *(Coriandrum sativum)*

Koriander ist die Frucht eines einjährigen, im Mittelmeerraum und im Orient verbreiteten Doldenblütlers. Frisch riecht Koriander unangenehm, an Wanzen erinnernd (Wanzenkraut), getrocknet entsteht ein angenehm würziges Aroma. Als Gewürz und zur Aromatisierung von Getränken (Bier, Aperitive, Liköre) wird er gern verwendet. In ägyptischen Gräbern war er unter den Grabbeigaben: die Römer würzten ihre Gerichte mit Koriander. Er wirkt karminativ, verdauungsfördernd und anregend. Bei Regelstörungen (Hypo-, Oligo- und Dysmenorrhoe) hat er sich bewährt. In der Volksmedizin gilt er als Aphrodisiakum. Vorsicht, größere Mengen wirken abtreibend.

KÜMMEL *(Carum carvi)*

Kümmel ist ein typisch deutsches Gewürz, das vor allem der bayerischen Küche unentbehrlich ist. Die Früchte der zweijährigen Pflanze wirken krampflösend bei Magen- und Darmkrämpfen, Blähungen und Gallenkoliken. Kümmel ist auch milchfördernd, anregend und wurmtreibend. Gegen rheumatische, Kopf- und Zahnschmerzen helfen Kümmelsäckchen, die man auf der Herdplatte erwärmt hat. Für Einreibungen bei Erkrankungen der Atemwege: 2% der Essenz in Olivenöl. Innerlich: 2 Tropfen Essenz in Zucker, Honig usw. zweimal täglich.

LEMONGRAS *(Cymbopogon flexuosus und Cymbopogon citratus)*

Lemongras gehört zu einer Reihe von wohlriechenden tropischen Gräsern (u. a. Zitronellgras, Gingergras und Palmarosa). Das ätherische Öl findet in der Kosmetik und Parfümerie, für Seifen, Hautreinigungsprodukte und Parfums Verwendung. Die Essenz ist ein gutes Antiseptikum. Gegen Gonokokken, Staphylokokken und Streptokokken hat es seine Wirksamkeit bewiesen. Es hilft bei neurovegetativen Funktionsstörungen, Verdauungsbeschwerden, Darmentzündungen und ungenügender Milchbildung. Für Naturkosmetik (ölige Haut) geeignet. Dosierung: 2 bis 3 Tropfen Essenz auf Zucker, Honig usw. mehrmals täglich nach den Mahlzeiten. Die stark nach Zitronen riechende Essenz erzeugt eine optimistische Stimmung.

MASTIX *(Pistacia lentiscus)*

Mastix ist der luftgetrocknete Harzsaft der Mastixpistazie, ein im Mittelmeerraum heimischer, immergrüner Baum. Seine Verwendung ist uralt. Ägyptisches Räucherwerk (Kyphi u. a.) enthält oft Mastix: in der Hieroglyphenschrift wurde er durch ein auf einem Rhinozerus reitendes Kind dargestellt. Bei Theophrast und Herodot ist er erwähnt. Für medizinische Zwecke wird in erster Linie Mastix von der Insel Chios (Griechenland) verwendet. Die Griechen kauen ihn wie Kaugummi (kräftigt das Zahnfleisch) und machen Likör daraus. Äußerlich hilft er bei Geschwülsten, Verbrennungen, Schuß- und Schnittwunden. Der Geruch ist ausgesprochen balsamisch, stärkt das Selbstvertrauen und macht ehrgeizig in gutem Sinn.

MUSKATNUSS UND -BLÜTE *(Semen myristicae und Macis)*

Der Muskatbaum hat eine ähnliche Geschichte wie der Nelkenbaum. Er wird in großen Plantagen auf den Molukken kultiviert. Die Muskatnüsse und -blüten enthalten viel ätherisches Öl, das verdauungsfördernd, antiseptisch und stark anregend wirkt. Die Träume gewinnen an Intensität und Farbigkeit. Muskatnuß und -blüte sollten nur in den beim Kochen üblichen Mengen verwendet werden. Größere Mengen erzeugen Rauschzustände, Vergiftungserscheinungen und wirken abtreibend. 5 g sind bereits tödlich! Muskatöl riecht sehr angenehm und wird deshalb für eine Reihe von Seifen und Parfümkompositionen verwendet. Muskatbutter ist ein Rohstoff für Seifen und Haarpomaden.

MYRRHE *(Commiphora abbysinica, molmol, schimperi)*

Myrrhe ist das erstarrte Gummiharz einiger Balsambaumgewächse Südarabiens und des Somalilandes. Die Myrrhe, aus dem Arabischen ›Murr‹, bitter, ist untrennbar mit den religiösen Gebräuchen der orientalischen und abendländischen Hochkulturen verbunden. In riesigen Mengen wurde Myrrhe als Räucherwerk verbrannt; Salböle und Tränke waren mit Myrrhe versetzt. Die keimtötenden Eigenschaften waren den Ägyptern bekannt. Sie behandelten ihre Mumien auch mit Myrrhenöl. Myrrhe ist entzündungswidrig, zusammenziehend, antiseptisch, auswurffördernd und beruhigend. Schulmedizinisch wird es nur bei Entzündungen im Mund- und Rachenraum angewendet. Bei Regelstörungen, Katarrhen der oberen Luftwege, Husten ist das ätherische Öl oder die Tinktur angebracht. Äußerlich bei schlechtheilenden Wunden. Dosierung: 5 Tropfen der Tinktur oder 2 Tropfen der Essenz auf Zucker zweimal täglich.

Myrrhenöl ist Bestandteil einiger Zahnpasten und Seifen. Ein verwandtes Harz, Opoponax, ist eines der bedeutendsten Parfümduftstoffe der modernen Parfümerie.

NEROLI *(Citrus aurantium ssp. amara – Orangenblütenöl)*

Aus den weißen Blüten des Bitterorangenbaumes wird die feine Essenz durch Dampfdestillation gewonnen. Neroli ist unentbehrlicher Bestandteil vieler Parfums, Toilettenwässer und Eau de Colognes. Die Essenz spricht mit ihrem süßen, unbeschreiblichen Geruch seelische Bereiche an, die sonst kaum zugänglich sind. Nervosität, Spannung, Angst lösen sich, und selbst Verzweiflung und Depressionen werden gemildert. Innerlich eingenommen ist Neroli bei Schlaflosigkeit, nervösen Herzbeschwerden und chronischen Diarrhoen hilfreich. Die Folgen langanhaltender Verspannung im seelischen Bereich, unbewußte Ängste und übersteigerte Emotionalität sind die Schwerpunkte der Heilwirkung.

›Petitgrain‹-Essenz wird aus jungen Zweigen und Blättern des Orangenbaumes gewonnen. Es hat ebenfalls wertvolle medizinische und kosmetische Eigenschaften. Der Aufguß aus Blättern und Rinden des Pomeranzenbaumes (bittere Orange) regt die geistige Arbeitskraft an und verbessert das Gedächtnis. Die echte englische Orangenmarmelade wird aus bitteren Orangen hergestellt.

Orangenblütenwasser ist vielseitig anwendbar. Sämtliche Orangenerzeugnisse sind für die Naturkosmetik ideal.

NIAOULI *(Melaleuca viridiflora)*

Auf Neu-Kaledonien und in Australien wächst der zähe Niaoulibaum in lichten Wäldern zwischen Weideland und Urwald. Er ist ein Verwandter des Cajeputbaumes. Das ätherische Öl der Blätter ist ein gutes Antiseptikum, speziell bei Infektionen der Atemwege, des Verdauungssystems und der ableitenden Harnwege. Äußerlich angewendet ist das Öl wundheilend und desinfizierend. Die Vernarbung wird durch vermehrte Zellbildung gefördert. Innerlich: 2 Tropfen der Essenz in Alkohol, Honig, Zucker. Äußerlich sehr gut für Inhalationen, Nasenöle, Einreibungen (Husten, Grippe, Erkältungen, Asthma).

ORIGANUM *(Origanum heracleoticum, maru, onitis, floribundum u.a.)*

Origanum ist der Sammelname für eine ganze Reihe im Mittelmeerraum und Nordafrika wildwachsender Gewürzpflanzen. Sie sind enge Verwandte des Majoran und besitzen ähnliche Eigenschaften. Innerlich, angewendet sind die Blütenstände, das Kraut und das ätherische Öl beruhigend, krampflösend, verdauungsfördernd und auswurffördernd. Die Essenz gehört zu den stärksten keimtötenden ätherischen Ölen. Dosierung: *Essenz:* 2 bis 3 Tropfen zweimal täglich in Alkohol, Zucker, Honig usw. *Aufguß:* 2 Tl. Kraut auf eine Tasse kochendes Wasser. Der typische Pizzageruch und Geschmack ist dem Origanum zu verdanken. In Griechenland kennt man mindestens zehn verschiedene Origanosorten unter dem Namen ›Rigani‹. Der würzige Geruch hilft den inneren Kräftehaushalt in Ordnung zu bringen. Origanum besitzt, wie Majoran, einen Bezug zu Altersbeschwerden.

PATSCHULI *(Pogostemon patchouli)*

Die Patschulipflanze ist eine mehrjährige, tropische Minzenart. Sie ist ursprünglich auf den Philippinen und in Indien zu Hause und wird heute vor allem auf Sumatra, Nossi Be, den Seychellen und in China angebaut. Der an Sandelholz, mit einer dumpfbitteren Beinote, erinnernde Geruch ist der intensivste Pflanzenduft, den wir bisher kennen. Deshalb gehört das aus den Blättern gewonnene Patschuliöl zu den wichtigsten Duftfixateuren. Heilend greift das Öl vorwiegend in den feinstofflichen Bereich

176

ein. Im Grenzbereich der seelischen und energetischen Kräfte stabilisiert Patschuli die vitalen Energiereserven. Wir wissen von der chinesischen Akupunkturlehre, daß organischen Krankheiten Störungen des Energieflusses vorangehen. Patschuli hilft das gestörte Gleichgewicht wieder herzustellen, indem es eine ›Erdung‹ bewirkt. ›Hara‹, das wichtigste Zentrum des Unterleibs, wird wieder aufgeladen, was sich auch auf die Sexualität kräftigend auswirkt. Patschuli ist keimtötend und vertreibt zuverlässig Motten.

PERUBALSAM *(Balsamum peruvianum)*

Perubalsam ist das Harz des 20 bis 25 m hohen Myroxylonbaumes (Myroxylon balsamum), der im Bergland von Zentralamerika heimisch ist. Das Harz riecht angenehm vanilleartig und wird auf vielfältige Weise für kosmetische Zwecke, Parfumkompositionen und Lebensmittelaromen benützt. Es eignet sich gut für Räucherungen und naturkosmetische Präparate. Perubalsam ist wundheilend, Parasiten vertreibend, auswurffördernd und wird bei Frostbeulen und Hämorrhoiden eingesetzt. Gelegentlich treten Allergien auf. Ein naher Verwandter, der Tolubalsam, besitzt praktisch die gleichen Eigenschaften. Der Geruch ist noch etwas feiner und erinnert an Hyazinthen. Tolubalsam ist Bestandteil einer Weihrauchmischung der katholischen Kirche. Die Azteken gewannen Peru- bzw. Tolubalsam für kultische Räucherungen und zur Wundheilung. Beide Balsame versetzen in eine träumerische Stimmung und beflügeln die Phantasie.

PFEFFER *(Piper nigrum)*

Pfeffer, das am meisten verwendete Gewürz der Erde, ist die Frucht des tropischen Pfefferstrauchs. Die schwarzen Körner sind die unreifen, getrockneten Früchte – die weißen Körner sind die ausgereiften und geschälten Früchte. Pfefferkörner wurden bereits von Hippokrates medizinisch verwendet. Sie sind wärmend, anregend und verdauungsfördernd. In Indien werden die antiseptischen und fiebersenkenden Eigenschaften bei Choleraepidemien eingesetzt. Erstaunlicherweise ist die Essenz nicht annähernd so irritierend wie gemahlener Pfeffer. Sie riecht angenehm aromatisch, wie Nelkenessenz.

Rose *(Rosa centifolia, damascena, gallica u. a.)*

Keine Blume hat die Menschheit so fasziniert wie die Rose. In den Mythen der Völker ist sie untrennbar mit der Mystik des Herzens verbunden. Ihr Duft ist Sehnsucht und Erfüllung zugleich. Von den über siebentausend kultivierten Rosenarten besitzen allerdings nur dreißig einen ausgeprägten Duft. In Persien, dem Land der Rosen, begann der Siegeszug der Rosenkultur. Alljährlich lieferte die Provinz Farsistan über dreißigtausend Flaschen Rosenwasser. Die aus dem Schweiße des Propheten Mohammed geborene Rose ›Gul‹ wurde von den islamischen Dichtern, voran dem Mystiker Rumi, als Symbol der Liebe gefeiert. Über viele Jahrhunderte belieferte der Orient Europa mit Rosenwasser. Die Kreuzfahrer brachten die hundertblättrige Rose (Rosa centifolia) und ihre Nachkommen mit.

Rosen waren den Germanen und den Griechen heilig; sie standen unter dem Schutz der Liebesgöttin Freya bzw. Aphrodite. Römer und Griechen feierten Rosenfeste und bekränzten Tempel und Statuen der Aphrodite mit Rosengebinden.

Schon bald hatte man die Heilkraft der Rose entdeckt. Die Römer trugen Rosenkränze, um Melancholie und Kopfschmerzen zu verscheuchen. Das Rosenwasser war in Persien als Allheilmittel angesehen. Rosenblätter und Rosenessenz sind adstringierend, entzündungswidrig, keimtötend, krampflösend, beruhigend und tonisch. Rosenöl ist sehr hautfreundlich und kann für naturkosmetische Cremes, Lotionen usw. verwendet werden. Der Rosenduft gehört zu den ausgesprochen femininen Gerüchen, auf den weiblichen Hormonhaushalt wirkt er regulierend. Die Stimmungslage (Depressionen) wird günstig beeinflußt. Der Rosenduft verstärkt die Fähigkeit zur Hingabe und löst seelische Schmerzen.

Salbei *(Salvia officinalis)*

Die Blätter des mehrjährigen, 30 bis 80 cm hohen Strauches sind ein kräftiges Gewürz und Heilmittel zugleich. »Cur moriatur homo cui salvia crescit in horto?« – Warum sollte ein Mann sterben, der Salbei im Garten hat? hieß es in einem Lehrgedicht der Schule von Salerno. So wie Ysop die heilige Pflanze der Hebräer, so war Salbei (lat. salvere – heilen, wohl sein) die heilige Pflanze der Römer. Wen wundert es da, daß Salbei ein weites Spektrum an Heilwirkungen besitzt. Sie ist allgemein tonisierend, baut den gesamten Organismus auf, anregend im Bereich der Nerven und Drüsen. Außerdem krampflösend, harntreibend, keimtötend, blutdruckerhöhend und regelfördernd. Der Tee-Aufguß hilft bei Nachtschweiß, Tbc, Vagotonie, Neurasthenie und während des Klimakteriums (hormonelle Wirkung). Äußerlich ist Salbei bei Erkrankungen der Mundhöhle, des Rachenraumes, Wunden, Geschwüren, Haut- und Kopfhauterkrankungen angezeigt. Dosierung: 1 Tl. Blätter auf 1 Tasse siedendes Wasser, 20 Minuten ziehen lassen. Salbei darf nicht über längere Zeiträume oder in großen Mengen eingenommen werden. Thujon, ein Bestandteil des ätherischen Öls, kann Krämpfe und Vergiftungserscheinungen hervorrufen. Salbei sollte nicht während des Stillens eingenommen werden, da es den Milchfluß hemmt.

SASSAFRAS *(Sassafras officinale)*

Der ca. 30 m hohe Sassafrasbaum wächst in Nordamerika, von Kanada bis Florida. Das dicke Wurzelholz wird kleingeschnitten, pulverisiert oder zu ätherischen Ölen verarbeitet. Es wirkt schmerzstillend, schweißtreibend, antiseptisch und diuretisch. ›Blutreinigende‹ Teemischungen enthalten oft Sassafras. Innerlich und äußerlich befreit es den Stoffwechsel von Schlacken (Gicht, Rheuma). Gegen Geschlechtskrankheiten (Syphilis und Tripper), Hauterkrankungen und allgemeine Schwächezustände ist Sassafras wirksam. Es wird auch für Raucherentwöhnungen benutzt. Dosierung: 1 bis 2 Tropfen auf Zucker, Honig usw. *Tinktur:* 15 bis 30 Tropfen täglich. Sassafrasöl wird Seifen, Parfums und Getränken zugesetzt. Der Geruch erinnert an Fenchel und Anis; er erleichtert den Umgang mit materiellen Problemen und hilft bei geschäftlichen Unternehmungen geschickt und realistisch zu handeln. Im Tierversuch ist bei Sassafras eine kanzerogene Wirkung festgestellt worden.

TERPENTIN *(Terebinthina)*

Unter dem Sammelnamen Terpentin summiert man den Harzbalsam verschiedener Kiefergewächse. Durch Verletzung der Rinde in der äußersten Holzschicht fließt das Terpentin, eine Lösung von Harz und ätherischen Ölen, in erheblichen Mengen aus. Frischgeschlagenes Holz in Nadelwäldern strömt den aromatischen Harzgeruch aus, der zusammen mit dem Duft der Nadeln und Zapfen Waldspaziergänge zu einer wahren Erholung macht.

Die Autoren der Antike, Plinius, Dioscorides, Vitruv und Varo, kannten das Terpentin. Römische Hetären hatten spezielle Gründe, Terpentinöl einzunehmen: Es gab dem Urin einen veilchenartigen Geruch. Medizinisch wird heute hauptsächlich das rektifizierte, linksdrehende Terpentinöl von Pinus pinaster verwendet. Andere, besonders die für technische Zwecke benutzten Terpentinöle können bei längerer Einatmung der Dämpfe Nierenreizung hervorrufen (Malerkrankheit). Für Inhalationen eignen sich vor allem Latschenkiefer, Fichtennadelöl und Edeltannennadelöl, die keine Reizungen des Nierengewebes zur Folge haben. Das rektifizierte, linksdrehende Terpentinöl, das in der Medizin angewandt wird, ist keimtötend (Lungen, Urogenitaltrakt), auswurffördernd, blutungsstillend, diuretisch. Es löst Gallensteine auf (Valnet) und hilft bei rheumatischen Beschwerden, Migräne und Verstopfung. Innerlich: 3 bis 5 Tropfen Essenz in Honig/Zucker/Alkohol, 3- bis 4mal täglich. Äußerlich für Einreibungen, Bäder, Inhalationen, Sauna.

THYMIAN *(Thymus vulgaris)*

Die abgestreiften Blätter und Blüten des ca. 40 cm großen Thymianstrauches ergeben ein vielseitiges Küchengewürz. Thymian (griech. ›Mut‹) wurde im Mittelalter stärkenden Bädern zugesetzt. Sie sollten den Rittern vor der Schlacht Mut verleihen. Thymian ist tatsächlich ein kräftiges Stimulans, körperlich und geistig. Er löst Verkrampfungen, ist stark desinfizierend, Harn- und schweißtreibend, Regel fördernd, wurmtreibend und regt die Bildung der weißen Blutkörperchen an. Äußerlich, bei Haarausfall, 1 Handvoll Thymian mit 1 l Wasser kochen lassen, bis die Flüssigkeit zur Hälfte reduziert ist. Innerlich: *Essenz:* 2 Tropfen auf Zucker/Honig usw. *Aufguß:* 1 Tl. Kraut auf 1 Tasse kochendes Wasser. Nach allzu reichhaltigen Mahlzeiten, wenn Körper und Seele überbelastet sind, hilft Thymian die fremde Substanz in den Organismus aufzunehmen. Bei Schilddrüsenüberfunktion ist Thymian kontraindiziert. Übertriebene Dosierungen können Schweißausbrüche und Vergiftungserscheinungen zur Folge haben.

180

VEILCHEN *(Viola odorata)*

Das wohlriechende Veilchen ist in ganz Europa heimisch, es blüht von März bis Mai. Die Blütenblätter werden für medizinische Zwecke am frühen Morgen gepflückt, wenn sie sich gerade geöffnet haben. Hippokrates verordnete Veilchenblüten bei Husten, Kopfschmerzen und Melancholie. Als Vorbeugung gegen Kopfschmerzen tranken die Griechen Wein, in den Veilchenblüten eingeweicht waren. Sie wirken beruhigend, diuretisch, tonisch und hustenstillend. *Hustensirup:* ca. 150 g 10 Stunden lang in 1 l Wasser und 1 kg Zucker mazerieren lassen. Danach 1 Stunde lang im Wasserbad vorsichtig kochen, abfiltern und in eine Flasche gießen. Davon 2 bis 3 El. täglich. Der Sirup ist auch herzstärkend und schlaffördernd.

Veilchenparfum war das Lieblingsparfum Napoleon Bonapartes. Der Veilchenduft ist sehr fein und unaufdringlich. Er eignet sich für die Parfümierung von Cremes, Lotionen, Puder, Seifen und Pastillen. Veilchenparfum gibt die Kraft, auch in schweren Situationen Widerstand zu leisten und dabei eine optimistische Stimmung zu bewahren.

VETIVER *(Vetiveria zizanoides)*

Vetiver wird aus der Wurzel eines tropischen Grases gewonnen, das in Indien unter dem Namen ›Khas-Khas‹ bekannt ist. Das ätherische Öl spielt in der modernen Parfümerie eine größere Rolle. Man kann aus den Wurzeln einen anregenden, tonisierenden Tee bereiten. Das ätherische Öl vertreibt Insekten und ist ein guter Fixateur für Potpourris und Sachets. Der Geruch soll wachstumsfördernd auf die roten Blutkörperchen wirken und hat einen deutlich stimmungsaufhellenden Effekt.

WACHOLDER *(Juniperus communis)*

Der kleine, zur Familie der Zypressengewächse gehörende Baum steht in Deutschland unter Naturschutz. Nur die Beeren dürfen gepflückt werden. Sie sind als Gewürz und als Heilmittel gleichermaßen beliebt. Allerdings ist der Gehalt an ätherischen Ölen in unseren Breiten nicht sehr hoch − die besten Wacholderbeeren kommen aus dem Apenningebirge (Italien).

Das aromatische Holz wurde schon in der Antike für kultische und hygienische Räucherungen gebraucht. Hippokrates soll mit Wacholderräucherungen die Pest in Athen erfolgreich bekämpft haben. Den Germanen war der Wacholder heilig. In altgermanischen Gräbern fand man Wacholderzweige, und auch bei rituellen Opfern verbrannten die Germanen den die Lebenskräfte verkörpernden Wacholder. Im Mittelalter hielt man den Beerensaft für ein Universalheilmittel. Der Wacholder galt als Abwehrmittel gegen Dämonen, Hexen und Kobolde. Wenn Epidemien ausbrachen, wurden Berge von Wacholderholz verbrannt. Wacholderbeeren sind tonisierend, antiseptisch, diuretisch, blutreinigend und verdauungsfördernd. Die Beeren und das aus ihnen gewonnene ätherische Öl können unterstützend bei Diabetes, Gicht und Rheuma verwendet werden. Die Verdauungssäfte werden angeregt und die Ausscheidung von Harnsäure gefördert. In Reformhäusern und Apotheken gibt es den empfehlenswerten Preßsaft zu kaufen. Die Beeren gekaut, helfen bei Mattigkeit, Durchfall und Infektionsgefahr. Der Geruch des Wacholders ist würzig, wie eine Mischung aus Rosmarin und Terpentin. Wacholderzubereitungen dürfen nicht länger als 5 bis 6 Wochen eingenommen werden. Bei akuten Nierenerkrankungen und während der Schwangerschaft ist Wacholder kontraindiziert.

WEIHRAUCH (Olibanum)

Weihrauch oder Olibanum, Inbegriff des heiligen Räucherwerks, wird aus dem eingetrockneten Milchsaft von Boswellia carteri und anderen Boswelliaarten gewonnen. Die gedrungenen Bäume wachsen im Somaliland und den Küstengebieten Südarabiens. Bereits in vorgeschichtlichen Zeiten gehörte Weihrauch zu den begehrtesten Handelsgütern des Orients. Weihrauch, Myrrhe und Gold waren das Kostbarste, das die Drei Könige aus dem Morgenlande dem Christuskind schenken konnten. Neben der bekannten Verwendung als Räucherwerk in katholischen und orthodoxen Weihrauchmischungen ist Olibanumöl wegen seiner fixierenden Eigenschaften ein gesuchter Parfumbestandteil. Die heilenden Wirkungen entsprechen ungefähr denen der Myrrhe. Das Gummiharz und das daraus gewonnene ätherische Öl sind wundheilend, adstringierend, verdauungsfördernd, anregend und beruhigend zugleich. In den

Anbaugebieten wird Weihrauch zur Kräftigung des Zahnfleischs und als leicht euphorisierendes Mittel gekaut. So wie einst die Ägypterinnen, verwenden arabische und afrikanische Frauen Weihrauch auf vielfältige Weise für Gesichtsmasken und andere kosmetische Verrichtungen. Paracelsus bereitete aus Weihrauch, Terpentin- und Johanniskrautöl ein Wundheilmittel. Weihrauchduft fördert die spirituelle Arbeit und erzeugt eine Atmosphäre von Frieden und innerer Ruhe. Die Umsetzung von Ideen in Realität wird erleichtert.

YLANG-YLANG *(Cananga odorata)*

Ylang-Ylang verrät schon durch seinen exotischen Namen seine tropische Herkunft. Der Name bedeutet in der Sprache der Philippinos etwas Herunterhängendes. Der Ylang-Ylang-Baum wird heute auf Réunion, den Komoren, den Philippinen und Sumatra gepflanzt. Aus seinen intensiv duftenden Blüten wird durch Wasser- und Wasserdampfdestillation das ätherische Öl gewonnen. Ylang-Ylang konnte sich erst zur Pariser Weltausstellung (1878) als Parfumöl durchsetzen. Auf den indonesischen Inseln spielen die Blüten bei kultischen Tänzen eine wichtige Rolle. Sie werden auch gerne Tees zugesetzt. Forschungsarbeiten von P. Kettenhofen ergaben, daß Ylang-Ylang-Essenz Mikroorganismen abtötet, Fermentationen und Gärungen unterbindet und zur Bekämpfung der Malaria tauglich ist. Die Essenz wirkt antiseptisch, beruhigend, blutdrucksenkend (senkt die Frequenz der Atemzüge und Herzschläge) und hat offenbar auf die Sexualität anregende Wirkung. Der Geruch ist sehr feminin und vertreibt Zweifel, Unruhe und Unsicherheit.
Essenz: 1 bis 3 Tropfen, 3mal täglich in Honig, Alkohol, Zucker usw.

ZITRONE *(Citrus limon)*

Zitronen sind aus unserem Leben nicht mehr wegzudenken. Jeder kennt die erfrischenden, sauren Früchte, aber ihre Heilkräfte werden noch viel zu wenig genutzt. Die Zitronenbäume stammen aus dem mittleren Asien; sie wurden schon in vorgeschichtlicher Zeit in Indien und China kultiviert. Nachdem Alexander der Große die Citrusfrüchte von seinen Kriegszügen mitgebracht hatte, verbreitete sich der Anbau allmählich immer weiter westwärts, über Persien nach Nordafrika und Spanien. Der arabische Arzt Mesue führte in seinem ›Antidotarium‹ den Zitronensirup als Heilmittel an, und Zitronenöl gehörte zu den ersten von G. B. Porta und C. Gesner destillierten ätherischen Ölen. Fruchtfleisch, Rinde und Blätter besitzen medizinische Eigenschaften. Leider ist heutzutage die Verwendung der Zitronenschale und Blätter nur noch in Ausnahmefällen möglich. Orangen und Zitronen werden mit Unmengen von Insektenvernichtungsmitteln und Konservierungsstoffen ›behandelt‹, was einen Genuß dieser Teile unmöglich macht. Wie immer rächt sich die Natur, wenn einseitige Monokulturen angelegt werden, um möglichst große Erträge herauszuschinden.

Das aus den Fruchtschalen gepreßte ätherische Öl und der Fruchtsaft wirken kräftig keimtötend und stärken die Abwehrkräfte des Organismus. Obwohl Zitronen viel Säure enthalten, werden diese im Körper in Basen verwandelt. Sie können deshalb bei Rheuma, Gicht und sklerotischen Prozessen gute Dienste leisten. Herz und Nerven werden tonisiert, die Verdauungssäfte angeregt. Infektionen, Schwächezustände (Rekonvaleszenz), Arteriosklerose, Krampfadern, Venenentzündungen und Blutungen sind die wichtigsten Indikationen. Äußerlich wird Zitronenöl und -saft brüchigen Nägeln, Gesichtsseborrhoe, fettiger Haut in Form von Cremes, Lotionen, Gesichtsmasken u. a. verwendet. Das ätherische Öl ist Bestandteil vieler erfrischender Toilettenwässer.

Getrocknete Zitronenschalen vertreiben Motten; angeschimmelte Zitronen vertreiben Ameisen.

Zitronensaft aktiviert und schärft den Verstand.

ZYPRESSE *(Cypressus sempervirens)*

Die Zypressenbäume mit ihrem typischen konischen Wuchs verleihen den uralten Kulturlandschaften des Mittelmeerraumes ihr typisches Erscheinungsbild. Die unbeschwerte, von der Sonne verwöhnte Natur erhält durch die Zypresse einen ernsthafteren, fast schwermütigen Charakter. Da, wo der ›Geist weht‹, finden sich auch zahlreiche Zypressen: im Heiligen Land, in der Toskana und der Provence. Van Gogh hat die geistige Natur dieses Baumes in seinen glühenden Bildern festgehalten. Die Griechen ließen Schwindsüchtige in Zypressenhainen die wohltuende Luft einatmen — eine frühe Form von Aromatherapie.

184

Holz, Zweige, Blüten und Früchte besitzen heilende Kräfte. Für die moderne Therapie ist das aus den Nüssen gewonnene ätherische Öl die geeignetste Anwendungsform. Die Essenz wirkt adstringierend, krampflösend, schweißhemmend, nervenstärkend und zusammenziehend auf das Gefäßsystem. Krampfadern, Verhärtungen der Venenwände werden aufgelöst.

Wenn der Körper zuviel Flüssigkeit abgibt (Exsudative Diathese), bei Katarrhen, Grippe, Frauenleiden (Eierstockerkrankungen) ist Zypressenöl angezeigt. Es sind auch bei überreizten Nerven, Schwerhörigkeit, Hämorrhoiden und Fußschweiß Erfolge erzielt worden. Dosierung: 1 bis 3 Tropfen der Essenz innerlich, 2 bis 3 mal täglich. Äußerlich: Abkochung der Nüsse (Früchte), Zäpfchen usw.

Zypressenöl riecht würzig, wie eine Mischung aus Ambra und Zedernholz. Der Geruch hilft, sich auf das Wesentliche konzentrieren zu können und der Verschwendung vitaler Energien vorzubeugen.

VOM RICHTIGEN UMGANG MIT AROMATISCHEN HEILPFLANZEN

Lärm und Hektik haben uns der Welt der Heilpflanzen entfremdet — wir verstehen ihre Sprache nicht mehr. Und doch erzählen Märchen und Mythen von einer Zeit, da der Mensch die Sprache der Natur noch verstand. Der heilige Franz von Assisi nahm noch einmal den liebevollen Dialog mit der Kreatur auf. Sein Beispiel ist im Zeitalter der Massenvernichtung von Flora und Fauna aktueller denn je.

Ein ernsthaftes Engagement für die Natur kann nur von Menschen ausgehen, die ›Bruder Tier‹ und ›Schwester Pflanze‹ nicht nur als ›Schweinswürstel mit Kraut‹ kennen. Mit den Bedürfnissen der Pflanzen vertraut zu werden, ihre Duftsignale verstehen zu lernen, heißt, sie als empfindsame Lebewesen kennenlernen. In diesem Sinne möchte der praktische Teil dieses Buches verstanden werden, und nicht als eine Sammlung von ›Bio-Fitness‹-Rezepten.

Das Leben auf der Erde folgt dem regelmäßigen Lauf der Jahreszeiten und dem täglichen Wechsel von Licht und Dunkel. Sonne, Mond und wahrscheinlich auch die Planeten beeinflussen das Pflanzenwachstum. Seit Jahrtausenden haben sich die Regeln der Bauernkalender bewährt, die für Aussaat und Ernte die günstigsten Zeiten angeben. Auch die Heilkraft der aromatischen Heilpflanzen ist großen Schwankungen unterworfen. Entscheidend ist auch hier die Wahl des richtigen Standorts und des richtigen Zeitpunkts für Aussaat und Ernte der verschiedenen Pflanzen. Der Gehalt an ätherischen Ölen, ihre Menge und Zusammensetzung sind ebenfalls an diese rhythmischen Schwankungen gebunden. Mit ein wenig Geduld und Kenntnis der wichtigsten Kalenderregeln kommt man dem ›Geheimen Leben der Pflanzen‹ bald auf die Spur.

Das Sammeln wildwachsender Heilkräuter

Die aromatischen Heilpflanzen sind in unseren Breiten relativ selten wildwachsend anzutreffen. Sie ziehen es vor, in enger Gemeinschaft mit den Menschen zu leben.

Die ersten Schritte als Kräutersammler sollte man unbedingt unter Anleitung eines erfahrenen Sammlers tun. Gelegentlich werden auch von verschiedenen Organisationen Kräuterexkursionen veranstaltet. Auf jeden Fall aber benötigt man ein gutes Pflanzenbestimmungsbuch.

Verwendet werden nur Pflanzen, deren Identität mit hundertprozentiger Sicherheit festgestellt wurde. Grundsätzlich gilt, daß Kräuter, die zu nahe an Straßen, Fabriken und anderen umweltbelastenden Standorten wachsen (Kernkraftwerke!), für Heilzwecke ungeeignet sind. Keine angefressenen oder angefaulten Pflanzen pflücken. Die gesammelten Pflanzen legt man locker in einen Korb und berührt sie so wenig wie möglich.

Die Blüten werden an trockenen Tagen vormittags, Blatt und Kraut nachmittags gepflückt. Selbstverständlich dürfen unter Naturschutz stehende Pflanzen nicht gepflückt werden. Da immer mehr Arten gefährdet sind, kann es leicht geschehen, daß eine heute noch weitverbreitete Pflanze morgen schon selten ist und geschützt werden muß.

Es gibt Plätze, an denen die Pflanzen besondere Kräfte entwickeln. Sie zu finden ist nicht leicht, denn die Erde verbirgt ihre Kräfte, bis man die Zeichen deuten kann.

Das Trocknen

Die Pflanzen werden am besten auf Holzgestellen in einem trockenen, gut durchlüfteten Raum gelegt. Man breitet die Pflanzenteile in einer dünnen Schicht auf Leintüchern oder Papier aus. Schlechte Gerüche verraten, daß die Trocknung nicht richtig abläuft. Die Raumtemperatur

sollte nicht über 30 Grad liegen. Große Wurzeln werden in zwei bis drei
Teile aufgespalten; sie können auch bei künstlicher Wärme (Ofen, Herd)
nachgetrocknet werden. Sachgerechtes Trocknen ist ein wichtiger Vorgang, der bei manchen Kräutern ein Nachreifen bewirkt. So wird der
Gehalt an Wirk- und Duftstoffen noch einmal gesteigert.

Aufbewahren

Licht und Luft mindern im Lauf der Zeit die Qualität der aufbewahrten
Heilpflanzen. Es ist deshalb ratsam, die getrockneten Pflanzenteile in
luftdichten Glasflaschen (getönt, wenn sie ständig Licht ausgesetzt sind),
Holzkästen oder ähnlichen Behältnissen zu verwahren. Auf keinen Fall
aber Blechbüchsen oder Plastikgefäße verwenden.

Anfangs schaut man mehrmals nach, ob sich Schimmel bildet. Wenn
möglich, sollten die Kräuter nicht länger als ein Jahr aufgehoben werden.
Danach verringert sich ihr Wirkstoffgehalt rapide.

Das Sammeln, Trocknen und Aufbewahren der Kräuter muß sorgfältig ausgeführt werden, sonst ist alle Mühe umsonst. Im Zweifelsfalle
kann man immer auf das große Angebot der Apotheken und Kräuterhandlungen zurückgreifen.

Aromatische Heilpflanzen selbst anbauen, im Garten und in der Wohnung

Einer japanischen Lebensweisheit zufolge muß die Liebe erst gelernt
werden. Deshalb ist in Japan die liebevolle Beschäftigung mit den Pflanzen eine Charakterschulung, verbunden mit einer Lebensweise, die den
Zen-Künsten nahesteht. Wir können aus der Gemeinschaft mit den
Pflanzen sehr viel lernen. Ihre Bedürfnisse und Lebensregungen zu verstehen, heißt, dem Wesen der Liebe näherzukommen.

In den letzten Jahren ist der Begriff der ›Pflanzengemeinschaft‹
gebräuchlich geworden. Damit ist gemeint, daß Pflanzen − ähnlich wie
die Menschen − Sympathien und Antipathien gegenüber anderen
Gewächsen empfinden. Das Gedeihen der aromatischen Heilkräuter

(auch das von Blumen und Bäumen) wird daher gefördert, wenn man ihre Vorlieben beachtet.

Es gibt keinen besseren Weg, die Vorgänge zwischen Erde, Pflanze, Tier und Mensch kennenzulernen, als selbst einen Garten anzulegen. Der Garten wird in der bewußten Gestaltung ein Weg zum Ich.

Im Kleinen entsteht ein Abbild der von Gott geschaffenen, harmonischen Schöpfung. Nach außen ist der Garten gegen Unharmonisches und Ungeordnetes abgegrenzt. Weil der Garten so die intakte Schöpfung symbolisiert, ist das Paradies dem Menschen als ein Garten erschienen – der Garten Eden. Das ursprüngliche Paradies ist verloren, aber Gärten sind Annäherungsversuche an den paradiesischen Zustand reiner Harmonie. Hier ist es möglich, die lebendige Einheit der Pflanzenwelt von Licht, Farbe, Form und Geruch zu erleben. Die Arbeit im Garten fördert die Erziehung der Sinne und wirkt heilend im Sinne einer ganzheitlichen Aromatherapie.

Aber auch Topfpflanzen in der Wohnung können durch den engen Kontakt jene sinnliche Erfahrung vermitteln, ohne die alles Wissen tot bleibt. Gerade für Topfpflanzen ist der persönliche Umgang besonders wichtig. Mag es auch im ersten Moment sonderbar erscheinen, so zeigt die Erfahrung doch immer wieder, daß Pflanzen besser gedeihen, wenn man mit ihnen spricht. Viele Menschen tun das instinktiv. Während des Gießens scheint sich der innere Zustand durch das Wasser auf die Pflanzen zu übertragen – schlechte Laune und Aufregung bekommen den Pflanzen nicht!

Einige Hinweise auf Anbau und günstige Erntezeiten sind in den Einzeldarstellungen zu finden – Spezialliteratur dazu gibt es in Hülle und Fülle. Die Mondphasen müssen für alle genannten Tätigkeiten beachtet werden. Bei zunehmendem Mond säen oder pflanzen, was in die Höhe wächst (Gemüse, Blumen, Sträucher, Bäume); bei abnehmendem Mond das, was unter der Erde gedeihen soll. Die Pflanzensäfte werden nämlich bei zunehmendem Mond in die Höhe gezogen, bei abnehmendem Mond sinken sie in die Wurzeln. Blüten, Blätter und Stengel werden besser nur gesammelt, wenn die Mondsichel klein ist und zunimmt; Wurzeln dagegen bei abnehmendem Mond.

Maria Thun hat mit statistischen Mitteln nachgewiesen, daß die Sternbilder das Blühen, Wurzeln und Sprießen ganz unterschiedlich beeinflussen. So begünstigen zum Beispiel die sogenannten Erdzeichen (Stier, Jungfrau und Steinbock) die Entwicklung von Wurzelgemüsen. Der Monat des Keimens entspricht dabei dem Geburtsmonat eines Menschen. Für beide sind die kosmischen Kräfte in diesem Augenblick prägend für das weitere Leben.

Die intakte Pflanzengemeinschaft ist der beste Schutz gegen übermäßigen Schädlingsbefall. Gerade die aromatischen Heilpflanzen können hier wertvolle Dienste leisten. Dazu einige Beispiele: Basilikum, in die Nähe von Tomaten gepflanzt, hält Würmer und Ungeziefer fern. Minze, Salbei, Dill und Thymian schützen Kohl, Blumenkohl und Rosenkohl vor Kohlmotten. Zwiebeln und Knoblauch schützen Salat, Petersilie und Bohnen vor Schnecken und anderen Schädlingen. Zwiebeln vertragen sich auch sehr gut mit Karotten und roten Rüben. Knoblauch verträgt sich nicht mit Kohl und Erbsen, liebt und schützt dagegen die Rosen. Anis, Lavendel und Koriander schrecken Blattläuse ab. Fichtennadeln und andere Koniferennadeln sind gegen Schnecken wirksam. Die Kamille, die wir schon als ›Pflanzenarzt‹ kennengelernt haben, kann als Kräftigungsmittel (Teeaufguß) hin und wieder dem Gießwasser für schwächliche Pflanzen zugesetzt werden. Man kann auch ein Samenbad aus dem Kamillenaufguß herstellen, 1 Teelöffel, auf 1 Liter Wasser. Darin badet man 24 Stunden lang die Samen von Erbsen, Bohnen, Rettich und Radieschen.

Angebaute Heilpflanzen werden genauso gesammelt, getrocknet und aufbewahrt wie die wildwachsenden Heilpflanzen.

Zubereitungsformen und Dosierungen

Der Aufguß (Infus)

Der Aufguß eignet sich besonders für zarte, aromatische Pflanzen, Blüten und Blätter. Die Pflanzenteile werden mit kochendem Wasser übergossen, dann läßt man das Ganze einige Minuten ziehen. Teilweise lösen sich die ätherischen Öle in heißem Wasser. Damit sie sich nicht verflüchtigen, während der Tee einige Minuten steht, hält man das Gefäß geschlossen.

Absud (Dekokt)

Wurzeln, Rinden und zähere Kräutersorten kocht man bis zu einer halben Stunde. Die Abkochung löst hauptsächlich Bitterstoffe und Mineralien heraus.

Der Kaltwasserauszug (Mazerat)

Man läßt die Pflanze 12 Stunden in einem bedeckten Gefäß in kaltem Wasser ziehen. Einige schleimhaltige Pflanzenteile (Eibischwurzel u. a.) werden noch kurz aufgekocht.

Tinktur

Bei Paracelsus und seinen Zeitgenossen taucht die Bezeichnung ›Tinktur‹ (vom lateinischen tingere = färben) zuerst auf. Tinktur ist ein alkoholischer Auszug. Das grob zerstoßene Pflanzenmaterial wird mit 70 bis 90% Weingeist übergossen und in einem geschlossenen Gefäß lichtgeschützt mindestens 5 Tage lang aufbewahrt. Während dieser Zeit wird die Flasche mehrmals umgeschüttelt. Danach seiht man die Flüssigkeit durch ein feines Tuch (Koliertuch) ab und preßt den Rückstand aus. Tinkturen haben den Vorteil, daß der Alkohol Wirkstoffe herauslöst, die bei Wasserauszügen ungelöst bleiben. Da die frischen Pflanzen direkt in Alkohol gelegt werden können, bleibt hier der Trockenvorgang erspart.

Homöopathische Urtinkturen sind Tinkturen, die nach speziellen Vorschriften angefertigt werden.

Medizinische Weine

Für die Herstellung von medizinischen Weinen sind Südweine mit 13 bis 18% Alkohol geeignet. (Weitere Angaben bei den einzelnen Heilpflanzen.)

Sirup

Sirup ist eine der traditionellen Zubereitungsformen, die heute hauptsächlich in der Kinderheilkunde Verwendung findet. Aus 64 Teilen Zucker und 36 Teilen Wasser stellt man eine Lösung her, die aufgekocht und gefiltert wird. Dann werden die Pflanzenextrakte in dem Sirup aufgelöst. Umgekehrt kann man Zucker in wäßrige, weingeisthaltige oder weinhaltige Auszüge auflösen, aufkochen und ein Konservierungsmittel dazugeben. Die Flüssigkeit wird daraufhin gefiltert und in trockene sterile Flaschen abgefüllt. Pfefferminze, Wacholder, Pomeranzen u. a. eignen sich für die Sirupherstellung.

Liköre

Die Zusammensetzung der berühmten Kräuterliköre ist immer geheimgehalten worden. Oft destillierten die Mönche mehr als 50 aromatische Kräuter (Galgant, Angelika, Anis, Muskat, Kardamom, Pomeranzen, Myrrhe, Rosmarin und vieles andere) mit 50 bis 60% Weingeist.

Umschläge

Man tränkt ein sauberes Tuch mit dem Kräuterinfus oder -dekokt und legt es auf die erkrankten Körperpartien. Darüber legt man ein Woll- oder Leintuch und hält den Umschlag warm.

Breiumschlag (Kataplasma)

Man näht die zerstampften Heilpflanzen in Verbandgaze oder Leinenmullsäckchen ein oder legt sie direkt auf. Die angefeuchteten Pflanzenteile entfalten bei etwa 45 Grad ihre größte Heilwirkung.

Kompressen

Ein größeres Stück Watte, Zellstoff oder Flanell tränkt man mit dem Aufguß, Absud oder der Tinktur und legt sie einige Minuten lang auf die zu behandelnde Stelle. Augentropfen (Kamille, Lavendel usw.) lauwarm und schwach konzentriert zubereiten.

Die Essenzen

Ätherische Öle werden durch Wasser- und Wasserdampfdestillation aus verschiedenen Pflanzenteilen gewonnen. Da für ein paar Tropfen Essenz ungeheure Mengen Pflanzenmaterial herhalten müssen, kommt privates Destillieren kaum in Frage. Um so wichtiger ist deshalb die einwandfreie Qualität der zum Verkauf angebotenen Essenzen. Viele der für Parfums verwendeten Öle und Extrakte sind wegen der üblichen Gewinnungsmethoden (chemische Extraktion) nicht für die Aromatherapie geeignet. Ätherische Öle sollten deshalb nur gekauft werden, wenn vom Anbieter einwandfreie Qualität garantiert wird. Ätherische Öle lösen sich schlecht in Wasser, gut dagegen in Fett, Alkohol, Joghurt, Sahne und Milch. Sie können auch auf Honig oder Zucker (vorzugsweise Rohzucker) getropft werden. Man läßt sie kurze Zeit im Mund, weil hier bereits ein Teil resorbiert wird. Danach herunterschlucken und Flüssigkeit nachtrinken. Ätherische Öle reagieren stark auf Licht, Luft und Wärme. Sie sollten deshalb in dunkelgefärbten Glasflaschen bei gleichbleibend mäßiger Temperatur aufbewahrt werden.

An dieser Stelle muß noch einmal darauf hingewiesen werden, daß bei länger andauernden und ernsthaften Beschwerden kompetente Hilfe (Arzt, Heilpraktiker) gesucht werden sollte. Sicherlich können die aromatischen Heilkräuter und ihre Essenzen vielen Krankheiten von vornherein den Boden entziehen. In der Vorbeugung und Gesundhaltung liegt ihr unschätzbarer Wert. Wie bei allen stark wirksamen Pflanzenstoffen können allerdings gelegentlich Allergien auftreten. Bei irgendwelchen unangenehmen Erscheinungen bricht man die Behandlung sofort ab. Im allgemeinen sind 1 bis 3 Tropfen Essenz 2- bis 3mal am Tag, nicht länger als 3 bis 4 Wochen eingenommen, die höchste ungefährliche Dosierung. Größere Mengen können Vergiftungserscheinungen zur Folge haben. Die äußere Anwendung in Form von Bädern, Massagen, Cremes, Inhalationen, Zerstäubung usw. besitzt den Vorteil, daß die Gefahr von Vergiftungserscheinungen stark reduziert ist. Eine ganzheitliche und sanfte Therapie über den Geruchssinn, wie sie Paolo Rovesti in Italien praktiziert, wird in Zukunft sicherlich enorm an Bedeutung gewinnen.

NATUR-
KOSMETIK

Die Wörter ›Kosmos‹ und ›Kosmetik‹ sind beide von dem griechischen Wort für ›schmücken, ordnen‹ abgeleitet. Die Griechen betrachteten Kosmetik nicht nur als oberflächlichen Schmuck, sie brachte den Menschen wieder in ein geordnetes, harmonisches Verhältnis zur Welt. Schönheit verstanden sie als den sichtbaren Ausdruck idealer Proportionen. In Athen wurden regelmäßig Schönheitswettbewerbe veranstaltet. Die Wahl des schönsten Mädchens bewegte alle Athener, selbst Philosophen diskutierten die Vorzüge der Kandidatinnen.

Über die Sorge um die ästhetische Erscheinung hinaus ist sinnvolle Kosmetik heute eine Notwendigkeit geworden. Luftverschmutzung, scharfe Waschmittel, Medikamente und ungesunde Lebensweise verstärken die wetterbedingten Aggressionen, denen Haut und Haare täglich ausgesetzt sind. Wen wundert es da, wenn allergische Hauterkrankungen (Kontaktdermatitis, Ekzeme, Psoriasis) auf dem Vormarsch sind. Kommt dazu auch noch eine Behandlung mit Cortison, kann die Angelegenheit sehr ernst werden. Allein in Deutschland wurden 1979 für 170 Millionen DM topische Steroide − Cortisonpräparate − verbraucht. Die Situation wird in einer Schrift der Bayerischen Landesapothekerkammer anschaulich geschildert: »Tatsächlich hat sich jedoch weithin das ›Ex iuvantibus‹-Denken eingebürgert, das auf die Stellung einer Diagnose verzichtet und nur schnellstmöglich aus allem Denkbaren zum Erfolg kommen will, etwa nach dem Motto: ›Cortison hilft immer; falls da noch etwas wächst, geben wir prophylaktisch noch Antibiotikum und Antimykotikum dazu.‹ Auf diese Art und Weise werden viele Dermatosen unnötig lange verschleiert, die Diagnosestellung oft unmöglich gemacht und letzten Endes die Heilung verzögert« (Seite 118, Heft 22,

Die Haut. Teil B). Nur eine Naturkosmetik, die frei ist von allergie-
erzeugenden Substanzen, kann den nötigen Schutz gegen schädliche
Einwirkungen bieten.

Die Haut

Im Gegensatz zu den Tieren ist der Mensch ein empfindlicher ›nackter
Affe‹. Weder Fell noch Schuppen schützen ihn vor Kälte und Verletzun-
gen. Gerade diese Schutzlosigkeit ist es aber, die den Menschen zum
Menschen macht. Über die Haut, ein riesiges Sinnesorgan, das feinste
Wahrnehmungen ermöglicht, kommuniziert er mit seiner Umwelt. Sie ist
die leicht überschreitbare Grenze zwischen Innenwelt und Außenwelt,
Eindruck und Ausdruck. Daneben reguliert sie den Wärmehaushalt und
unterstützt die Niere in ihrer Entgiftungsaktion. Sauna und türkische
Bäder bewirken zwar keine echte Gewichtsabnahme, aber mit dem
Schweiß werden viele Giftstoffe ausgeschwemmt. Überall da, wo neben
Schweiß- und Talgdrüsen auch Duftdrüsen sitzen (Nasenflügel, Achseln,
Genitalbereich) ist der gegen übermäßigen Bakterienbefall schützende
Säuremantel durchbrochen. Hier können leichter Infektionen und
Reizungen entstehen als an anderen Stellen.

Die Sensibilität und relative Durchlässigkeit der Haut bietet andererseits die Chance, heilend und umstimmend eingreifen zu können. Ätherische Öle werden ausgesprochen gut resorbiert. Die Therapie und Hautpflege mit ätherischen Ölen spricht deshalb immer den ganzen Menschen
an. Auf schonende Weise, ohne die feinen Regelmechanismen durch bru-
tale Eingriffe zu stören, können so seelische und organische Beschwerden
einer Heilung zugeführt werden. Jede Haut ist Ausdruck der individuellen Persönlichkeit. Rötungen, Allergien, Seborrhöe u. a. sind Ausdruck
der individuellen Reaktion auf innere und äußere Probleme. Nur eine
Naturkosmetik, die die Gesamtpersönlichkeit einbezieht, wird dem
menschlichsten aller Organe gerecht werden.

Als Ausdrucksorgan verrät die Haut seelische Probleme. Angst, Span-
nungen, Abgeschlagenheit und Depressionen hinterlassen ihre Spuren.
Genauso nachhaltig beeinflußt die Ernährung den Zustand der Haut.
Innere Ausgeglichenheit und eine vollwertige Ernährung sind deshalb
die besten Voraussetzungen für eine gesunde, schöne Haut.

Seit einiger Zeit beginnt sich die Erkenntnis durchzusetzen, daß zur Pflege und Heilung des menschlichen Organismus naturbelassene und bewährte Pflanzenstoffe Substanzen vorzuziehen sind, die in ihrer Wirkung noch ungenügend erforscht sind. Immer wieder zeigt sich, daß Syntheseprodukte, die in vielen Bereichen der Gesellschaft zweifellos nützlich sind, in der Medizin und der Kosmetik mehr Schaden anrichten, als uns lieb sein kann. Die Industrie ist sich dieser Tatsache bewußt, wie zwei Zitate aus dem Kosmetikjahrbuch 1977 beweisen: »Selbstverständlich braucht man für klassische Goldcreme aus Bienenwachs, Mandelöl und Borax nicht eine Untersuchung auf Reizlosigkeit; aber bei wahllos verwendeten Tensiden und auch bei ungeprüften Riechstoffen kann man schon in ein Dilemma kommen.« Daß für bereits bewährte Naturprodukte, im Gegensatz zu den genannten Syntheseprodukten, keine kostspieligen und grausamen Tierversuche nötig sind, sei nur am Rande vermerkt. Die Industrie hat allerdings schon längst den Trend zur Naturkosmetik aufgegriffen und ist zu folgenden Erkenntnissen gekommen: »Pflanzliche Wirkstoffe sind in den letzten Jahrzehnten auch für die pharmakologische Forschung interessant geworden. Man erkannte, daß weder synthetisch nachgebaute Pflanzenstoffe noch aus Pflanzen isolierte Aktivstoffe, den aus Kräutern extrahierten Gesamtkomplexen gleichwertig sind« (Kosmetikjahrbuch 1977).

Leider wird heute unter dem Begriff ›Naturkosmetik‹ vieles angeboten, was diesen Namen nicht verdient. Industriell gefertigte Kosmetikpräparate enthalten eine Reihe chemischer Substanzen (Tenside, Antioxidantien, Emollients, Farbstoffe und synthetische Riechstoffe), die alles andere als ›natürlich‹ sind. Die Anforderungen an Haltbarkeit, Verstreichfähigkeit und angenehmes Erscheinungsbild des Produkts machen die Verwendung dieser Substanzen in der Massenproduktion mehr oder weniger unumgänglich. Echte Naturkosmetik kann nur für kurze Zeit aufbewahrt werden; ihre Herstellung wäre außerdem für große Unternehmen viel zu kostspielig. Im eigenen Haushalt dagegen ist die Zubereitung und Aufbewahrung von Naturkosmetik unproblematisch. Sie wird einfach in kleinen Mengen hergestellt und im Kühlschrank gelagert. Hinzu kommt, daß viele ätherische Öle keimtötende Eigenschaften besitzen und schon in kleinen Mengen den Verfall für einige Zeit aufhalten können.

Wer sich mit Naturkosmetik näher befassen will und sich hoffnungsfroh eines der populären Büchlein zu diesem Thema anschafft, wird bald mit merkwürdigen Widersprüchen konfrontiert werden. Da schimpft eine Autorin über die böse Chemie, preist die Vorzüge der Gemüsesäfte, um dann in einem kleinen Nebensatz ihren Leserinnen mitzuteilen, daß sie gedenkt, die gesunden Säfte, Kräuterauszüge usw. in eine ominöse Emulsion einzurühren. Mit keinem Wort wird die Zusammensetzung und Herkunft des ›Marken‹-Präparates erwähnt. Daß hier durch die Hintertür wieder der alte Bockmist hereinkommt, wird den arglosen Leserinnen kaum bewußt werden. Einerseits wird ausdrücklich die Chemie verdonnert, andererseits empfehlen diverse Autoren fröhlich Vaseline, Paraffin, Wollfett (Lanolin), künstliches Wollfett, synthetische Parfümöle, chemische Emulgatoren und Walrat (Spermaceti)! Jedermann kann in neueren Lehrbüchern für Dermatologie und Kosmetik nachlesen, daß die Verwendung dieser Stoffe oft problematisch ist. Es gibt ausreichend ernsthafte, keineswegs nur ›naturkosmetische‹ Literatur, die auf hautfremdes Verhalten, Insektizidrückstände usw. hinweist. Walrat ist zwar kosmetisch unbedenklich, aber die wenigen übriggebliebenen Wale sollten nicht für unsere Pickel sterben!

Die Hauttypen

Man unterscheidet drei verschiedene Hauttypen, die normale, die trockene und die fettige Haut. Die Mischhaut ist, wie der Name sagt, eine Mischung aus den drei Hauttypen. Ausschlaggebend ist die Tätigkeit der Talgdrüsen. Fettige Haut erzeugt zuviel Talg (Sebum), trockene und Altershaut zuwenig. Im Laufe des Lebens kann sich der Hauttypus mehrmals verändern (Pubertät, Klimakterium); Krankheiten, Waschmittelallergien, Luftverunreinigung usw. verwandeln allmählich die normale Haut in Mischhaut oder trockene empfindliche Haut.

Die normale Haut, die praktisch nur bei jungen Menschen vorkommt, ist samtig weich, kleinporig, mattglänzend und frei von Mitessern (Comedonen).

Die fettige Haut erkennt man an den glänzenden Stellen auf Stirn, Wangen, Kinn, an den großen Poren und der Tendenz zu Hautunreinheiten. Der Teint ist oft gelblich braun. Die gewöhnliche Akne (Akne vulgaris) kann leicht aus diesem Hauttyp entstehen.

Die trockene Haut ist feinporig, straff, ohne Mitesser, mit einem schönen hellen Teint. Dennoch ist sie stärker gefährdet als die anderen Hauttypen. Sie altert rasch und neigt zu Sprödigkeit und frühzeitiger Faltenbildung. Aus ihr entwickelt sich die eigentliche Altershaut. Alle Hauttypen brauchen angemessene Pflege; besonders das Leben in der Großstadt mit seinen aggressiven Umwelteinflüssen macht die tägliche Reinigung und Pflege notwendig. Viele scheinbar unerklärliche Verstimmungen und Beschwerden haben ihre Ursache in mangelnder Hautpflege und ungesunder Bekleidung. Während die fette Haut mit Neigung zu Seborrhöe, vermehrtem Talgfluß, besonders gut gereinigt werden muß, braucht die trockene und Altershaut mit verminderter Talgausscheidung, Sebostase, viel Feuchtigkeit und Nährstoffe.

Kosmetische Zubereitungen bestehen aus festen, flüssigen und fetten Substanzen die, miteinander vermischt, die Grundlage für die Einarbeitung von Wirkstoffen (Kräuterauszüge, Essenzen usw.) bilden. *Salben* sind die fetthaltigsten Präparate; in sie lassen sich mehr Wirkstoffe einarbeiten als in die anderen Grundstoffe. *Cremes* enthalten im Gegensatz zu Salben Wasser. Sogenannte ›Goldcremes‹ (Kühlcremes) sind Wasser-in-Öl-Emulsionen, kurz w/o, vergleichbar mit der Butter. *Normale Cremes* dagegen sind Öl-in-Wasser-Emulsionen (o/w), ähnlich wie Milch. Unter Emulsionen versteht man eine zeitweilige Verbindung zweier Stoffe (Fett und Wasser), die sich normalerweise nicht mischen. Man benötigt daher spezielle Emulgatoren, die die Verbindung gewährleisten. *Pasten* bestehen aus 50 Prozent trockener und 50 Prozent fetter Substanz, überwiegend mineralischer Natur (Zinkpaste). *Lotionen* sind Mischungen flüssiger und fester Bestandteile. Sie enthalten oft Alkohol und sind besonders für fettige Haut geeignet. *Gesichtswässer* können ganz einfach aus einem Kräuteraufguß, verdünntem Kräuteressig oder destilliertem Heilpflanzenwasser bestehen. Sie eignen sich für alle Hauttypen, je nachdem welche Pflanzenauszüge man gewählt hat. Bei trockener Haut wählt man mildere und stärker verdünnte Gewichtswässer. Anschließend an die Reinigung von Gesicht und Körper tonisieren sie die Haut auf angenehme Weise.

Praktische Naturkosmetik zu Hause

Naturkosmetik muß nicht kompliziert sein. Die meisten der in Büchern angegebenen Kosmetikrezepte sind nur deshalb so kompliziert aufgebaut, um zu verschleiern, daß es im Grunde kinderleicht ist, zu Hause aus ein paar Nahrungsmitteln und Essenzen wunderbare, viel wirksamere Präparate herzustellen. Es wäre natürlich für manche Autoren und Kosmetikfirmen fatal, wenn die unerschöpflichen Varianten − statt Weinbrand Rum, Hafermehl statt Weizenmehl, pompöse Phantasienamen und ausgeleierte Histörchen − von kritischen Lesern als solche durchschaut würden. Beachtet man ein paar Dinge, die eigentlich nur ›common sense‹ verlangen, stehen unerschöpfliche Variationsmöglichkeiten offen. Phantasie, Kreativität und vor allem der persönliche Bezug zu den verwendeten Pflanzenstoffen sind viel wichtiger als das sture Befolgen von Rezepten. Machen Sie sich mit dem Charakter der aromatischen Heilpflanzen vertraut und versuchen Sie, die zu Ihnen passenden Pflanzen zu finden. Die Haut ist ein ungeheuer feines Organ, das sofort Vorlieben und Abneigungen zu erkennen gibt. Achten Sie darauf, wie schnell oder langsam die Haut aufgetragene Substanzen aufnimmt. Die Haut reagiert hier ähnlich wie Pflanzen, die manchmal viel und manchmal wenig aufnehmen. Der Geruch ist ebenfalls ein sicherer Hinweis auf Annahme oder Ablehnung durch den Organismus. Wenn Sie den Geruch nicht mögen, dann meiden Sie die entsprechenden Stoffe.

Eigentlich wäre alles ganz einfach. Gemüse, Obst, Eier, Milch und Milchprodukte, Weizenmehl, Speiseöle usw. sind ideale Ausgangsstoffe für die kosmetischen Zubereitungen. Nimmt man noch die Auszüge der aromatischen Heilpflanzen, Heilerde und Bienenprodukte hinzu, ist die einfachste und effektivste Form der Naturkosmetik perfekt. Voraussetzung ist allerdings die einwandfreie und frische Qualität dieser Naturprodukte. Doch Tag für Tag stopfen wir uns mit Lebensmitteln voll, die bereits durch kurzsichtige Anbaumethoden entkräftet sind und durch falsche Zubereitung in Kantinen, Mensen und zu Hause den Todesstoß versetzt bekommen haben. Diese *Lebensmittel* enthalten eben kein *Leben* mehr und sind deshalb auch für die Naturkosmetik ungeeignet. Kaufen Sie deshalb nur ganz frische, vitale Nahrungsmittel − am besten in Reformhäusern und Bioläden, jedenfalls dort, wo unbehandelte Nahrungsmittel angeboten werden. Es gibt außerdem eine Reihe ausgezeichneter Pflanzenöle, die in der Naturkosmetik Verwendung finden.

Avocadoöl wird von der Haut sehr gut aufgesogen. Es ist wundheilend und hilft bei trockener spröder Haut und Schuppenbildung. Vorteilhaft ist, daß es kühl und dunkel gelagert kaum ranzig wird.

Olivenöl, gutes, kaltgepreßtes (vierge, vergine), ist das Hautpflegeöl schlechthin und eignet sich für alle Hauttypen.

Mandelöl und *Weizenkeimöl* sind hochwertige, nährende (Vitamin E u. a.) Gesichtsöle, besonders für die alternde und trockene Haut. Sesam-, Sonnenblumen-, Distel-, Traubenkern-, Walnuß- und Erdnußöl sind ebenfalls verwendbar.

Unter den festen Fetten sind Butter, Kokosfett, Kakaobutter und hochwertige Pflanzenmargarinen zu nennen. Kakaobutter enthält Spuren von Ameisensäure und wird deshalb nicht so leicht ranzig wie Butter.

Milch ist ein Geniestreich der Natur (Öl-in-Wasser-Emulsion), der auch in der Naturkosmetik gute Dienste leistet. Buttermilch, Joghurt und Molke können für Masken und Lotionen benutzt werden. Joghurt muß allerdings von lebendigen Kulturen stammen, die man auch selbst züchten kann (gibt es in Reformhäusern).

Frische Eier sind unentbehrlich für die Naturkosmetik (möglichst aus Bodenhaltung). Sie sind gute Emulgatoren und können für Cremes, Spülungen und Masken verwendet werden.

Die Bienenprodukte leisten ebenfalls unschätzbare Dienste, die noch viel zu wenig genutzt werden. Weißes und gelbes Bienenwachs eignet sich gut für Cremes und wird nicht ranzig. Es gibt den Cremes eine gute Konsistenz und riecht angenehm. Die Bienen haben die Wirkstoffe der Pflanzen assimiliert und in eine dem Menschen besonders bekömmliche Form gebracht. Bienenerzeugnisse stehen vermittelnd zwischen dem Pflanzen- und dem Tierreich und wirken deshalb zugleich aufbauend (Pflanze) und anregend (Tier). Neben Wachs und Honig sind der Pollen, Gelee Royale und Propolis — die Kittsubstanz für die Bautätigkeit der Bienen — verwendbar. Sie gewinnen das harzig-aromatische Propolis von Knospen und benutzen es außerdem für die Mumifizierung von Tierkadavern. Mäuse und andere Tiere werden mit Propolis überzogen; auf diese Weise verhindern die Bienen die Verwesung der Tierkörper im Bienenstock.

Pollen ist innerlich und äußerlich angewendet ein großes Heilmittel, dessen Wirkung ebenso wie die von Gelee Royale — die Nahrung der Bienenkönigin — ›verjüngend‹ ist. Honig, Propolis und Pollen enthalten auch die ätherischen Öle, die den feinen Geruch der Bienenprodukte mitbestimmen.

Weizen, Hafer, Heilerde und Tonerde (Bolus albus) befreien die Haut von Unreinheiten. Vermischt mit Ei, zerstampftem und ausgepreßtem Gemüse und Obst lassen sich nährende und erfrischende Gesichtsmasken herstellen. Aus Tragant kann man ein fettfreies Gelee anrühren, in das man Pflanzenextrakte hineingibt. Tragant war schon in der Antike bekannt und wird mit Glyzerin und Wasser (erst Glyzerin, dann Wasser) zu einem Schleim angerührt. Die aromatischen Heilpflanzen und ihre diversen Auszüge (Aufguß, Dekokt, Tinktur, Essenz) können den Grundstoffen beigegeben werden und so ihre sanfte, aber wirkungsvolle Kraft entfalten.

Eine Unzahl von aromatischen Ölen und Kräutern wurde noch gar nicht auf ihre kosmetische Wirkung hin untersucht. Es gibt zweifellos in Ländern wie Brasilien, Indonesien, Afrika und selbst in Europa noch viele unerforschte, vielleicht außergewöhnliche Heilpflanzen. Allein die traditionelle Medizin in Indien, China und Japan weist einen Reichtum an aromatischen Heilpflanzen auf, der erst in Jahrzehnten erforscht sein wird.

Hier sind einige Beispiele für die Verwendung der aromatischen Kräuter und Essenzen. (Weitere Angaben finden Sie bei den Einzeldarstellungen und im therapeutischen Index).

Couperose (Äderchen): Sandelholzöl, Schafgarbe.

Entzündete Haut: Kamille, Neroliöl, Pfefferminze, Geranien-, Sandel-, Rosmarin-, Weihrauch- und Myrrhenöl.

Falten: Fenchel, Rosenblätter/-öl, Melisse, Orangenöl, Neroli, Pfirsiche.

Fettige unreine Haut: Fenchel, Schafgarbe, Melisse, Lavendel und Salbei, Gurken- und Zitronensaft, Kampfer-, Zypresse-, Geranien-, Weihrauch-, Sandelholz-, Lemongras-, Ylang-Ylang-Öl.

Große Poren, vergröberte Haut: Quendel, Salbei, Pfefferminze, Tomaten und Tormentille.

Hautflecken: Veilchen, Gurkensaft.

Keimtötend, konservierend: Nelken, Origanum, Thymian- und Eukalyptusöl.

Regenerierend: Orangen-, Neroli-, Hopfenöl, Lavendel, Vetiveröl, Pfirsiche und Ginseng.

Trockene, empfindliche und alternde Haut: Kamille, Rose, Melisse, Sandel- und Ylang-Ylang-Öl.

Allergien gegen Kräuterauszüge und ätherische Öle werden gelegentlich auch in der äußeren Anwendung registriert. In letzter Zeit hat jedoch Professor Dr. Schlatter, Zürich, darauf hingewiesen, daß entgegen der gängigen Meinung die ätherischen Öle nicht zu den besonders toxischen und allergieauslösenden Substanzen gezählt werden können. Er betonte, daß die ätherischen Öle zwar sehr gut über die Haut absorbiert werden, jedoch keine toxischen Erscheinungen (Vergiftungen) hervorrufen.

Das Einmaleins der Naturkosmetik

Zur Grundausstattung gehören Holz- oder Hornspatel, Cremetöpfchen (nicht aus Plastik), eine Briefwaage, Filter (Kaffeefilter gehen auch), ein Mischbecher aus Plastik, Thermometer und nicht oxydierende Töpfe für das Wasserbad.

Im Wasserbad werden bei der Herstellung von Cremes Wasser bzw. Kräuterauszüge und Wachs mit Öl getrennt auf ca. 60 bis 70 Grad erwärmt. Zuerst bringt man das Bienenwachs zum Schmelzen, fügt die Öle dazu und erwärmt auf die angegebene Temperatur. Dann gibt man die Wachs-Öl-Mischung in den Mischbecher, fügt allmählich den wäßrigen Anteil hinzu und rührt bis zum Erkalten. Ätherische Öle werden erst bei Raumtemperatur dazugegeben. Bei Öl-in-Wasser-Emulsionen gibt man erst die Kräuterauszüge in den Mischbecher und rührt allmählich die öligen Anteile hinein.

Alle naturkosmetischen Zubereitungen müssen im Kühlschrank aufbewahrt und bald aufgebraucht werden. Die Zugabe von zwei Tropfen Nelken-, Thymian- oder Eukalyptusessenz hindert die Entwicklung von Bakterien.

Butter, Sahne, Margarine und Milch sind natürliche Emulsionen, die wir als Grundlage für Cremes und Hautmilch nutzen können. Mit Eigelb kann man ohne die Hilfe der elektrischen Geräte eine Emulsion bereiten, die im Grunde nichts anderes ist als eine Mayonnaise. Dazu rührt man ein Eigelb, gibt vorsichtig zwei Eßlöffel weißen Wein- oder Apfelessig dazu und rührt tropfenweise fünf Eßlöffel gutes Speiseöl darunter. Diese Cremes sind nährend und deshalb für trockene, empfindliche und zu Faltenbildung neigende Haut geeignet.

In Südfrankreich wird aus Olivenöl eine fette Seife hergestellt, ›Marseiller Seife – Savon de Marseille‹, die für alle Hauttypen ein ausgezeichnetes Reinigungsmittel ist. Manchmal ist der Olivenölseife Lavendel- oder Rosmarinessenz zugesetzt. Fettige Haut kann außerdem mit Kräuteressig und Mandelkleie gereinigt werden. Ständige Abreibungen mit Alkohol, Schwefelpulver usw. irritieren die Talgdrüsen dagegen nur noch mehr. Wenn das Wasser zu kalkhaltig ist, sollte man zur Gesichtsreinigung mineralarmes Wasser (Evian u. a.) nehmen. Die folgenden Beispiele sollen stellvertretend für die vielen Variationsmöglichkeiten der naturkosmetischen Präparate stehen.

Eine einfache Creme

100 g Mandel-, Avocado-, Oliven-, Maiskeimöl oder Kakaobutter werden mit 30 g Bienenwachs aufgelöst (siehe oben). ¼ Teelöffel Benzoetinktur oder 4 Tropfen keimtötender Essenzen und 30 g Kräuterextrakt werden hinzugefügt. Man füllt die Creme mit Holzspateln in Cremetöpfchen um, die vorher mit Alkohol ausgerieben wurden. Die Zubereitung bewahrt man im Kühlschrank auf und nimmt mit einem Holzspatel die benötigte Menge heraus.

Joghurt-Reinigungslotion, gegen fettige, unreine Haut

200 g Joghurt mit lebenden Kulturen werden mit 20 g geeignetem Kräuteraufguß vermischt und in eine Flasche abgefüllt. Im Kühlschrank lagern und nicht länger als einige Tage aufbewahren. Eine Nelke dazu wehrt die Besiedlung mit Bakterien ab. Joghurt stabilisiert den Säuremantel der Haut, erfrischt und reinigt sie.

Kamillenmaske, bei empfindlicher, entzündeter Haut

100 g Kamillenblüten werden mit ein wenig kochendem Wasser übergossen, so daß ein Brei entsteht. Nach 10 bis 15 Minuten wird der Brei auf Mullstücke aufgetragen und auf das Gesicht gelegt. Trockene Haut wird zuvor mit Mandelöl eingeölt.

Essig

Essig ist ausgesprochen vielseitig anwendbar. Neben der bekannten Verwendung als Salatgewürz kann er auch als Reinigungsmittel für den Haushalt benutzt werden. Früher verdampfte man Kräuteressig bei Infektionsgefahr und großen Epidemien. Als Gesichtswasser erneuert er den Säuremantel der Haut, ist leicht desinfizierend, reinigend und erfrischend. Er wird im Verhältnis 1 zu 8 mit Wasser verdünnt und kann auch für Haarspülungen verwendet werden.

Rosenessig

Man übergießt ca. 150 g frische Rosenblüten mit einem Liter heißem Essig (Obst- oder Weißweinessig guter Qualität) und läßt sie zugedeckt ein paar Stunden stehen. Danach abfiltern. Verdünnt ist er zum Gurgeln und als adstringierendes Gesichtswasser verwendbar. Ein guter Kräuteressig braucht einige Zeit zum Ansetzen. Eine Handvoll Kräuter − Estragon, Melisse, Oregano, Ysop usw. − werden grob kleingehackt und mit einem ¾ Liter Weinessig übergossen. In einer gutverschlossenen Flasche wird die Mischung 2 bis 3 Wochen möglichst in der Sonne stehengelassen. Ein paar Stengel Quendel, Estragon usw. danach zugegeben machen sich sehr dekorativ.

Rosmarinhaarspülung

Es werden 30 g Rosmarinblätter, 0,2 Liter destilliertes Wasser und drei Teelöffel Borax vermischt. Rosmarin hat sich als haarwuchsförderndes, die Kopfhaut durchblutendes Mittel bewährt. Bei Schuppen, Haarausfall und widerspenstigem Haar sollte man keines der aggressiven Antischuppenshampoos verwenden. Besser ist ein Öl aus Klettenwurzel und/oder Rosmarinöl. Vor der Haarwäsche läßt man das Öl 1 bis 2 Stunden einwirken. Für dunkles Haar eignet sich eine Salbeispülung. 2 Eßlöffel Salbeiblätter werden mit ¼ Liter Wasser aufgebrüht und bedeckt stehengelassen. Den Salbeiauszug läßt man 15 Minuten im Haar, danach mit Wasser nachspülen.

Für weiche Haut ist eine Mischung aus Rosenwasser (75%) und Glyzerin (25%) hilfreich. Eine einfache Methode, Rosen-, Lavendel- oder Orangenblütenwasser herzustellen, ist die folgende: Auf 0,1 Liter destilliertes Wasser gibt man jeweils 2 Tropfen der Essenz und verrührt kräftig. Das ist zwar keine ideale Lösung, spart aber viel Zeit. Vermischt man die Blütenwässer mit Milch, so erhält man eine gute Gesichtsmilch. Alle genannten Zutaten sind in der Apotheke und in Reformhäusern erhältlich.

Eine gesunde Haut ist sicherlich erstrebenswert. Wenn Probleme oder organische Leiden die Haut in Mitleidenschaft ziehen, sollte man nicht gleich versuchen, die auftretenden Symptome zu unterdrücken. Nimmt man dem Körper die Möglichkeit, sich über die Haut ›Luft zu machen‹, kann sich die Krankheit auf innere Organe legen und weit gefährlichere Folgen zeigen. Nur wenn Innen und Außen wirklich harmonisieren, ist Schönheit mehr als der Reiz einer glatten Oberfläche.

BÄDER
UND
DAMPFBÄDER

Der Gang durch die Geschichte hat uns gezeigt, wie wichtig für alle Hochkulturen die Bäder waren. Die humoralpathologischen Ärzte, die das Gleichgewicht der inneren Säfte (Galle, Schleim, Schwarzgalle und Blut) als vorrangig ansahen, verordneten gerne Bäder. Im Bade vollzog der antike Mensch zugleich eine geistige und körperliche Reinigung. Für die frühen Christen bedeutete die Symbolik des Wassers Taufe und Wiedergeburt, Reinigung und Weihung. Die chinesischen Taoisten nahmen das sanfte Fließen des Wassers zum Vorbild für ihre Lebensführung. Sie versuchten den ›Tiger zu reiten‹, das heißt, sich der wellenförmigen Bewegung der Lebensenergie anzugleichen, und nicht dagegen anzukämpfen. Bäder sind »Erweiterungen der Beziehungen zwischen dem Inneren des Organismus und der Außenwelt« (Herbert Krauss). Über das Wasser wird der Mensch wieder auf die Rhythmen der Lebensenergie eingestimmt.

Die Behandlung mit Wasser (Hydrotherapie) wirkt regulierend auf die Steuersysteme der Hypophyse, auf die Nebenniere, das vegetative Nervensystem, auf Kreislauf, Stoffwechsel und Atmung. Die Haut erfährt eine starke Anregung; Turgor und Tonus des Gewebes werden verbessert und Unreinheiten ausgeschieden. Es gibt kalte (unter 18 Grad), kühle (18 bis 24 Grad), lauwarme (24 bis 29 Grad), warme (30 bis 38 Grad) und heiße Bäder (über 38 Grad). Kalte und kühle Bäder regen an, machen aktiv; warme Bäder entspannen und beruhigen. Kurze heiße Bäder (5 bis 10 Minuten) regen an, längere (über 20 Minuten) sind entkräftigend und können gefährlich werden. Für Bäder mit Zusätzen aromatischer Kräuter und Essenzen eignet sich das warme Bad.

Die Auswahl der Kräuter und Essenzen erfolgt nach den Angaben der Einzeldarstellungen. Dem Badewasser können konzentrierte Aufgüsse, Absude, Tinkturen und Essenzen zugegeben werden. Schwieriger ist die Zugabe von ätherischen Ölen, weil sie einen Emulgator brauchen. Dazu wird ein ganzes Ei mit einem Schneebesen oder einem Mixer kräftig verrührt. Dann gibt man die ätherischen Öle dazu und rührt eine Weile, bis keine Fettaugen mehr zu sehen sind. Für die Rückfettung der Haut kann man das geschlagene Ei noch mit Olivenöl oder Avocadoöl anreichern, gut verrühren. Keine Angst: Man sitzt wirklich nicht in einer Eierstichsuppe. Die Mischung wird fein aufgelöst und hinterläßt praktisch keine Rückstände. Wer dieser eleganten Lösung nicht so recht traut, kann sich auch ein Öl-Dispersionsgerät anschaffen. Es schafft eine ausgezeichnete Vermischung des Öls mit dem Wasser, ist aber nicht ganz billig. Man beginnt mit wenigen Tropfen ätherischen Öls (ca. 10), um die Verträglichkeit zu testen. Später kann die Dosierung gesteigert werden, bis ca. 20 Tropfen. Die Verweildauer im Bad kann von 10 auf 20 Minuten gesteigert werden; hier entscheidet das individuelle Wohlbefinden. Die Temperaturen des Warmbades (30 bis 39 Grad) werden im allgemeinen gut vertragen. Bei Kreislaufschwäche und Herzbeschwerden ist allerdings eine gewisse Vorsicht geboten. Damit die wohltuende Wirkung des Bades sich voll entfalten kann, muß anschließend mindestens 20 bis 30 Minuten zugedeckt geruht werden.

Milch, Buttermilch, Joghurt und Molke sind ausgesprochen hautpflegende Substanzen. In die ersten drei kann man problemlos ätherische Öle einrühren und die Mischung dann in das Badewasser geben. Honig, Meersalz, Alpensole, Heilerde und Moos können mit Kräuterauszügen kombiniert werden. Salzbäder sind anregend, schweißtreibend und entschlackend. Heilerde und Moos reinigen und entgiften, Honig pflegt, reinigt und regeneriert die Haut (eine Tasse Honig auf 1 bis 2 Liter Milch/Buttermilch geben). Die folgenden Kräuter und Essenzen sind besonders gut für Badezusätze geeignet.

Fichtennadeln (Latschenkiefer-, Tannennadeln)

Abkochung von 1 kg frischen Sprossen auf 4 bis 5 Liter Wasser; oder 150 g Extrakt oder 10 bis 20 Tropfen der Essenz.

Heublumen

Abkochung: 1 kg Heublumen mit 5 Liter Wasser kalt ansetzen, eine halbe Stunde kochen und durchseien; oder 150 g Extrakt dem Bad zusetzen. Heublumen steigern die Durchblutung der Haut, sind krampflösend, entschlackend, kräftigen die Muskulatur und helfen bei Rheuma, Arthritis und chronischer Bronchitis.

Kamille

Aufguß: ½ bis 1 kg Kamillenblüten auf 5 Liter Wasser, 30 Minuten ziehen lassen. Ebenso geeignet sind der alkoholische Extrakt (Kamillosan, Kamillogen u. a.) und die Essenz (Wirkung siehe Kapitel ›Die wichtigsten aromatischen Heilpflanzen‹).

Kalmus

Abkochung: 250 g Kalmuswurzeln mit 3 Liter Wasser kalt aufsetzen, aufkochen und filtern. Kalmusbäder sind kräftigend, wundheilend und anregend.

Lavendel

Der Blütenabsud, die Essenz und der Extrakt (Wirkung siehe Kapitel ›Die wichtigsten aromatischen Heilpflanzen‹).

Melisse

Aufguß, Essenz und Extrakte (Wirkung siehe Kapitel ›Die wichtigsten aromatischen Heilpflanzen).

Quendel (wilder Thymian)

Aufguß: ca. 200 g des blühenden Krauts mit 2 Liter kochendem Wasser aufgießen. 20 Minuten ziehen lassen. Es hilft bei Erschöpfung, Erkältung, Hauterkrankungen.

Rosmarin

Essenz 10 bis 15 Tropfen. Es gibt sehr gute Rosmarin-Bademilchpräparate. (Wirkung siehe Einzeldarstellung.)

Salbei

Aufguß: 250 g Salbeiblätter mit 5 Liter siedendem Wasser übergießen, 20 Minuten ziehen lassen. Das Salbeibad ist wundheilend, hautpflegend, adstringierend, kräftigend.

Thymian

Aufguß: 200 g blühendes Kraut auf 3 Liter kochendes Wasser, 20 Minuten ziehen lassen. Thymianbäder helfen vorzüglich bei beginnenden Erkältungen und steigern die Abwehrkräfte. (Weitere Angaben siehe Einzeldarstellung.) **Vorsicht:** Thymian kann Reizerscheinungen auslösen.

Einige bewährte Bademischungen

Ein Bad gegen Schwächezustände, Mattigkeit und Depressionen: 100 g blühendes Lavendelkraut, 100 g Melissenblätter, 100 g Pfefferminzblätter, 100 g blühendes Quendelkraut, 100 g Rosmarinblätter, 100 g Salbeiblätter. Man übergießt die 600 g Kräutermischung mit 3 Liter kochendem Wasser und läßt sie 15 Minuten ziehen.

Ein Bad mit 0,2 Liter frischem Zitronensaft wirkt belebend, hautpflegend (adstringierend, gegen Seborrhöe) und unterstützend bei Abmagerungskuren. Badedauer: 15 Minuten.

Ein anderes Rezept zur Gewichtsabnahme (nach Dr. Fauron und Dr. Moatti):

Man mischt — oder läßt in der Apotheke mischen — 10 g Fenchelessenz und 5 g Muskatellersalbei mit 0,11 Liter 90% Alkohol. Von der Mischung gibt man 1 Eßlöffel in das Bad. Badetemperatur: 38 Grad. Das erste Bad nicht länger als 10 Minuten, allmählich auf 20 Minuten steigern. Danach warm eingehüllt eine halbe Stunde ausruhen. Bei Herzbeschwerden, arteriellem Hochdruck oder großer Schwäche ist dieses Bad kontraindiziert.

¼ Liter Kräuter- oder Obstessig in das Badewasser getan, wirkt erfrischend und belebend.

Ein entsprechendes Bad:

5 Tropfen Majoranessenz, 5 Tropfen Geranienessenz, 5 Tropfen Sandelholzessenz, 5 Tropfen Zypressenessenz. Die Essenzen müssen immer mit einem Emulgator vermischt werden. Sie allein dem Badewasser zuzusetzen ist unzweckmäßig und kann zu Hautreizungen führen.

Badesalz

Hier eine sehr einfache Methode, Badesalz herzustellen: Ein Gefäß mit Meersalz füllen — man kann gleich größere Mengen herstellen — und angenehm duftende Blütenblätter dazugeben, Rose, Jasmin, Lavendel, Veilchen, Geranien usw. Das Salz braucht etwa 10 Tage, bis es die Duft- und Farbstoffe aus den Blütenblättern herausgezogen hat. Die für ein Bad benötigte Menge füllt man in Leinensäckchen ab (einfach zubinden) und hängt sie in das Badewasser.

Marie Antoinette, die in Paris kurz vor der Französischen Revolution die Mode der galanten Schäferspiele verbreitete, erfand auch ein ländlich anmutendes Badesachet: 40 g Quendel (wilder Thymian), 40 g Majoran, 100 g grobes Meersalz (aus der Bretagne). Das Säckchen wird auf den Boden der Badewanne gelegt und mit sehr heißem Wasser übergossen. Nach 10 Minuten gibt man das restliche Badewasser dazu.

Ein paar Gramm Borax machen das Badewasser angenehm weich und können Badesachets zugegeben werden.

Aus 150 g Natriumbicarbonat, 150 g Weinsteinsäure, 90 g gepulverter Iriswurzel und ein paar Tropfen ätherischen Öls kann man ein Badesalz herstellen, das sehr hautfreundlich ist und angenehm duftet.

Dampfbäder

Kopfdampfbäder sind ein altes Hausmittel, das gern bei Erkrankungen der oberen Luftwege, der Nebenhöhlen und des Mittelohrs angewandt wird. Besonders akute, mit Katarrh verbundene Erkrankungen sprechen gut auf Kopfdampfbäder an. Für die Hautpflege, vor allem bei unreiner Haut, Akne und Mitessern, sind die Kopfdampfbäder sehr wirkungsvoll. Eine Reihe ätherischer Öle und Kräuterauszüge kommen hierfür in Frage: Kamille, Salbei, Pfefferminze, Eukalyptus, Latschenkiefer u. a. (weitere Angaben siehe Einzeldarstellungen).

In eine Schüssel, Eimer oder Wanne, gießt man ca. 2 Liter heißen Kräuteraufguß oder siedendes Wasser, dem man ein paar Tropfen ätherisches Öl (4 bis 10 Tropfen) hinzugibt. Mit einem großen Handtuch bedeckt man seinen Kopf über der Schüssel und läßt die Dämpfe 10 Minuten einwirken.

MASSAGE

Menschen ebenso wie Tiere haben seit Urzeiten durch Pressen und Reiben ihrer Körper Heilung gesucht. Dreitausend Jahre vor Christi Geburt wurden die ersten Aufzeichnungen über Massage niedergeschrieben. Die Berührung durch die Hand des Heilers, ob Schamane oder Priesterarzt, war immer mit der Übertragung einer persönlichen oder spirituellen Kraft verbunden. Massage ist damals wie heute mehr als mechanische Bearbeitung des Körpers.

Während Auge und Ohr mit Reizen überflutet werden, ist die warme, heilende Berührung von Mensch zu Mensch immer seltener geworden. Wir haben uns eine Welt aufgebaut, in der riesige Industrien (Medien, Werbung) ständig neue Bedürfnisse wecken und uns Traumwelten vorgaukeln. Die Realität kann den Hunger nach Traumbildern nicht mehr befriedigen, und ewige Unzufriedenheit ist die Folge.

Massage ist deshalb selbst in der unverfänglichen Kassenpraxis eines Physiotherapeuten für viele Patienten Überwindung der Isolation und Kontaktaufnahme mit der Außenwelt. Das Berührtwerden wird nicht selten für den Erfolg der Therapie ausschlaggebend sein. Um so mehr muß die Berührung zwischen Menschen, die sich lieben, heilend wirken. Voraussetzung ist allerdings, daß die Energien der Partner miteinander harmonisieren.

Therapeutische Massage ist eine Kunst, die jahrelange Ausbildung und Erfahrung erfordert. Es gibt inzwischen eine ganze Reihe manueller Therapeuten, die mit ätherischen Ölen arbeiten. In England gibt man Patienten auf den Intensivstationen gelegentlich vorsichtige Massagen mit ätherischen Ölen (in fettem Öl) und erreicht damit eine schnellere

Erholung von den Folgen der Operation. Reflexzonenmassage, eine spezielle Form von Massage, die über Hautpunkte und Areale zugeordnete innere Organe umstimmend beeinflußt, wird gern mit der Anwendung ätherischer Öle verknüpft. So sprechen z. B. die Reflexonen der Füße ausgesprochen gut auf Massage mit aromatisierten Ölen an. Es gibt sogar Friseure, die eine Art Kopfmassage mit ätherischen Ölen praktizieren, die anregend und regulierend auf den Haarwuchs wirken soll. Kosmetische Gesichtsmassagen mit milden ätherischen Ölen werden in einigen Schönheitsinstituten angeboten.

Nach einem heißen Bad oder Saunadurchgang sind Massagen besonders wohltuend. Es gibt auch keinen Grund, warum neben den rein therapeutischen Massagen nicht auch nur einfach entspannende, beruhigende oder anregende Massagen ausgeführt werden sollen. Aus dem Alltagsleben der Völker Ostasiens ist die Massage nicht fortzudenken. Die Kopflastigkeit und Entfremdung der westlichen Welt von den körperlichen Bedürfnissen zeigt sich deutlich an dem Fehlen einer Bade-Massage-Kultur, wie sie in Asien heute noch lebendig ist. Einfache Massagen mit Essenzen sprechen die Bereiche an, die in unserer Gesellschaft zu kurz kommen.

Wie viele Beziehungen kranken daran, daß man den anderen nicht mehr spürt, daß der Austausch nur noch in starren Bahnen verläuft! Für die Massage von Partnern, Freunden und Bekannten sind die folgenden Essenzen geeignet: Kampfer, Sandelholz, Geranien, Rosmarin, Lavendel, Zypresse, Rose, Jasmin, Majoran, Bergamotte, Myrrhe, Orange, Patschuli, Ylang Ylang (1%).

Die genannten Öle werden in 2 bis 3% Konzentration den bereits genannten pflanzlichen Ölen (Oliven-, Sonnenblumen-, Maiskeimöl usw.) beigemischt. Für ein stark anregendes Massageöl nimmt man mehrere Knoblauchzehen (2 große oder 3 kleinere) und läßt sie eine Woche lang in kaltgepreßtem Olivenöl mazerieren. Wenn eine sexuell stimulierende Wirkung gewünscht wird, massiert man das Öl hauptsächlich im Bereich der unteren Wirbelsäule ein, vom Steißbein bis zu den Brustwirbeln. Treten Unverträglichkeitsreaktionen auf, bricht man die Massage ab und reinigt die Haut von dem Massageöl. Besorgen Sie sich ein Einführungsbuch in intuitive, nicht professionelle Massage und beachten Sie die angegebenen Regeln.

SACHETS
UND
POTPOURRIS

In einer Zeit, als Ärzte noch eine Seltenheit waren und die hygienischen Verhältnisse meistens ›zum Himmel stanken‹, war es die Aufgabe der Hausfrau, ihre Familie vor Krankheit zu bewahren. Ihre beste Waffe war dabei die gründliche Kenntnis der Heilpflanzen, die sie im eigenen Kräutergarten zog. Viele erfolgreiche Rezepte wurden über Generationen weitergegeben und mit Verbesserungen versehen. Dazu gehören auch die Rezepte für Sachets, Potpourris, Kräuterkissen und Pomander, die keineswegs nur des Riechvergnügens wegen verwendet werden. Sachets sind Säckchen mit Kräutern, die einen feinen Duft ausströmen und in Kleiderschränken zwischen Kleidungsstücke und Wäsche gelegt werden. (Badesachets siehe Bäder und Dampfbäder.)

Potpourris (französisch, Topf mit verrottetem Inhalt) sind Mischungen aromatischer Substanzen, die in dekorativen Porzellan- oder Glasgefäßen aufbewahrt werden und nach einer gewissen Reifezeit wunderbar duften.

Kindern hängte man Sachets mit aromatischen Kräutern oder Knoblauch um den Hals zum Schutz gegen Verhexung und Krankheit. Die Zusammenstellung von Sachets und Potpourris ist eine Kunst. Gewürze, Kräuter, Harze, Hölzer und Öle müssen so aufeinander abgestimmt werden, daß harmonische Verbindungen entstehen. Und ähnlich wie in der Musik gibt es, wenn sich alles zusammenfügt, Akkorde und Melodien, Dissonanzen hingegen, wenn sich die Ingredienzen nicht vertragen. Hier besteht die Kunst darin, die geheimen ›Wahlverwandtschaften‹ der Duftstoffe untereinander zu entdecken und bunte Kompositionen entstehen zu lassen. Manchmal gelingt es, völlig neue Düfte zu entwickeln.

Der Kreativität sind keine Grenzen gesetzt, wenn die ›Harmonielehre‹ der Gerüche beachtet wird.

Grundsätzlich unterscheidet man wie bei den Parfums drei Gruppen von Duftstoffen: 1. Der Angeruch, auch ›Kopfnote‹ (note de tête) genannt. Es handelt sich dabei um leichte, flüchtige Substanzen wie Blütenblätter, leichte ätherische Öle, Agrumen- und Grünnoten.

2. Das Verbindende, der ›Mittelgeruch‹ oder die Herznote (note de cœur), besteht bei den Sachets und Potpourris aus Kräutern, Blattwerk und Gewürzen. Unter den Essenzen sind Rose, Neroli, Geranien, Jasmin und Ylang Ylang typische Herznoten. Angeruch und Mittelgeruch richtig miteinander abzustimmen ist der schwierige Teil der Komposition.

3. Der Fixateur, der Nachgeruch (note de fonds), hält die Komposition zusammen und gibt den flüchtigen Düften Haltbarkeit. Harze, Hölzer und Fruchtschalen riechen zwar intensiv balsamisch-aromatisch, sind aber nicht so heikel wie die zwei anderen. Es gibt zwar auch hier ›Mesalliancen‹, aber im allgemeinen ergänzen sie problemlos Kopf- und Herznote.

Interessant ist die Parallele zum Menschen: Die Basis (der Fixateur) entspricht dem Körper, die Herznote der Seele und die Kopfnote dem Geist. Seele und Geist müssen nach vorangehenden Umwandlungen an den Körper gebunden werden und entfalten dann erst ihr volles ›Aroma‹.

Dies sind die wichtigsten Duftstoffe, eingeteilt nach den drei Gruppen:

Kopfnote: Apfelblüten, Kirschblüten, Mimosen usw. – es können alle wohlriechenden Blüten genommen werden. Probieren geht über studieren!

Herznote: Kräuter wie Engelwurz, Basilikum, Majoran, Oregano, Pfefferminze; die Gewürze Anis, Fenchel, Galangaöl, Nelke, Muskatnußblüte, Kardamom, Koriander, Zimt.

Fixateure: Benzoeharz, Galbanum, Kalmus, Iriswurzel, Orangen- und Mandarinenschalen, Perubalsam/Tolubalsam, Mastix, Patschuli, Sandelholz, Storax, Vetiver, Zitronenschalen.

Herstellung eines Sachets: Die Kräuter, Gewürze und Fixierstoffe werden in einem Mörser zu grobem Pulver zerstoßen. Man teilt das

Pulver in zwei Hälften und gibt vorsichtig in eine Hälfte einen Tropfen des gewünschten ätherischen Öls. (Puristen lehnen die Zugabe ätherischen Öls ab, das ist Geschmackssache.) Vertragen sich die Gerüche miteinander, kann man noch ein bis zwei Tropfen dazugeben. Wenn die Gerüche nicht harmonisieren, fügt man einfach die andere Hälfte Pulver dazu. Danach muß die Mischung einige Tage ruhen und reifen. Zu guter Letzt füllt man die Mischung in ein Stoffsäckchen (Musselin, Leinen, Seide usw.) und näht oder bindet es zu. Sägemehl ist eine gute, neutrale Füllsubstanz, die den Geruch der Mischung annimmt und weitergibt. Gelungene Sachets können ihren Duft Jahre, sogar Jahrzehnte beibehalten.

Verbenasachet (ein frischer leichter Zitrussachet)

Verbena war das Lieblingsparfum der französischen Schauspielerin Sarah Bernhardt. 150 g getrocknete Verbenablätter, 30 g zerstoßener Kümmel, 60 g Orangenschalen (ungewachste und ungespritzte riechen besser), 60 g Zitronenschale (ebenfalls unbehandelt), 1 Teelöffel Bergamotteöl, 1 Teelöffel Zitronenöl, 1 Teelöffel Verbenaöl, Zitronell oder Lemongrasöl. (Zubereitung wie angegeben.)

Kräuterkissen werden mit aromatischen Kräutern gefüllt, die gegen Schlaflosigkeit, Nervosität oder Rheuma helfen (Auswahl siehe Einzeldarstellungen). Bewährt haben sich u.a. Lavendel, Majoran, Thymian, Hopfen, Minze.
Eine ganze Reihe von Kräutern vertreiben Motten und können als Sachets zwischen die Wäsche und Kleidungsstücke gelegt werden: Rosmarin, Eberwurz (Artemisia abrotanum), Beifuß, Minze, Lavendel, Salbei, Kampfer, geraspeltes Zedernholz und Winterbohnenkraut. Winterbohnenkraut vertreibt auch Hundeflöhe.

Pomander

Im 16. und 17. Jahrhundert war die Mode der Pomander sehr beliebt. Wer etwas auf sich hielt, trug eine ›Pomme d'ambre‹ mit sich und schnüffelte gelegentlich daran. Pomander waren kunstvoll verzierte Metallbehälter, die starkriechende Duftmischungen enthielten.

Moschus, Ambra und Zibet waren die Favoriten. Ursprünglich waren es wohl einfach Früchte und Gemüse (Zwiebel), denen man Gewürze beigab. Die einfachste Form des Pomanders ist die mit Gewürznelken gespickte Orange. Man rollt die gespickte Orange in einer Mischung aus Iriswurzelpulver und pulverisiertem Benzoeharz. 2 Tropfen Zibet dazu verstärken den Duft noch. Die so präparierten Orangen werden einen Monat an einem kühlen, trockenen Ort aufbewahrt. Danach werden sie abgestaubt und aufgestellt. In der Weihnachtszeit verbreitet der Pomander im ganzen Haus seinen Duft und ruft Erinnerungen zurück.

Potpourri

Es gibt zwei Arten von Potpourris: trockene und feuchte. Beide werden in großen Steingut-, Porzellan- oder Glasgefäßen aufbewahrt. Potpourri-fayencen und Porzellantöpfe des 18. Jahrhunderts sind wunderschön und gesucht. Durchsichtige Gefäße verwendet man besser bei trockenen Potpourris; die feuchten sehen nicht sehr schön aus, weil das Salz den Pflanzen ihre Farbe entzogen hat. Zusätzlich zu den Duftmischungen kann man abschließend noch getrocknete Pflanzen hineintun, die eine schöne Form oder Farbe haben.

Trockene Potpourris werden im Prinzip genau wie Sachets zubereitet. Die getrockneten Blütenblätter läßt man für Potpourris jedoch ganz und gibt den Fixateur nach ein paar Tagen zu, wenn die zerstoßenen Gewürze und die trockenen Blütenblätter sich angefreundet haben. Wenn alles gut durchgemischt ist, verschließt man das Gefäß luftdicht und läßt es 5 bis 6 Wochen stehen. Ab und zu schütteln, damit kein Schimmel entsteht. Jetzt kann das Potpourri in kleinere Gefäße umgefüllt werden. Manche Potpourritöpfe haben kleine Löcher, durch die Duft entweichen kann; ansonsten nimmt man nach Bedarf den Deckel ab.

Von den feuchten Potpourris stammt die Bezeichnung ›verrotteter Topf‹. Halbtrockene Blütenblätter (Rosenblätter sind die klassische Wahl) und Zitrusschalen werden auf eine 1 bis 2 cm dicke Schicht grobes Salz gelegt; darauf wieder eine Schicht Blütenblätter usw., bis das Gefäß bis zum Rand gefüllt ist. Mit einem Kartoffelstampfer oder etwas ähnlichem (kein Metall) werden die Schichten gnadenlos zusammengedrückt. Das Gefäß wird gut verschlossen 2 bis 3 Wochen stehen gelassen. Jetzt nimmt man die Salz-Blütenblätter-Masse heraus und vermischt sie mit einer fixierenden Gewürzmischung, z. B. Zimtrinde, Muskatnuß, Nelken und Kardamom. Wieder läßt man alles 5 bis 6 Wochen reifen. Manchmal ist der Duft dann noch etwas schwach entwickelt. Das kann passieren, wenn die Blütenblätter nicht viel ätherisches Öl enthalten. In diesem Fall fügt man ein paar Tropfen passender Essenzen (Geranien, Jasmin) hinzu und läßt sie weitere 2 Wochen einwirken. Bei feuchten und trockenen Potpourris kommt auf 5 Tassen Blütenblätter ungefähr 1 Eßlöffel Fixateur (Salz oder pflanzliches Fixiermittel). Schreiben Sie sich die einzelnen Schritte Ihrer Komposition genau auf, auch die Mengen. Hinterher ist es oft schwierig, den kreativen Rausch nachzuvollziehen, besonders, wenn neue Duftnoten entstanden sind, die sie öfters herstellen möchten.

Rosenpotpourri: Wie angegeben die Rosen-Salz-Mischung vorbereiten, dann die folgende Gewürzmischung zugeben: 40 g gepulverte Iriswurzel, 5 g zerstoßene Gewürznelken, 1 Vanillestange, 5 Tropfen Geranienöl, 15 Tropfen Sandelholzöl, 10 Tropfen Bergamotteöl, 1 El. Weinbrand (Cognac). Gut mischen und nochmals 2 Stunden geschlossen wirken lassen.

RÄUCHERWERK
UND
AROMALAMPEN

Sachets und Potpourris parfümieren Räume auf subtile, unaufdringliche Weise. Sie geben dem Alltag eine warme Färbung, die bald gar nicht mehr bewußt wahrgenommen wird. Räucherwerk dagegen hebt den Menschen aus dem Alltag heraus. Zu den großen Festen und religiösen Feiern, wenn Verbindung mit dem Göttlichen gesucht wird, darf der ›geweihte Rauch‹ nicht fehlen. Das feurige Element stellt den Bezug zum Geistigen her; für Meditation und innere Sammlung ist Räucherwerk deshalb besser geeignet als andere Duftstoffzubereitungen. Leider denkt man bei der Erwähnung von Räucherwerk als erstes an die billigen, stinkenden ›Incensestäbchen‹, die als kläglicher Überrest der Hippiewelle neben anderem Firlefanz in ›Indienläden‹ ihr klägliches Dasein fristen. Gutes Räucherwerk ist schwer zu beschaffen; die Ingredienzen sind teuer geworden, weil die harzliefernden Bäume und Sträucher immer seltener werden. Trotzdem ist selbstgefertigtes Räucherwerk den billigen Stäbchen oder Duftkerzen mit synthetischen Parfumölen vorzuziehen. Ähnlich wie bei Parfums, Sachets und Potpourris hat auch Räucherwerk drei Typen von Ingredienzen. 1. ein Material, das für die Verbrennung sorgt, Kohle oder Salpeter; 2. die aromatischen Substanzen − das eigentliche Räucherwerk; 3. ein Bindemittel, das die Harze, Hölzer und pulverisierten Kräuter zusammenhält.

Viele aromatische Kräuter und Harze können für Räuchermischungen einzeln oder gemischt verwendet werden. Getrocknete Rosmarinblätter zum Beispiel riechen sehr aromatisch, wenn sie verbrannt werden.

Wer einen Kamin besitzt, kann die getrockneten aromatischen Kräuter direkt ins Feuer werfen. Natürlich sind viele Holzarten stark duftend. In den Walliser Bergen in der Schweiz sind im Winter oft ganze Dörfer in Wolken von wohlriechendem Holzfeuer gehüllt.

Räucherwerk

Kräuter:	*Hölzer:*	*Harze:*
Cassiazimt	Aloeholz	Benzoe
Diptam (Kretischer)	Cascarilla	Drachenblut
Kalmus	Sandelholz	Galbanum
Lorbeer	Zypressenholz	Mastix
Lavendel		Myrrhe
Majoran		Opopanax
Nelken		Perubalsam
Patschiblätter		Sandarak
Rosmarin		Tolubalsam
Sumbulwurzel		Storax
Thymian		Weihrauch
Tannennadeln/Kiefernnadeln		
Vetiverwurzel		

Ätherische Öle können hinzugegeben werden, sie verbinden sich gut mit Harzen.

Die verbindenden Substanzen: Gummi arabicum, der Saft einer arabischen Akazienart, und Tragant von Astragalus gummifera. Die aromatischen Substanzen können einzeln auf Kohle verbrannt oder zu einer Mischung kombiniert werden. Dazu braucht man die verbindenden Substanzen, die die im Mörser zerstoßenen Bestandteile zu einer Paste zusammenfügen. Aus der Paste formt man kleine Kegel und läßt sie trocknen. Tragant oder Gummi wird zu einem Schleim angerührt (2 Teile Wasser auf 1 Teil Pulver ein paar Stunden einweichen).

Selbstbrennendes Räucherwerk wird zusätzlich mit Salpeter im Verhältnis 10 zu 1 vermischt. Der Salpeter brennt allerdings nur dann richtig, wenn mindestens doppelt soviel Holz und Kräuter in der Mischung enthalten sind.

Die Räucherkohle wird auf der Herdplatte oder im offenen Feuer vorsichtig angeglüht und mit einer Zange auf eine feuerfeste Grundlage gelegt, zum Beispiel Sand. In die Vertiefung der Kohle gibt man das Räucherwerk hinein. Anweisungen sind der Räucherkohle beigegeben.

Für das Räucherwerk gilt das für Sachets und Potpourris Gesagte: Wahlverwandtschaften müssen beachtet werden, um gute Erfolge zu erzielen. Astrologisch Interessierte wissen, daß die Pflanzenwelt die Signaturen der Sterne in sich trägt. Räucherwerk, das bei Meditationen und Ritualen unterstützend wirken soll, muß nach astrologischen Gesichtspunkten zusammengestellt werden.

Tibetanisches Räucherwerk

(nach P. Huson)

2 Teile weißes Sandelholz, 2 Teile Cassiazimt, 3 Teile pulverisiertes Zypressen-, Wacholder- oder Zedernholz, 1 Teil Benzoeharz, ½ Teil Salpeter, ein paar Tropfen Ambretteöl, Gummi arabicum oder Tragant soviel wie nötig.

Aromalampen

Die Rauchentwicklung, die beim Verbrennen des Räucherwerks entsteht, wird von Personen mit Asthma, Heuschnupfen oder Augenentzündungen nicht gut vertragen. Für sie ist die Aromalampe ein guter Ersatz. Überhaupt macht dieses Gerät es jedem leicht, einen Einstieg in die Welt der ätherischen Öle zu finden. Aromalampen bestehen aus Keramik und sind oft handbemalt. Die ätherischen Öle werden durch Erwärmen (elektrisch oder durch Flämmchen) verdampft, so daß der ganze Raum von ihrem Duft erfüllt wird.

Eine andere Variante ist der ›Lucas-Championnière‹-Apparat. Er zerstäubt die Essenzen mit Hilfe eines kleinen Elektromotors zu Wasserdampf und *reinigt die Atmosphäre.*

Für die ersten Schritte in die ›Aromatherapie‹ sind beide Geräte gut geeignet.

BEZUGSMÖGLICHKEITEN FÜR AROMATISCHE HEILPFLANZEN, ESSENZEN UND NATURKOSMETIKA

Informationen über Vorträge, Seminare und zur Ausbildung ganzheitlicher Aromatherapie beim Autor: Martin Henglein, Westenriederstraße 24, 8000 München 2.

Apotheken führen eine große Anzahl ätherischer Öle, Heilpflanzen und naturnaher Kosmetikpräparate. In Reformhäusern, Kräuter- und Bioläden werden ebenfalls die genannten Produkte angeboten. Ätherische Öle sind wichtiger Bestandteil der anthroposophischen Heilkunde, die auf Anregungen Rudolph Steiners zurückgeht. Die anthroposophisch orientierten Arzneimittelfirmen Weleda und Wala stellen eine ganze Reihe von Heilmitteln und Naturkosmetika her, die ätherische Öle enthalten.

Naturreine ätherische Öle können bezogen werden bei:
- Aradia, Steinstraße 59, 8000 München 80
  Tel. 089/448608
- Farfalla Duftladen, Seefeldstraße 46, 8008 Zürich
  Tel. 01/2617701
- Farfalla Duftladen, Spalenvorstadt 36, 4051 Basel
  Tel. 061/251819

THERAPEUTISCHER
INDEX

Abszeß, Furunkulose − innerlich und äußerlich
Bohnenkraut, Geranium, Kamille, Knoblauch, Lavendel, Nelke, Oreganum, Thymian

Abwehrschwäche, vgl. auch Allergie − einige Mittel wirken universell ausgleichend bei fehlender wie überschießender Abwehr.
Angelika, Asa foetida, Cajeput, Eukalyptus, Kalmus, Knoblauch, Rose, Salbei, Thymian

Akne, unreine Haut
Bergamotte, Eukalyptus, Kampfer, Lavendel, Myrrhe, Sandelholz, Wacholder

Allergie − (eine Allergie gegen ätherische Öle muß ausgeschlossen werden) Cajeput, Kamille, Lavendel, Geranium, Rose

Alterserscheinungen
Bohnenkraut, Cassia, Geranium, Kalmus, Kardamom, Knoblauch, Majoran, Neroli, Oreganum, Rose, Rosmarin, Thymian, Zimt, Zitrone

Appetitlosigkeit — ernste Ursachen sind durch ärztliche Diagnose auszuschließen. Die meisten ätherischen Öle regen den Appetit an, besonders Angelika, Cassia, Curcuma, Estragon, Fenchel, Kardamom, Majoran, Pfefferminze

Arteriosklerose
Asa foetida, Knoblauch, Melisse, Rose, Thymian, Zitrone

Arthrose — hauptsächlich lokal anwenden
Cajeput, Eukalyptus, Kalmus, Kamille, Kampfer, Knoblauch, Majoran, Muskat, Niaouli, Rosmarin, Terpentin, Thymian

Asthma — lokale Einreibung unter dem Schlüsselbein und zwischen den Schulterblättern
Benzoe, Cajeput, Eukalyptus, Lavendel, Melisse, Niaouli, Pfefferminze

Augenschwäche — innerlich und äußerlich, sehr verdünnt
Angelika, Fenchel, Geranium, Kalmus, Kamille, Rose

Blähungen
Anis, Bohnenkraut, Estragon, Fenchel, Galgant, Ingwer, Kalmus, Kamille, Kümmel, Majoran, Oreganum, Thymian, Zimt

Blutdruck, erhöhter — ärztliche Aufklärung der Ursache notwendig
Basilikum, Knoblauch, Lavendel, Majoran, Melisse, Neroli, Ylang-Ylang

Blutdruck — zu niedriger
Kampfer, Pfefferminze, Rosmarin, Salbei, Terpentin

Bronchitis, schleimlösend
Anis, Bohnenkraut, Cajeput, Eukalyptus, Fenchel, Iris, Lavendel, Majoran, Oreganum, Thymian

Darmkoliken
Angelika, Anis, Basilikum, Cajeput, Fenchel, Galgant, Kamille, Lavendel, Majoran, Melisse, Oreganum, Rose

224

Depression, vgl. auch Nervosität
Basilikum, Bergamotte, Bohnenkraut, Geranium, Jasmin, Lavendel, Neroli, Rose, Thymian, Veilchen, Ylang-Ylang

Durchblutung, fördernd
Cassia, Kampfer, Muskat, Niaouli, Pfeffer, Rosmarin, Thymian, Zimt

Durchfall
Bohnenkraut, Cassia, Eukalyptus, Galgant, Geranium, Kalmus, Kamille, Lavendel, Myrrhe, Pfefferminze, Pfeffer, Rosmarin, Sandelholz, Zimt, Zypresse

Entzündungswidrig
Benzoe, Geranium, Iris, Kamille, Kiefer, Lavendel, Melisse, Myrrhe, Perubalsam, Pfefferminze, Rose

Erschöpfung, nervöse (Neurasthenie)
Angelika, Basilikum, Bergamotte, Bohnenkraut, Cassia, Geranium, Jasmin, Kardamom, Lavendel, Lemongras, Majoran, Melisse, Muskat, Neroli, Oreganum, Rose, Salbei, Ylang-Ylang, Zimt

Fieber − senkend
Basilikum, Bergamotte, Eukalyptus, Kamille, Kampfer, Melisse, Pfeffer, Pfefferminze, Rosmarin, Zitrone

Frauenmittel, Periodenbeschwerden
Basilikum, Fenchel, Galbanum, Geranium, Jasmin, Kamille, Koriander, Melisse, Rose, Pfefferminze

Gehirntätigkeit, anregend
Basilikum, Bohnenkraut, Cassia, Kalmus, Kardamom, Nelke, Rosmarin (nicht bei Bluthochdruck), Thymian, Weihrauch

Gewebe festigend
Geranium, Myrrhe, Patschuli, Pfefferminze, Rose, Rosmarin, Sandelholz, Wacholder, Weihrauch

Gicht
Basilikum, Benzoe, Cajeput, Fenchel, Kampfer, Rosmarin, Sassafras, Thymian, Wacholder, Zimt

Grippaler Infekt
Cassia, Eukalyptus, Kamille, Knoblauch, Lavendel, Melisse, Niaouli, Oreganum, Pfefferminze, Salbei, Thymian, Zimt, Zitrone, Zypresse

Haarausfall
Basilikum, Lavendel, Rosmarin, Salbei, Thymian

Halsentzündung, Angina
Cajeput, Eukalyptus, Geranium, Melisse, Myrrhe, Salbei, Thymian, Weihrauch

Hauterkrankungen
(Siehe Kosmetikteil)

Herzbeschwerden, nervöse
Angelika, Anis, Estragon, Geranium, Jasmin, Kampfer, Lavendel, Majoran, Melisse, Neroli, Rose, Ylang-Ylang

Infektion der Atemwege
Bergamotte, Cajeput, Eukalyptus, Kampfer, Lavendel, Niaouli, Pfefferminze, Thymian

Insektenstiche
Basilikum, Bohnenkraut, Eukalyptus, Geranium, Lavendel, Melisse, Zimt

Keimtötend, antiseptisch — fast alle ätherischen Öle, insbesondere
Cajeput, Cassia, Curcuma, Eukalyptus, Galbanum, Galgant, Kamille, Kalmus, Knoblauch, Myrrhe, Nelke, Oreganum, Perubalsam, Salbei, Thymian, Zimt, Zitrone

Kopfschmerz — s. Migräne, Stirnhöhlen-Nebenhöhleninfektion

Krampflösend
Anis, Basilikum, Bergamotte, Bohnenkraut, Cajeput, Estragon, Fenchel, Geranium, Jasmin, Kamille, Kalmus, Koriander, Majoran, Melisse, Nelke, Pfefferminze, Rose

Kühlend
Kampfer, Pfefferminze

Leber-, Gallenfunktion anregend
Curcuma, Kamille, Kiefer, Kümmel, Pfefferminze, Rosmarin

Lymphfluß fördernd
Kampfer, Knoblauch, Niaouli, Patschuli, Thymian, Wacholder, Zitrone, Zypresse

Magen, nervöser − lokal und innerlich
Angelika, Basilikum, Estragon, Galgant, Kardamom, Kalmus, Lavendel, Melisse, Pfefferminze, Rose, Asa foetida

Magensekretion anregend
Basilikum, Cassia, Curcuma, Fenchel, Kalmus, Kardamom, Knoblauch, Kümmel, Majoran, Muskat, Nelke, Pfeffer, Pfefferminze

Magenstärkend
Angelika, Anis, Basilikum, Bohnenkraut, Estragon, Ingwer, Kalmus, Kardamom, Lavendel, Melisse, Oreganum, Pfefferminze, Rosmarin, Thymian, Zimt

Magen, übersäuerter; Sodbrennen
Basilikum, Geranium, Kamille, Kardamom, Melisse, Pfefferminze, Zimt

Migräne − lokal und innerlich
Basilikum, Eukalyptus, Geranium, Kamille, Lavendel, Majoran, Melisse, Oreganum, Pfefferminze, Rose, Rosmarin, Ylang-Ylang

Mundhöhle, Entzündungen, Soor, Aphten
Geranium, Kamille, Myrrhe, Salbei, Weihrauch

Nervenentzündung, Neuritis
Angelika, Basilikum, Cajeput, Estragon, Geranium, Jasmin, Lavendel, Melisse, Neroli, Rose, Veilchen

Nervosität, innere Unruhe − vgl. auch Erschöpfung, nervöse
Asa foetida, Basilikum, Costus, Estragon, Geranium, Jasmin, Kalmus, Lavendel, Lemongras, Majoran, Melisse, Neroli, Pfefferminze, Rose, Veilchen, Vetiver, Ylang-Ylang

Neuralgie
Basilikum, Cajeput, Eukalyptus, Geranium, Kamille, Kampfer, Lavendel, Neroli, Niaouli, Pfefferminze, Rose

Niere, Förderung der Harnbildung
Anis, Benzoe, Eukalyptus, Fenchel, Geranium, Knoblauch, Kümmel, Lavendel, Pfeffer, Rosmarin, Salbei, Sandelholz, Sassafras, Terpentin, Thymian, Wacholder

Nierenleiden, entzündliche − keine ätherischen Öle innerlich anwenden. Äußerliche Einreibung mit
Cajeput, Geranium, Melisse, Rose, Sassafras

Ohrenschmerzen, sparsam, eventuell mit Öl verdünnt ins Ohr träufeln, sowie äußerlich hinter dem Ohr einreiben
Basilikum, Cajeput, Eukalyptus, Kamille, Lavendel, Zypresse

Parasiten
Angelika, Anis, Geranium, Nelke, Pfefferminze, Perubalsam, Zimt

Rheuma
Angelika, Benzoe, Cajeput, Eukalyptus, Kamille, Kampfer, Lavendel, Niaouli, Oreganum, Rosmarin, Salbei, Sassafras, Terpentin, Thymian, Wacholder, Zitrone

Schlafstörungen
Basilikum, Jasmin, Kamille, Lavendel, Majoran, Melisse, Neroli, Ylang-Ylang

Schmerzstillend – s. Neuralgie

Stimmung, aufhellend – s. Depression

Stimulierend, erotisch
Bohnenkraut, Galgant, Ingwer, Jasmin, Kalmus, Kardamom, Knoblauch, Patschuli, Pfeffer, Pfefferminze, Rose, Rosmarin, Sandelholz, Ylang-Ylang, Zimt

Stirnhöhlen – Nebenhöhleninfektion
Als Dampfbad: Cajeput, Eukalyptus, Lavendel, Nelke, Niaouli, Pfefferminze, Thymian, Zimt
Unverdünnt, wenige Tropfen in die Nase nur: Cajeput, Eukalyptus, Lavendel, Niaouli, Pfefferminze

Tonisierend
Angelika, Basilikum, Cassia, Fenchel, Geranium, Jasmin, Kardamom, Lavendel, Majoran, Melisse, Myrrhe, Patschuli, Pfeffer, Rose, Sandelholz, Wacholder, Weihrauch, Zitrone

Vitalisierend, Lebenskraft stärkend
Angelika, Bohnenkraut, Fenchel, Geranium, Kalmus, Melisse, Myrrhe, Patschuli, Pfeffer, Rose, Rosmarin, Sandelholz, Wacholder, Weihrauch

Wärmend
Angelika, Galgant, Ingwer, Kalmus, Muskatblüte, Muskatnuß, Pfeffer, Rosmarin, Thymian, Wacholder, Zimt

Willensschwäche
Bohnenkraut, Galbanum, Galgant, Knoblauch, Pfeffer, Rosmarin, Salbei, Thymian, Zitrone

Würmer — die meisten ätherischen Öle, insbesondere
Bohnenkraut, Cajeput, Cassia, Estragon, Eukalyptus, Fenchel, Knoblauch, Kümmel, Lavendel, Niaouli, Thymian, Zimt

Wundheilung fördernd
Bohnenkraut, Bergamotte, Cajeput, Costus, Galbanum, Geranium, Lavendel, Myrrhe, Nelke, Niaouli, Thymian, Weihrauch, Zitrone

Zahnschmerz
Basilikum, Cajeput, Kamille, Kampfer, Nelke, Pfefferminze

NACHWORT

Noch nie in der Geschichte der Menschheit stand so viel Wissen zur Verfügung, aber noch nie war es so schwer, den roten Faden zu finden, der die unzähligen Wissenspartikel zu einem lebendigen Ganzen verbindet. Das Spezialistentum nimmt überhand, und nur wenige Wissenschaftler verlassen den sicheren Umkreis ihrer Spezialgebiete. Ein Buch wie dieses überschreitet viele Grenzen und wird manches nur anschneiden, was ausführlichere Betrachtung verdient hätte. Auf dem Wege zur Heilkunde von morgen, einer Aromatherapie, die den ganzen Menschen umfaßt, will das Buch Zwischenbilanz ziehen. Vieles, was heute noch wie Schwärmerei klingt, wird morgen allgemein anerkanntes Wissen sein. In der Auseinandersetzung mit dem Erfahrungsreichtum vergangener Zeiten und anderer Kulturen schärft sich der Blick für das Wesentliche, das uns zu entgleiten droht.

> »Daß wir solche Dinge lehren
> möge man uns nicht strafen
> Wie das alles zu erklären
> Dürft ihr euer Tiefstes fragen.«

Joh. W. Goethe (Chuld Nameh)

LITERATUR-HINWEISE

DIE GESCHICHTE

Al-Kindi: ›Das Buch über die Chemie des Parfüms und die Destillationen‹, Leipzig 1948
Avicenna: ›The Canon of Medicine‹, London 1930
Avicenna: ›Das Lehrgedicht über die Heilkunde‹, Berlin 1939
Bloch Marc: ›Les Rois Thaumaturges‹, Paris 1983 (1924)
Cloulas, Ivan: ›Catherine de Medicis‹, Paris 1963
Corbin, Alain: ›Pesthauch und Blütenduft, eine Geschichte des Geruchs‹, Berlin 1984
Culpeper, Nicolas: ›The complete Herbal‹ − London 1972
Czygan, Franz-Christian: ›Ätherische Öle, Duft und Literatur: Ein naturwissenschaftlich-poetischer Dreiklang‹, Kneipp-Phytotherapie 2/1983
Czygan, Franz-Christian: ›Ätherische Öle und Duft, kulturhistorisch betrachtet‹ Pharmazie in unserer Zeit 10. Jahrg. Nr. 4, 1981
Defrance, Eugène, Cathérine de Medicis: ›Ses Astrologues et ses Magiciens‹, Paris 1911
Dioscorides: ›The Greek Herbal‹, Oxford 1934
Duby, Georges: ›Die Zeit der Kathedralen‹, Frankfurt 1980
Ellis, Aytoun: ›The Essence of Beauty, a History of Perfume and Cosmetics‹, London 1960
Foster, Ellen: ›The Manufacture and Trade of Mycenean Perfumed Oil‹, Dissertation, Duke University 1974
Garrison, Fielding H.: ›An Introduction to the History of Medicine‹ Philadelphia 1970
Genders, Roy: ›A History of Scent‹ − London 1972
Gildemeister E. und Hoffmann, Fr.: ›Die Ätherischen Öle‹, Miltitz bei Leipzig 1928
Haven, Marc: ›Le Maitre Inconnu‹, Lyon 1964
Hoffmann, Günther: ›Die Erzeugung natürlicher Duftstoffe in der Provence‹, Stuttgart 1960
Kollath, Werner: ›Die Epidemien‹, Wiesbaden 1951
Kutzelnigg, Arthur: ›Die Verarmung des Geruchswortschatzes seit dem Mittelalter‹, Die Muttersprache Jg. 94/3 − 4/1984
Launert, Edmund: ›Parfumflacons und Riechfläschchen‹, München 1982
Lilja, Saara: ›The Treatment of Odours in the Poetry of Antiquity‹, Societas Scientiarium Fennica, Helsinki 1972
Lohmeyer, Ernst: ›Vom Göttlichen Wohlgeruch‹, Heidelberg 1917
Mandel, Gabriel: ›Das Reich der Königin von Saba‹, Ullstein 1978
Maple, Eric: ›The Secret Lore of Plants and Flowers‹ − London 1980
Maple, Eric: ›Magic, Medicine and Quackery‹, New York 1968

232

Ming Wong: ›Handbuch der chinesischen Pflanzenheilkunde‹, Freiburg 1978
Montet, Pierre: ›So lebten die alten Ägypter‹, Stuttgart 1960
Nafzawi-Shaykh: ›The Glory of the Perfumed Garden‹, London 1978
Needham, Joseph: ›Science and Civilisation in China‹, Cambridge 1981
Needham, Joseph: ›Science in Traditional China‹, Cambridge 1981
Osiander, Joh. Fr.: ›Volksarzneimittel und einfache, nicht pharmazeutische Heilmittel‹,
    Leipzig 1939 (1877)
Pollack, Kurt: ›Die Heilkunst der frühen Hochkulturen‹, Wiesbaden 1978
Pollack, Kurt: ›Die Heilkunst der Antike‹, Wiesbaden 1978
Rovesti, Paolo: ›Alla ricerca dei profumi perduti‹, Venedig 1980
Schafer, Edward: ›The Golden Peaches of Samarkand‹, Berkeley 1963
Schelenz, H.: ›Geschichte der Pharmazie‹, Hildesheim 1965
Schipperges, Heinrich: ›Wege zu neuer Heilkunst‹, Heidelberg 1978
Schmaltz, Dieter: ›Pflanzliche Arzneimittel bei Theophrast v. Hohenheim (gen. Paracelsus)‹,
    Stuttgart 1941
Theophrastus: ›Historia Plantarum‹ (enth. ›de odoribus‹), London 1916
Thompson, G. R.: ›Elagabalus, Priest-Emperor of Rome‹, Dissertation, Univ. of Kansas 1972
Thorwald, Jürgen: ›Macht und Geheimnis der frühen Ärzte‹, München 1962

DIE GERÜCHE

›Aromatic Plants, Basic and applied aspects‹ ed. by N. Margaris, A. Koedam and D. Vokou,
    Den Haag 1982
›Ätherische Öle, Analytik, Physiologie, Zusammensetzung‹ Karl-Heinz Kubeczka, (Hrsg.)
    Stuttgart − New York 1982
›Vorkommen und Analytik ätherischer Öle‹, Karl-Heinz Kubeczka (Hrsg.), Stuttgart 1979
Barbier, M.: ›Les Pheromones, Aspects biochimiques et biologiques‹, Paris 1982
Dahl, Jürgen: ›Duftkonserven‹, Natur 5, München 1984
Douek, Ellis: ›The Sense of Smell and its Abnormalities‹, Edinburgh, London 1974
Fechner, Günther-Theodor: ›Nanna oder über das Seelenleben der Pflanzen‹,
    Leipzig 1922 (1848)
Fliess, Wilhelm: ›Nasale Fernleiden‹, Leipzig und Wien 1926
Gabassi/Zanuttini: ›La dimensione olfattiva, Metodi e Ricerche Sperimentali‹, Triest 1983
H + R Lexikon Duftbausteine, Hamburg 1985
Janistyn, Hugo: ›Taschenbuch der modernen Parfümerie und Kosmetik‹, Stuttgart 1966
Jellinek, Paul: ›Die psychologischen Grundlagen der Parfümerie‹, Heidelberg 1965
Krack, Niels: ›Nasale Reflex-Therapie mit ätherischen Ölen‹, Heidelberg 1982
Krumm-Heller, Arnold: ›Osmologische Heilkunde, die Magie der Duftstoffe‹, Berlin 1955
Merkel, Dieter: ›Riechstoffe‹, Berlin 1972
Oeken, F. W.: ›Hals-Nasen-Ohren-Heilkunde‹, Berlin 1978
Pheromones and Reproduction in Mammals‹, ed. by John G. Vandenbergh, New York 1983
Regnault, Jules: ›Biodynamique et Radiations‹, Paris 1936
Rothe, Manfred: ›Handbuch der Aromaforschung‹, Berlin 1978
Roudnitska, Edmond: ›L'ésthetique en question: l'odorat‹, Paris 1977
Sagarin, Edward: ›The Science and Art of Perfumery‹, New York 1945
Schrödter, Willy: ›Geheimnisse der Düfte − Farben − Töne‹, Freiburg 1963
Tembrock, Günther: ›Bio-Kommunikation‹, Hamburg 1975
Voss-Herrlinger: ›Taschenbuch der Anatomie‹, 16. Auflage, Jena 1981

Wallraff, Günther: ›Geruchsnavigation, neue Erkenntnisse über das Heimfinden der Brieftauben‹, Umschau/Heft 6 1984

Wells/Billot: ›Perfumery Technology, Art, Science, Industry‹, New York 1981

Wilkes, Malte: ›Die Kunst der unterschwelligen Beeinflussung‹, Kissing 1980

Winter, Ruth: ›The Smell Book, Scents Sex and Society‹, Philadelphia 1976

Wright, R. H.: ›The Sense of Smell‹, Boca Raton 1982

Ziegler, Erich: ›Die künstlichen und natürlichen Aromen‹, Heidelberg 1982

DIE ANWENDUNG

Belaiche, Paul: ›Traité de Phytotherapie et D'Aromatherapie‹, 3 Bde., Paris 1979

Bernardet, Marcel: ›La Phyto-aromathérapie pratique‹, St. Jean de Braye 1982

Clarkson, Rosetta: ›Herbs and Savory Seeds‹, New York 1972

Faber, Stephanie: ›Natürlich schön, 300 neue Rezepte‹, Wien — München 1978

Fauron, L./Moatti, R.: ›Guide pratique de Phytothérapie‹, Paris 1984

Fischer-Rizzi, Susanne: ›Dufterlebnisse‹, Isny 1987

Fröhlich, H. H. u. Schneider, W.: ›Die Haut, Vorträge der bayerischen Landesapothekerkammer‹, München 1979

Gildemeister/Hoffmann: ›Die ätherischen Öle‹, 4. Aufl./Bd.1 – 7, Berlin 1956

Gümbel, Dietrich: ›Ganzheitsmedizinische Hauttherapie mit Heilkräuteressenzen‹, Heidelberg 1984

Helmrich, Hermann: ›Spagyrik, alter Wein in neuen Schläuchen‹, Heidelberg 1977

Herold, Edmund: ›Heilwerte aus dem Bienenvolk‹, München 1982

Hertwig, Hugo: ›Knaurs Heilpflanzenbuch‹, München 1975

Huson, Paul: ›Mastering Herbalism‹, London 1977

Karsten/Weber/Stahl: ›Lehrbuch der Pharmakognosie‹, 9. Aufl. 1962

›Kosmetik-Jahrbuch 1977‹, Augsburg

Lautié-Passebecq, ›Aromatherapy, the Use of Plant Essences in Healing‹, London 1979

Legnano, L. P. und Pomini, L.: ›Il Libro completo dello erbe e delle piante aromatiche‹, Roma 1979

Maurice, Messegué: ›C'est la Nature qui a Raison‹, Paris 1972

Muchery, Georges: ›Magie astrale des Parfums‹, Paris 1971

Müller, Arno: ›Die physiologischen und pharmakologischen Wirkungen der ätherischen Öle‹, Heidelberg 1951

Lust, John: ›The Herb Book‹, New York 1974

Pelikan, Wilhelm: ›Heilpflanzenkunde‹, Bd.1 – 3, Dornach 1980

›Spagyrische Arzneimittel-Lehre‹, Wissenschaftl. Abt. der Chemisch-Pharmazeut. Fabrik Göppingen, Apotheker Müller 1938

Stead, Christine: ›Aromatherapie‹, Düsseldorf 1987

Tisserand, Robert: ›The Art of Aromatherapy‹, New York 1979, (deutsche Übersetzung im Bauer Verlag, Freiburg)

Valnet, Jean: ›Aromatherapie — Traitement des Maladies par les Essences des Plantes‹, 8. Aufl. Paris 1976, (deutsche Übersetzung im Kart-Verlag, Lausanne)

Valnet, Jean: ›Phytotherapie, Traitement des Maladies par les Plantes‹, 4. Aufl., Paris 1979

Valnet, Jean: ›Traitement des Maladies par les légumes, les Fruits et les Céréales‹, 7. Aufl., Paris 1977

Valnet, Jean/Duraffourd, C./Lapraz, J. C.: ›Phytotherapie & Aromatherapie‹, Paris 1978

Wagner, Hildebert: ›Pharmazeutische Biologie‹, 1980

REGISTER

236